CRISTIANISMO E ECONOMIA

Coleção Ética e Sociedade
- *Desafios éticos da globalização* – Manfredo Araújo de Oliveira
- *Ética civil e moral cristã em diálogo* – Bartomeu Bennàssar
- *Ética do poder: abordagem bíblico-teológica* – Pierre Debergé
- *Ética e mídia: liberdade, responsabilidade e sistema* – Frei Carlos Josaphat
- *Éticas da mundialidade: o nascimento de uma consciência planetária* – R. Mancini, F. Aimone, A. Catalani, S. Gaetani, E. Mastrovincenzo
- *Fundamentalismos, integrismos: uma ameaça aos direitos humanos* – Ação dos Cristãos pela Abolição da Tortura (ACAT)
- *Moral social samaritana I: fundamentos e noções de ética econômica cristã* – José Ignacio Calleja
- *Moral social samaritana II: fundamentos e noções de ética política cristã* – José Ignacio Calleja
- *Trabalho e capitalismo global: atualidade da Doutrina Social da Igreja* – Élio Estanislau Gasda

ÉLIO ESTANISLAU GASDA

CRISTIANISMO E ECONOMIA

Repensar o trabalho além do capitalismo

Dados Internacionais de Catalogação na Publicação (CIP)
(Câmara Brasileira do Livro, SP, Brasil)

Gasda, Élio Estanislau
   Cristianismo e economia : repensar o trabalho além do capitalismo / Élio Estanislau Gasda. – São Paulo : Paulinas, 2014. – (Coleção ética e sociedade)

Bibliografia
ISBN 978-85-356-3833-2

1. Capitalismo - Aspectos religiosos - Cristianismo 2. Igreja Católica - Doutrina social 3. Mercado de trabalho - Aspectos religiosos - Cristianismo I. Título. II. Série.

14-10074   CDD-261

Índice para catálogo sistemático:
1. Trabalho e capitalismo : Igreja Católica : Doutrina social   261

1ª edição – 2014

Direção-geral: *Bernadete Boff*
Editores responsáveis: *Vera Ivanise Bombonatto e Afonso M. L. Soares*
Copidesque: *Mônica Elaine G. S. da Costa*
Coordenação de revisão: *Marina Mendonça*
Revisão: *Ivan Antunes*
Gerente de produção: *Felício Calegaro Neto*
Diagramação: *Manuel Rebelato Miramontes*

Nenhuma parte desta obra poderá ser reproduzida ou transmitida por qualquer forma e/ou quaisquer meios (eletrônico ou mecânico, incluindo fotocópia e gravação) ou arquivada em qualquer sistema ou banco de dados sem permissão escrita da Editora. Direitos reservados.

Paulinas
Rua Dona Inácia Uchoa, 62
04110-020 – São Paulo – SP (Brasil)
Tel.: (11) 2125-3500
http://www.paulinas.org.br – editora@paulinas.com.br
Telemarketing e SAC: 0800-7010081
© Pia Sociedade Filhas de São Paulo – São Paulo, 2014

Perguntas de um trabalhador que lê

Quem construiu a Tebas de sete portas?
Nos livros estão os nomes dos reis.
Arrastaram eles os blocos de pedra?

E a Babilônia várias vezes destruída –
Quem a reconstruiu tantas vezes? Em que casas
da Lima dourada moravam os construtores?

Para onde foram os pedreiros,
na noite em que a Muralha da China ficou pronta?

A grande Roma está cheia de arcos do triunfo.
Quem os ergueu? Sobre quem
triunfaram os Césares?

A decantada Bizâncio
tinha somente palácios para os seus habitantes?
Mesmo na lendária Atlântida
os que se afogavam gritaram por seus escravos
na noite em que o mar a tragou.

O jovem Alexandre conquistou a Índia.
Sozinho?

Cesar bateu os gauleses.
Não levava sequer um cozinheiro?

Filipe da Espanha chorou, quando sua Armada
naufragou. Ninguém mais chorou?

Frederico II venceu a Guerra dos Sete Anos.
Quem venceu além dele?

Cada página uma vitória.
Quem cozinhava o banquete?
A cada dez anos um grande homem.
Quem pagava a conta?
Tantas histórias.
Tantas questões.

(Bertolt Brecht)

SUMÁRIO

Apresentação 13
Turbocapitalismo 16
Cristianismo e mutações do trabalho 23
Estrutura do livro 25

Parte I
Teologia do trabalho no capitalismo

Capítulo 1 – Pioneirismo de Chenu 37
1. Contexto socioeconômico: *idade de ouro* do capitalismo 37
2. Contexto teológico: inquietude e esperança 39
3. Contexto antropológico: otimismo 41
4. Henri Rondet 42
5. Marie-Dominique Chenu 44

Capítulo 2 – Crítica à civilização do trabalho 51
1. Aproximar-se da realidade 51
2. Sob o domínio da racionalidade econômica 52
3. Triunfo do cálculo contábil 54
4. Um fundamento de integração social 56
5. Uma construção histórico-cultural 57
6. Encantamentos e legitimações 58
7. Retorno da política 60

Capítulo 3 – Trabalho como religião 63
1. O *sagrado* de uma sociedade 63
2. Descaracterização da relação com a natureza 64
3. Descaracterização do indivíduo 66

4. Descaracterização do tempo 68
5. Que resta do domingo? 74
6. Descaracterização dos fins do trabalho 77

Capítulo 4 – Persuasão religiosa 81
1. A longa e significativa transição da cristandade 81
2. *Ora et labora*: o pioneirismo dos monges 85
3. Tradição escolástico-tomista:
preservação da vida e utilidade social 88
4. Cristianismo e capitalismo nascente 90
5. Reforma Protestante: *Laborare est orare* 93
6. Deformação ideológica de uma motivação religiosa? 97
7. Foi essa a intuição original de Calvino? 98
8. Adam Smith: a consolidação da transição 100

Capítulo 5 – Persuasão capitalista 103
1. Necessidade de um espírito 103
2. Do burguês ao profissional 106
3. Sustentabilidade e economia verde 108
4. Ecocapitalismo: um novo espírito para um novo estágio 112
5. Autonomia da fé ante os *espíritos do mundo* 114

Parte II
Tradição bíblico-teológica

Capítulo 6 – Trabalho e trabalhadores 117
1. Sociedade familiar-tribal 118
2. Sociedade monárquico-tributária 121
3. Sociedade estruturalmente consolidada................................. 123
4. Condição dos trabalhadores no início da era cristã 126
5. Termo "trabalho" 129

Capítulo 7 – "Escuta, Israel": o trabalho na lei 133
1. Decálogo: caminho de liberdade e vida..................................133
2. Instituição do sábado 135

3. Fidelidade na liberdade 137
4. Redescobrir o sentido original da atividade humana 140
5. A possibilidade do não reconhecimento 148
6. Consequências para o trabalho 150
7. Tempo de Deus para fecundar o tempo humano 151

Capítulo 8 – Eclesiastes: ideologia sob suspeita 155
1. Literatura sapiencial 155
2. Futilidade do princípio da acumulação 157
3. Fascínio da riqueza e do poder 158
4. O absurdo do esforço desmedido 160
5. A sabedoria do trabalho está na vida e na festa 162
6. Há um tempo para tudo 163
7. Um convite ao êxodo da lógica da acumulação 165

Capítulo 9 – Justiça do Reino 169
1. Trabalhador em meio a trabalhadores (Mc 6,3) 169
2. As dimensões do Reino 171
3. A Justiça do Reino 173
4. Não se esqueçam dos pobres (Gl 2,10) 178
5. Dimensão escatológica 181
6. Domingo: *memorial* da vida nova 182
7. Um convite: descansar em Deus 183

PARTE III
DESCANSO E TRABALHO

Capítulo 10 – Dia do Senhor 189
1. Buscando novas perspectivas 189
2. Uma fonte: a liturgia 191
3. *Memorial* da salvação 195
4. Economia da salvação 197
5. Pão e vinho 201
6. Uma categoria central: Redenção 202

7. Possíveis desvios de interpretação 204
8. A cruz e o Reino de Deus 207
Capítulo 11 – Sedução da idolatria e humanismo 211
1. Trabalho humano e fabricação de ídolos 211
2. Uma realidade histórica 213
3. Exploração desumanizadora 218
4. Dimensão libertadora 221
5. Ética do Reino 223
6. Liberdade com dignidade 226
7. Humanização das condições de trabalho 228
Capítulo 12 – Obra divina e trabalho humano 233
1. Memorial da criação 233
2. Aprender do Pai, a exemplo do Filho 235
3. Participação humana 238
4. Cultivar e preservar 240
5. Preservação da espécie e progresso econômico 242
6. Progresso econômico com ampliação das liberdades? 244
7. Fontes de energia e proteção ambiental 246
8. Ecoteologia do trabalho? 248
Capítulo 13 – Dimensão social 251
1. Memorial comunitário 251
2. Dimensão social das relações de trabalho 253
3. Irmandade 256
4. Relações de solidariedade 258
5. Dinamismo do Reino 264
Capítulo 14 – Tempo e festa 267
1. Memorial da santificação do tempo 267
2. Temporalidade do trabalho humano 268
3. Tudo a seu tempo 270
4. Memorial festivo 272

5. Festejar e trabalhar 275
6. Ócio e tempo livre 279
7. Pecado do ócio? 281
8. Por um tempo e uma festa verdadeiramente livres 284

Capítulo 15 – *Lex agendi*: dignidade do trabalho
ante o poder do capital 289
   1. O homem reduzido à engrenagem do capitalismo
   financeiro 289
   2. Fetichismo do dinheiro 292
   3. O resgate da política 296
   4. Empresa como lugar onde se trabalha 299
   5. "Ninguém põe vinho novo em tonéis velhos" (Mc 2,22) 302

Conclusão: memória e utopia 307

APRESENTAÇÃO

O livro que antecede esta publicação, *Trabalho e capitalismo global: atualidade da doutrina social da Igreja* (Paulinas, 2011), examina como o Magistério Pontifício entende a centralidade do trabalho na sociedade ocidental.[1] Ao examinar o trabalho a partir da teologia, este livro dá um novo passo na investigação. Teologia (do grego, *theologeia*) significa literalmente *palavra sobre Deus*. Ou ainda, *estudo sistemático sobre Deus*, em sua significação latina de *theologia, sermo de Deo*. Toda reflexão teológica refere-se a Deus. Onde não há Deus, não há teologia. Onde não há razão, não há teologia.

A Igreja é a comunidade originária desta reflexão. A teologia oferecida aqui é uma teologia confessional e a serviço da comunidade dos fiéis. Não obstante, este livro não tem a Igreja como único destinatário, pois não quer ser um discurso de *dentro para dentro*. O discurso teológico é um discurso público. Não somente a Igreja, mas também a sociedade e academia são seus "públicos".[2] O autor, como alguém vinculado aos três públicos, pretende dirigir-se a todos os públicos.

---

[1] Veja-se também nosso outro estudo publicado na Espanha: GASDA, E. El Magistério Pontifício y el trabajo, em: *Fe cristiana y sentido del trabajo*. San Pablo: Madrid, 2011, p. 103-130 (capítulo 4).

[2] Cf. TRACY, D. *A imaginação analógica*: a teologia cristã e a cultura do pluralismo. São Leopoldo: Unisinos, 2006. Original: *The Analogical Imagination* (1981). Capítulo 1.

O que um discurso sobre Deus tem a ver com o mundo do trabalho? A consideração desta realidade humana com *status* de *lugar teológico* possibilita interpretar com mais agudeza a experiência de fé que acontece na história. A teologia do trabalho se insere neste esforço de compreender a história à luz da economia da salvação.

Os teólogos irão debruçar-se sobre o mundo do trabalho somente a partir dos anos 1940. O primeiro que se propôs a responder esta instigante questão de forma mais sistemática foi Marie-Dominique Chenu (*Para uma teologia do trabalho*). O mérito de inserir o trabalho como matéria de reflexão teológica cabe a ele. Antes, vinha sendo considerado dentro de uma dimensão moralizante individualista e espiritualista, alheia ao contexto econômico. O surgimento de uma gama de correntes teológicas e apostolados eclesiais junto aos trabalhadores permitirá o florescimento de publicações como a de Chenu.

No entanto, ao analisar as primeiras publicações percebe-se que estão baseadas, fundamentalmente, em textos bíblicos, descuidando do modelo de produção onde o trabalho se concretiza. *Labor Cristianus* (1963), de Carlos Vladimir Truhlar, é uma boa ilustração desta prática. Os autores privilegiam as mesmas citações bíblicas. Por um lado, os relatos das *origens* (cf. Gn 1,27-28), destacam a posição de *dominium* do homem sobre a criação. O cansaço e a aridez são interpretados como consequências merecidas do pecado (cf. Gn 3,17b-9). Por outro, o fundamento bíblico para apresentar o trabalho como participação na obra da redenção é impreciso. Afirma-se que a Criação foi maculada por um pecado que somente a Encarnação do Verbo a poderá redimir. Nessa *economia da salvação*, o trabalho é convertido por Cristo em um meio de santificação, como ensina o *Catecismo da Igreja Católica*: "Suportando a pena do trabalho (cf. Gn 3,14-19) unido a Jesus, o artesão de Nazaré e o crucificado do Calvário, o homem colabora de certa maneira com o Filho de Deus na sua obra redentora. Mostra-se discípulo de Cristo carregando a cruz, cada dia, na atividade que é chamado a realizar" (CIC, n. 2427). De resto, o trabalho é glorificado com o exemplo do próprio Jesus que, *além de filho de carpinteiro* (cf. Mt 13,55), é contado entre os trabalhadores de Nazaré (cf. Mc 6,3). Também Paulo, que não abdica de viver de seu próprio trabalho (cf. 1Cor 9,12; At 18,3), impõe aos cristãos o dever de trabalhar (cf. 2Ts 3,10).

Desde então, a reflexão vem orbitando em torno destas temáticas com um enfoque mais espiritual do que propriamente teológico. Efetivamente, e apesar do empenho de Chenu, desenvolveu-se uma espécie de *espiritualidade bíblica do trabalho*. A teologia pouco avançou. Na prática, não faltam iniciativas de movimentos eclesiais que entendem o trabalho como um meio privilegiado de realização vocacional e santificação pessoal.

Por esta razão, este livro reflete uma inquietação. O teólogo deve estar atento, em sua função hermenêutica, a dois elementos: a Mensagem da Revelação e sua Fonte (Palavra e Tradição), e *o aqui e agora* (acontecimento e história). Ainda que a fé cristã seja sua motivação fundamental, a reflexão deve conhecer o chão da experiência humana. O mundo do trabalho é um destes acontecimentos no *hoje* da história. Não só. Nele estão concentradas as grandes questões estruturais, éticas e sociais que interpelam a consciência humana. Urge repensar, teologicamente, o tema do trabalho em seu contexto.

O Evangelho é o farol insubstituível que orienta a vida cristã, todavia, é inconcebível refletir sobre o trabalho negligenciando tal fenômeno humano. Fidelidade ao Evangelho e fidelidade à realidade são indissociáveis (cf. *Gaudium et spes*, n. 46). Tal realidade é dinâmica, plural, nebulosa, pluridimensional, em uma palavra: complexa. Esmiuçá-la é uma arte que exige sensibilidade, objetividade, grande esforço e honestidade. Fazem-se aproximações à realidade, pois é impossível abarcá-la totalmente, escapa aos esquemas e ideologias. As aproximações não são neutras. O lugar social, as convicções pessoais e os interesses interferem de alguma forma.

Turbocapitalismo

Este livro reflete o trabalho tal como aparece nas duas primeiras décadas do século XXI. Apesar de seus mais de 300 anos, o capitalismo mantém suas três características principais: o mercado, a propriedade privada dos meios de produção e o trabalho assalariado. Tendo como foco a terceira, as anotações a seguir são indicativas e conjunturais.

O trabalho chegou à era da hegemonia do *capitalismo cognitivo* apoiado em uma revolução científico-tecnológica sem precedentes, assentada no conhecimento e na informação. Uma nova revolução industrial! Segundo Jeremy Rifkin,[3]

---

[3] RIFKIN, Jeremy. *A Terceira Revolução Industrial*: como o poder lateral está transformando a energia, a economia e o mundo. São Paulo: M.Books, 2012. No livro, Rifkin afirma que todos os prédios – residenciais ou comerciais – podem ser transformados em pequenas usinas de energia. O economista americano Jeremy Rifkin é um dos principais estrategistas da política energética da União Europeia. Conhecido pelos best-sellers *O fim dos empregos*, *O século da biotecnologia* e *A era do acesso*, Rifkin previa um futuro tenebroso aos trabalhadores: um declínio dos empregos devido ao uso das tecnologias no sistema de produção. A mais sombria previsão do autor é que os trabalhos perdidos pelo ser humano para as máquinas nunca mais serão feitos por homens. Ele previu que 2020 seria o ano em que virtualmente se esgotariam as possibilidades de emprego.

revoluções industriais ocorrem a partir do encontro de duas inovações tecnológicas: uma nova ferramenta de informação; a outra, uma solução energética mais eficiente que a anterior. A nova tecnologia de comunicação está aí: a rede global de computadores conectados via internet. Quanto à segunda, ainda não há consenso a respeito.

As *novas tecnologias* reorganizaram de forma significativa o trabalho. A intermediação do trabalho pelo computador reorganiza-o nas linhas de produção. Se o processo funciona normalmente, cabe ao empregado verificar sua execução, prescindindo de intervenção física. O operador automatizado mais competente é o que menos esforço faz. Junto a tal computadorização dos processos produtivos, constata-se que a metalurgia vai sucumbindo à leveza e maleabilidade da química. Ou seja, o metal vai dando lugar ao plástico e à fibra de vidro.

Máquinas inovadoras facultam formas novas de trabalhar. A inovação tecnológica potencializa a produtividade, cria produtos de qualidade superior e barateia os custos de produção. A informatização é o coração da indústria na aurora do século XXI. Fábricas atuando em redes inteiramente robotizadas deixam de empregar operários na manufatura, para substituí-los por supervisores e software inteligente. Tão limpas como laboratórios de informática e seus operadores engravatados munidos de computadores em rede 24 horas. A maior parte dos empregos não está no chão de fábrica, mas nos escritórios providos de *designers*, engenheiros, *experts* em TI (Tecnologia da Informática), logística e *marketing*. Tudo sob a batuta do CEO (*chief execute officer*) e das diretrizes de seu Conselho de Administração – topo da hierarquia operacional da empresa.

A evolução tecnológica é um dos indutores do impulso permanente do capitalismo. Cada nova tecnologia reduz o valor das anteriores e viabiliza um novo acréscimo de valor de mercado. Dentre as muitas inovações, duas são de especial interesse: *digitalização da manufatura e nanotecnologia*. Ao modificar a forma com que as coisas são feitas, reconfiguram todo o mercado de trabalho.[4] A primeira revolução industrial destacou a mecanização da indústria têxtil. Na segunda, Ford implantou a linha de montagem taylorista. Atualmente, a manufatura está se digitalizando.[5] O produto desenhado num computador pode ser reproduzido em impressoras 3D.[6] A *nanotecnologia* cria objetos e máquinas numa escala diminuta com maior precisão, utilizando moléculas e átomos. É o infinitamente pequeno, *nanopartículas e nanoescalas*, transformando moléculas com precisão atômica mediante controle digital.[7] Micromáquinas produzindo máquinas ainda menores, que por sua vez fabricariam *nanomáquinas* programadas para fabricar qualquer coisa: de sensores e instrumentos hospitalares a indústria militar e aeroespacial.

---

[4] O aspecto da digitalização da indústria foi tema de capa da revista britânica *The Economist*, reproduzida no Brasil pela revista *Carta Capital* (Ano XVII, n. 694, 25 de abril de 2012).

[5] A tecnologia das impressoras 3D não é nova. Os equipamentos foram criados há cerca de trinta anos nos Estados Unidos, para facilitar a criação de protótipos de produtos. Em 2012 foram lançadas as primeiras impressoras 3D domésticas mais acessíveis ao consumidor.

[6] Chris Anderson conta em seu livro *Makers* [*Os produtores*] que suas filhas deixaram de brincar com videogames e agora passam horas fabricando móveis em miniatura para suas casinhas de boneca. É a era da "personalização em massa", da "manufatura pessoal", diz Abe Reichental, presidente da 3D Systems, maior fabricante de impressoras 3D do mundo.

[7] DREXLER, E. *Engines of Creation*: The Coming Era of Nanotechnology. New York: Anchor Press, 1986. O autor, considerado o pai do conceito *nanotecnologia*, é engenheiro e nanotecnólogo, chefe de Consultoria Técnica do Nanorex Massachussetts Institute of Technology. São produtos que possuem uma dimensão menor que 1/10 de mícron, cem nanômetros ou cem bilionésimos de metro.

O *trabalho imaterial* avança sobre a vida do trabalhador, absorvendo-a quase por inteiro. O conhecimento é requisito primordial de todo profissional que almeja uma promoção. A alta tecnologia exige uma mão de obra em constante especialização. O *capital intelectual* conta como recurso predominante em um mercado competitivo que converte em produto não só o esforço físico, mas as ideias e a experiência do trabalhador. Os sentimentos, a subjetividade e as relações humanas são colocados à disposição da vitalidade dos mercados. A motivação é o elemento crucial para o sucesso de indivíduos e organizações. A situação requer que as organizações reelaborem as formas de gestão dos recursos humanos, pois todo trabalho tem um grau de subjetividade inserido. O empregador contrata o potencial do indivíduo e não necessariamente o que ele fará. Sua remuneração e promoção se vinculam a seu potencial e sua qualificação.

O impacto das tecnologias de ponta no mundo do trabalho é inegável, mas ao integrar ciência, informação, produção e consumo, essa *revolução* transcende a indústria. Afeta as empresas comerciais, as prestadoras de serviços, as políticas públicas, o cotidiano das pessoas: componentes eletrônicos, tratamento antimanchas, protetores solares, cosméticos, nanotubos de carbono, cateteres, etc. Grandes empresas estão fascinadas com as novas possibilidades.

O mundo do trabalho está subordinado à hegemonia do *capitalismo financeiro*. As nações capitalistas se organizam através da relação *capital* e *trabalho* via mecanismos de mercado. Porém, nunca na história da humanidade dinheiro gerou tanto dinheiro de forma tão independente da produção. Formou-se um sólido mercado global de ações e mercados de futuros de mobilidade geográfica instantânea e permanente.

É a autonomia das finanças ante o sistema de produção e das políticas de Estado. As sociedades do século XXI estão sufocadas por uma economia completamente mercantilizada e financeirizada.

As mediações desencadeadas pelas novas tecnologias sob a batuta das finanças instauram um novo olhar sobre o trabalho. A verticalização do tempo cede lugar à *horizontalização*. A adequação do *tempo de trabalho* às exigências do processo produtivo desfaz a fronteira entre trabalho e vida privada. Seu eixo fundamental é a *terceirização* das relações de trabalho. Nela, os direitos sociais são tratados como estorvo à economia e os cortes no estado social e o desmonte da legislação trabalhista, sua solução.

A *superterceirização* transcende o setor de serviços e invade as atividades produtivas. Os contratos individualizados, ao tratar pessoas como empresas, leva ao eclipse de uma classe homogênea de trabalhadores vinculada por um estatuto laboral comum.[8] Os imigrantes são o protótipo do trabalhador precário. A demanda da força de trabalho a baixo custo e sem direitos os obriga, por necessidade, a conformar--se a superexploração, baixa remuneração e discriminação no acesso aos serviços públicos e à moradia. Essa parte da classe trabalhadora espoliada de sua cidadania é a imagem mais visível no que concerne à precariedade das atuais condições de trabalho. É, também, a mais global. Existem vínculos trabalhistas tão precários que configuram trabalho infantil e trabalho análogo à escravidão. Retrocesso ao século XIX. O crescimento da participação das mulheres intensifica tal

---

[8] Cf. ANTUNES, R.; BRAGA R. (org.). *Infoproletários*: degradação real do trabalho virtual. São Paulo: Boitempo, 2011.

flexibilização e traz à tona *questões do trabalho e questões de gênero*.

O capitalismo do século XXI fortalece o poder do capital e fragiliza o trabalho. A indústria oferece menos emprego e ampliam-se postos de trabalho no setor de serviços e de tecnologia: informação, logística, engenharia, marketing; serviços de distribuição, financeiro, comercial; serviços pessoais: lazer, embelezamento, entretenimento; serviços sociais: educação, saúde, turismo. A degradação da proteção social dos assalariados dos países industrializados trouxe para a cena política uma fração de classe espremida entre a ameaça da exclusão social e o incremento da exploração econômica.

A *organização do trabalho* passa por uma mudança de paradigma. Modelos produtivos vão surgindo simultaneamente ao fordismo e o taylorismo tradicional, que perdem hegemonia para o modelo toyotista japonês. Por um lado, a gestão toyotizada invadiu o chão de fábrica, os escritórios e até o serviço público.[9] Círculos de poder substituem rígidos esquemas hierárquicos. Numa espécie de holocracia, todos têm o mesmo poder de decisão. Certa hierarquia ainda existe, mas a decisão final é do círculo de trabalho.

Somam-se a isso as novas tecnologias e a crise financeira que impõem um ritmo tresloucado aos processos produtivos. Muitas empresas adotam o processo *kanban*, ou *Just-in-time*, que consiste em produzir somente o necessário no menor tempo possível e repor os produtos somente após sua venda. A mescla dos modelos de produção pode significar uma radicalização do fordismo, uma espécie de neofordismo. Por outro lado, alguns setores produtivos nem

---

[9] ALVES, G. *Trabalho e subjetividade*. São Paulo: Boitempo, 2011.

sequer entraram no taylorismo-fordismo. E, no toyotismo, muito menos. De fato, existe uma heterogeneidade muito grande nos locais de trabalho.

Nem sempre empregos gerados pelas novas tecnologias significam trabalhos melhores. O esquema do banco de horas é sua melhor ilustração. As tecnologias permitem que os trabalhadores levem trabalho para casa, e continuem trabalhando muito fora do ambiente laboral.

A *insegurança* tornou-se regra: insegurança salarial com os baixos salários, poucas garantias trabalhistas, insegurança do processo de trabalho com o aumento de acidentes e das enfermidades associadas à Lesão por Esforço Repetitivo (LER) e aos Distúrbios Osteomusculares Relacionados ao Trabalho (DORT), doenças psicossomáticas etc. Insegurança imposta pelo *manejo predatório* da força de trabalho, em que os jovens que entram no mercado de trabalho são rapidamente absorvidos pelas empresas, consumidos por um regime fabril despótico, e, quando adoecem, são substituídos por outro jovem, que recomeça o ciclo. Insegurança social e violência urbana que comprometem o exercício da cidadania.[10]

Por último, o capitalismo está mergulhado em uma teimosa crise que explodiu no setor financeiro e contaminou outros setores da economia real. Seu impacto produziu milhões de desempregados, destruiu meios de produção, eliminou proteções sociais e agravou os níveis de pobreza nos países industrializados. Na Europa e nos Estados Unidos, os efeitos sobre o mercado de trabalho têm sido devastadores, levando à deterioração da qualidade de vida dos cidadãos endividados. A crise econômica atinge, em primeiro lugar, os

---

[10] SILVA, J. P. *Trabalho, cidadania e reconhecimento*. São Paulo: Annablume, 2008.

trabalhadores. O desemprego é apenas a sua face mais visível. A outra face é a vulnerabilidade e o empobrecimento. Em suma, as mudanças sistêmicas são muitas, mas o princípio básico do capitalismo se mantém inalterável: aumento de produtividade e do acúmulo de capital às custas da exploração do trabalho e da natureza.

Vive-se a crise de um modelo de sociedade que supervalorizou a capacidade de autorregulação dos mercados, manipulou o papel do Estado, tornou precário o trabalho e devastou o meio ambiente. De um lado, está a tentativa de sair da crise ao modo capitalista: acelerar o processo de flexibilização e privatização da vida natural, e possivelmente da vida artificial (biogenética). De outro, algumas alternativas apontam para a capacidade de *retomar a ousadia, resgatar a criatividade e voltar a sonhar com outros paradigmas econômicos e políticos*. É preciso repensar um sentido do trabalho além das lógicas do capitalismo.

Cristianismo e mutações do trabalho

É flagrante a existência de alto grau de pessimismo a respeito da atual etapa do capitalismo. A aridez da aproximação ao mundo do trabalho deixa um sabor amargo. O esgotamento de um padrão de desenvolvimento econômico e de organização social levanta sérios questionamentos sobre o modelo de civilização em vigor. As consequências destrutivas da intensificação da expansão do sistema capitalista se fazem sentir por todas as partes do planeta e em todas as dimensões do existir humano. Dentre elas a do trabalho.

O trabalho é uma realidade social em constante mutação. Em sintonia com este fenômeno, operam-se também mudanças na reflexão teológica. Em coerência com tal tradição, deve-se prosseguir com esta tarefa: refletir. A configuração do sistema capitalista leva a uma reconfiguração do olhar teológico.

O trabalho ainda pode preservar os sentidos conferidos pelo cristianismo? Um trabalhador subcontratado, absorvido até a alma e sem perspectiva de emancipação profissional, pode sentir-se um *colaborador na obra da criação*? Pode ser considerado *redentor* o emprego em uma indústria farmacêutica que proíbe a socialização de suas patentes em países com sérios problemas epidemiológicos? Que pensar sobre o trabalho na indústria de armas? É lícito dizer a uma pessoa que trabalha em regime degradante que tal condição a torna *partícipe da cruz de Cristo* e que, por isso, está assegurando sua salvação individual? A ideia do *domínio* do homem sobre a natureza, comumente deduzida do Livro do Gênesis, não estaria alimentando uma ideia de progresso desproporcional às capacidades de resiliência dos recursos naturais? A supervalorização do bem-estar não estaria reduzindo toda a atividade humana a uma frenética busca de competitividade que, em última análise, alimenta os desejos de consumo? Em contextos em que se produz mais com menos recursos humanos, é correto fundamentar o dever de trabalhar na afirmação *quem não trabalhar, também não há de comer*? (CIC, n. 2427).

As perguntas são ilustrativas da forma como as mudanças no mundo do trabalho interpelam a teologia. Muitos conceitos e comportamentos mantidos como verdades imutáveis são postos sob suspeita. Não estamos diante de uma atividade que significaria mais do que uma forma de garantir a sobrevivência, de enriquecimento material ou de satisfação do consumo? Concluindo, não é possível continuar renunciando ao labor de refletir sobre o trabalho, se queremos recuperar aqueles valores que foram descartados pela racionalidade técnico-econômico-financeira. Impõe-se a necessidade de uma reflexão teológica que questione a hegemonia do capital e inspire a busca de um sentido mais humano ao trabalho. Isto é que persegue este estudo.

Estrutura do livro

O texto está organizado em três partes e uma conclusão. A Primeira Parte – Teologia do trabalho no capitalismo –, desenvolvida em cinco capítulos, abordará o estado atual da reflexão sobre o trabalho no âmbito da teologia.[11] O capítulo 1 examina as origens da assim denominada *teologia do trabalho* surgida na primeira metade do século XX. O acento será dado em sua inter-relação com o processo evolutivo da *civilização do trabalho* no Ocidente. Apesar da relevância de figuras como Marie-Dominique Chenu, o projeto não alcançou o estágio do confronto com o capitalismo. Para que isso ocorra é preciso identificar a ideologia, os conceitos-chave, a lógica do discurso, as motivações implícitas no conceito moderno de trabalho.

Quais aspectos constituem a base do mundo do trabalho desde a Revolução Industrial? É a pergunta condutora do capítulo 2. Conceitos podem estar contaminados por aquilo que constitui a essência da economia capitalista. Tal situação pode levar a teologia a justificar determinadas posturas, ideologias e modelos de civilização. A tendência de universalizar uma cultura específica e circunstancial é uma

---

[11] Para uma visão abrangente, cf. GASDA, E. *Fe cristiana y sentido del trabajo*. San Pablo: Madrid, 2011.

ameaça. O trabalho é uma construção cultural, uma invenção da modernidade sob o domínio da racionalidade econômica. O capitalismo reduziu seu sentido a uma atividade remunerada e a uma mercadoria. Uma invenção dos economistas do século XVII (André Gorz).

A glorificação do trabalho (Hannah Arendt) fez com que o mesmo ocupe uma posição estratégica: somos uma *sociedade do trabalho!* O capítulo 3 parte de uma constatação: nenhum dos projetos da modernidade se concretizou de maneira tão virulenta! (Eric Weil). Sua centralidade coincide com a instrumentalização da natureza para fins de exploração, tornando o indivíduo um refém da sua vontade de progresso. *Homo faber,* cujo reconhecimento social depende de sua capacidade de integração no mercado. A *erosão do seu caráter* (Richard Sennet) é a mais perversa das consequências dessa *religião do trabalho onde tempo é dinheiro* com valor de mercado. Qual a função do tempo livre dentro do capitalismo?

Como é possível manter toda uma sociedade motivada em torno do trabalho? Qual a sutileza das formas de persuasão do capitalismo? O capítulo 4 ocupa-se da motivação religiosa do trabalho. Na civilização greco-romana, pelo menos em parte, o trabalho manual era considerado uma atividade inferior. Nobre era a arte do governo, da contemplação e do *ócio.* A fé cristã traz consigo uma visão distinta do trabalho. É verdade que no feudalismo o trabalho ainda era reservado à categoria dos *laboratores.* Mas com a evolução técnica e econômica, a especialização dos ofícios e o crescimento urbano, a compreensão do trabalho como meio de expiação começa a ser substituída pela ideia de trabalho como forma de cumprir o mandato divino: *dominai a terra!* (Gn 1,28). O axioma monástico *ora et labora* terá uma influência inquestionável que Santo Agostinho aprofundará. O trabalho e os bens materiais, quando ordenados pela caridade, ajudam a edificar a *cidade de Deus*. Tomás de Aquino amplia tal persuasão espiritual com a inclusão do princípio da *preservação da vida* e do *bem comum*.

Modelos socioeconômicos dependem de elementos culturais e morais para sua expansão. Existiriam vestígios de capitalismo nas motivações cristãs ao trabalho? O capitalismo e a moral católica já não teriam se encontrado na divisão do trabalho existente no feudalismo e na tradição escolástico-tomista?

Laborare est orare! A persuasão religiosa receberá novo impulso na Reforma Protestante. Aos olhos de Lutero e Calvino, diante de Deus não há trabalho moralmente superior a outro. Para Max Weber, a Reforma inaugura uma ética profissional, um elemento central do espírito do capitalismo. O moralista e calvinista Adam Smith é o representante maior da consolidação da transição para uma nova persuasão ao conceber a teoria da *mão invisível*. A *economia da salvação* encontra na *economia material* uma manifestação relevante da vontade da Providência divina.

O capítulo 5 faz uma aproximação ao *espírito do capitalismo*. A partir do século XVI, a economia começa a transformar-se em *economia de mercado capitalista*, embora fosse preciso esperar a Revolução Industrial para registrar o triunfo definitivo do capitalismo como modelo de sociedade. Nele, o critério tomista da *utilidade comum* é substituído pelo *princípio da acumulação ilimitada* – persuasão capitalista por excelência. Contudo, somente na primeira metade do século

XX alguns teólogos começaram a desconfiar da presença de certo "espírito" no capitalismo. Espírito mutante, de empreendedor burguês, capaz de conciliar benefícios econômicos com discurso moralista; do profissional de carreira dedicado à empresa e cristalizado na literatura de *management* e seus princípios da administração (Peter Drucker).

Em meio às crises, o capitalismo necessita manter o entusiasmo da sociedade e mostrar que favorece o bem comum e a segurança social. E assim foi com o conceito de *responsabilidade social da empresa*, por exemplo. Qual seria a forma atual de persuasão? A pressão do aquecimento global e dos desequilíbrios climáticos obriga o capitalismo a apropriar-se de novas formas de persuasão: economia verde, sustentabilidade, energias renováveis, tecnologias verdes! O capitalismo *pintado de verde* é a forma mais acabada do *espírito* do capitalismo. De fato, a história da organização do trabalho é inseparável da história do desenvolvimento tecnológico e sua relação com o meio ambiente.

Como a teologia está chamada a posicionar-se? Com autonomia ante os "espíritos do mundo". O mundo do trabalho está vinculado ao espírito do capitalismo. É preciso continuar questionando essa sociedade centrada no trabalho, mas pautada pelo capital.

A tradição judaico-cristã pode servir de inspiração na busca de outro "espírito do trabalho". É o conteúdo da Segunda Parte – Tradição Bíblico-teológica. Um documento tão distante no tempo como a Bíblia teria algo relevante a dizer nessa matéria? Interpretar a condição humana à luz de Deus é a grande característica do pensamento bíblico. Esta perspectiva a distingue de qualquer outra reflexão. Portanto, a contribuição mais original que a teologia pode dar ao trabalho é colocá-lo à luz da Palavra de Deus.

O capítulo 6 adverte que os textos bíblicos sobre o trabalho não devem ser interpretados desconectados da história da Revelação. Os mesmos conformam um todo harmônico com as etapas da história do povo de Israel e sua Aliança com Deus. É um texto surgido em um tempo, cultura e idioma muito diferentes do nosso. Para compreendê-lo é preciso situá-lo em seu ambiente, pois o povo da Bíblia também se confrontou com a questão do trabalho. Os relatos permitem identificar as duas formas de organização socioeconômica: *a sociedade familiar-tribal*, onde a economia está orientada para a sobrevivência do grupo social; e a *sociedade monárquico-tributária*, que significou uma mudança de notáveis impactos sobre os trabalhadores. Surgem o trabalho organizado em função das necessidades de uma monarquia aristocrática, o pagamento de impostos para sustento do luxo da realeza, da burocracia e do exército, e a crise social.

No capítulo 7 – "Escuta Israel": o trabalho na Lei –, o leitor descobre que a mensagem mais importante da Sagrada Escritura sobre o trabalho está condensada na instituição de um dia de descanso. A saída da *casa da escravidão* de um grupo de trabalhadores explorados dá origem a um novo quadro social em que o *sábado* exerce função de vigilante da Aliança com o Deus libertador. O *sétimo dia* aponta para uma existência pautada pela liberdade e pela solidariedade. É um repousar junto com os outros, criaturas e criação. Além das opressões econômicas e políticas, a sabedoria bíblica exorta à vigilância diante das formas mais sutis de opressão. O Livro do Eclesiastes – capítulo 8 – desmascara os enganos ocultos no sucesso meramente político-econômico alcançado pelo trabalho. O *homo oeconomicus* acredita que a riqueza material, o luxo e o poder são caminho da felicidade: "Quem ama dinheiro nunca se fartará de dinheiro, nem de rendimentos quem ama o luxo. Isso também é vaidade" (Ecl 5,9).

O capítulo 9 mostra como a mensagem implícita no Antigo Testamento é esclarecida, no Novo Testamento, pelo *Mistério Pascal* de Cristo. O Verbo Encarnado plenifica os sentidos da vida humana conferida pela tradição de Israel. O Filho se faz um de nós como trabalhador em meio aos trabalhadores. O anúncio do Reino de Deus, sua obra por excelência, confere sentido ao trabalho. No testemunho de Paulo e em sua mensagem é possível identificar esta implicação. O amor fraterno é incompatível com o fato de que alguns se aproveitem do trabalho dos outros sem dar nenhuma contribuição à comunidade e aos pobres. Assim, ao procurar melhorar a realidade humana o cristão prepara o *material do Reino de Deus* (cf. *Gaudium et spes*, n. 38-39). Por último, o capítulo destaca que, para o cristão, o verdadeiro *Sábado* é Cristo, celebrado no domingo. O *dies domini* é uma elevação dos dias de trabalho para aquela festa messiânica da vida, da qual o sábado de Israel é uma pré-degustação (Jurgen Moltmann).

O percurso feito, ao oferecer elementos para uma compreensão do trabalho, permite avançar na via inaugurada por Chenu, Truhlar, Henry Rondet, Gustave Thils e outros. Os desafios são outros e é preciso ir além das indicações oferecidas pela Doutrina Social da Igreja.[12] Em meio a uma realidade complexa, cabe ao cristão dar as razões da sua

---

[12] Veja-se nosso estudo: GASDA, E. *Trabalho e capitalismo global*: atualidade da doutrina social da Igreja. São Paulo: Paulinas, 2011.

esperança (cf. 1Pd 3,15) e abrir novos caminhos no mundo do trabalho. Caminhos de vida e liberdade. A teologia interpreta os textos bíblicos no contexto e na perspectiva do mistério da salvação.

No sentido de superar o acento desproporcional dado ao trabalho e mostrar a relevância do *sétimo dia*, a Terceira Parte – Descanso e Trabalho – é um esforço de elaboração de uma reflexão ético-teológica do trabalho. O capítulo 10 – Dia do Senhor – parte do princípio de que a liturgia, núcleo do sentido religioso do descanso, aparece como ato primeiro do pensar teologicamente a realidade. De um lado, a densidade da *economia da salvação*, presente no Mistério Pascal de Cristo, é o pressuposto do vínculo indissolúvel da teologia à ação litúrgica – *lex orandi, lex credendi*, diziam os Padres da Igreja. De outro, o binômio *sábado-domingo* é sinal visível na história da unidade do processo salvífico. A redenção é sua categoria fundamental, a liberdade é sua explicitação histórica, a dignidade humana, sua antropologia. A perspectiva libertadora que vincula os dois memoriais constitui uma chave de interpretação dos núcleos temáticos de uma *teologia do trabalho* desenvolvida nos capítulos seguintes.

O capítulo 11 reflete como no trabalho se defrontam diversos projetos. Nele, a proposta do Deus da vida é colocada diante da forte resistência dos ídolos. A teologia tem uma dimensão crítica inegável diante da negatividade presente na realidade. Os ídolos personificam a atividade produtiva que quer encontrar Deus nas coisas fabricadas. Na Bíblia a idolatria aparece como o grande pecado, gerador de outros pecados. O mundo do trabalho, como fator de produção de riqueza, é um vasto campo para a avareza e o amor ao dinheiro.

Os impactos de um capitalismo de natureza materialista e idolátrico se refletem de forma crítica sobre os trabalhadores.

O capítulo 12 aborda a relação do trabalho com a natureza. Na civilização do século XXI, a descaracterização da relação com a natureza iniciada na modernidade foi intensificada. Natureza e trabalho são dons divinos. A obra da criação inclui a história e, por conseguinte, o trabalho humano significa continuação da ação criadora de Deus. A irrupção dos problemas ecológicos está intimamente ligada à glorificação do trabalho. Como aliar a agenda ambiental à agenda social?

A liturgia, geradora da fraternidade, permite refletir sobre a sociabilidade humana – tema do capítulo 13. O homem é *imagem de Deus* Trindade não na individualidade fechada da sua pessoa, mas em relação com outros. O trabalho é uma relação social, portanto, não se esgota no sucesso individual ou na realização profissional. É momento de se buscar uma compreensão mais ampla, para além do sentido individualista e materialista. A solidariedade é uma exigência direta da fraternidade humana enraizada em Deus.

O capítulo 14 trata do tempo e da festa. O *sábado* para o israelita e o *domingo* para o cristão são dias santificados e livres do trabalho. A categoria de tempo está longe de ser periférica no tema do trabalho. Todo ato humano se realiza no tempo e o cristianismo é uma religião do tempo. O Concílio Vaticano II ensina que é preciso estar atento aos *sinais dos tempos*. O *dia de descanso* destaca a relação do trabalho com o tempo e revela todo seu caráter de contingência, ambiguidade e imperfeição. O descanso favorece a humanização do trabalho. Trabalho sem descanso é sinônimo de opressão e bestialização do trabalhador (Karl Marx).

O descanso judaico-cristão fala de festa como momento de celebrar os frutos do trabalho. As grandes festas religiosas dos israelitas estão vinculadas ao trabalho. O cristianismo, na esteira do judaísmo, também é uma religião eminentemente festiva. O *domingo* deve ser vivido como uma antecipação da festa da Páscoa definitiva (João Paulo II). A festa é fator de humanização e de identidade tão importante quanto o trabalho. O indivíduo não é apenas *homo faber*. É, também, *homo ludens*. Como articular o *dia do Senhor* com o *final de semana cultural*?

Qual seria a *lex agendi* de uma teologia do trabalho no início do século XXI? É a pergunta do último capítulo do livro. Enquanto houver capitalismo, a economia se manterá como sentido predominante do trabalho. Portanto, a relação entre trabalho e sistema econômico é uma pauta obrigatória. Urge uma abordagem mais consistente dos modelos econômicos. Não há como manter-se impassível diante da agressividade de um sistema econômico totalmente voltado aos interesses do capital. A persuasão da acumulação financeira ganhou grande impulso com a globalização. A *questão operária*, conectada aos processos globais, está no cerne das injustiças que o mercado reproduz.

Seria o capitalismo o único modelo possível de organização econômica? Por que não pensar um sentido do trabalho fora do sistema econômico ocidental? A teologia cristã brota de uma experiência de fé que se faz *memorial* e leva a uma prática. Este pode ser um ponto de partida inspirador. Na fé cristã, *memória* e *utopia* são vinculantes.

O conteúdo do *memorial* contém uma utopia, uma boa notícia, um *evangelho*. A teologia do trabalho tem a missão de atualizar e transmitir a utopia subversiva de Jesus. Esta publicação quer ser uma modesta contribuição a este nobre e generoso compromisso.

Além de expressar gratidão ao incentivo recebido de tantas pessoas durante a elaboração desta publicação – dos familiares, amigos e amigas, de Paulinas Editora, quero evocar de maneira especial o incentivo do CEPAT (Centro de Pesquisa e Apoio aos Trabalhadores – Curitiba), da FAJE (Faculdade Jesuíta – Belo Horizonte), e salientar, outrossim, a contribuição de Andressa Regina Marques, Rosana Bones e Nilde Mota de Lima, na enfadonha, porém eficiente, atividade de revisão textual.

Parte I
Teologia do trabalho no capitalismo

CAPÍTULO 1
PIONEIRISMO DE CHENU

1. Contexto socioeconômico: *idade de ouro* do capitalismo

Ao longo da história ocidental e, especialmente, a partir do nascimento da era industrial, o trabalho vem passando por uma série de modificações que interferem diretamente na vida das pessoas, da sociedade e dos cristãos. O giro experimentado pela Igreja, a partir da segunda metade do século XX, em relação à sua identidade e missão, não pode entender-se como um processo exclusivo de seu Magistério, cuja única expressão representativa é os documentos pontifícios. As transformações que se cristalizam nos textos do Concílio Vaticano II são o resultado de um amplo processo vivido por todo corpo eclesial. Em relação ao tema do sentido da atividade humana, a influência da teologia foi notável. Muitos aspectos de sua contribuição foram acolhidos pelo citado Concílio.

Em paralelo às transformações no mundo do trabalho, há um despertar da consciência cristã que se sente instigada. A *teologia do trabalho*, como outras similares (*teologia política, teologia da história* etc.), é recente. Até a década de 1940 tais *realidades terrenas* não haviam sido tratadas com devido rigor. Três fatores contribuíram para tal empresa:

Como constata o estudo anterior,¹ o Magistério da Igreja, com a *Rerum Novarum* de Leão XIII, adiantou-se à teologia no esforço de dar status ético-teológico ao trabalho durante o auge da crise social da *Primeira Revolução Industrial*.² O nascimento da teologia moderna do trabalho, por sua vez, situa-se historicamente no interior da *Segunda Revolução Industrial*.³ Período em que o modelo de produção fordista-taylorista preponderava. O mesmo conjugava produção em massa e consumo das massas. A efetivação do pacto trabalho-capital conciliava produtividade e política salarial sob mediação do Estado de bem-estar keynesiano.⁴

---

[1] Cf. GASDA, E. *Trabalho e capitalismo global*: atualidade da doutrina social da Igreja. São Paulo: Paulinas, 2011.

[2] A *Primeira Revolução Industrial* ocorreu no século XVIII (1780-1830). Foi caracterizada pela mudança de uma economia agrária baseada no trabalho manual para uma economia dominada pela indústria mecanizada urbana. Teve início na Inglaterra, migrou para o continente europeu e, em meados do século XIX, chegou aos Estados Unidos. E, no final do século, ao Japão. Seu modelo de organização industrial é o manchesteriano, nome dado por referência a Manchester, centro têxtil representativo desse período. A tecnologia característica é a máquina de fiar, o tear mecânico e as máquinas movidas a vapor. O sistema de transporte é a ferrovia, além da navegação marítima.

[3] A *Segunda Revolução Industrial* foi um fenômeno muito mais dos Estados Unidos que dos países europeus. Tem suas bases nos ramos metalúrgico e químico. A indústria automobilística assume grande importância. O sistema de trabalho é o fordista-taylorista (organização científica do trabalho). A eletricidade e o petróleo são as principais formas de energia. A forma mais característica de automação é a linha de montagem, criada por Ford (1920), com a qual se introduz na indústria a produção padronizada, em série e de massa.

[4] Em geopolítica, os primeiros escritos da teologia contemporânea sobre o trabalho coincidem com a reconstrução da Europa arrasada após dois conflitos terríveis. O mundo assiste à divisão do velho continente em dois blocos: o soviético, composto de Europa oriental controlada pela Rússia, e o bloco capitalista da Europa Ocidental, controlado pelos Estados Unidos. Até então, a divisão era entre países ricos e países pobres. A nova divisão representa duas vias para a *sociedade do trabalho*: o capitalismo e o coletivismo soviético. Mesmo que sejam distintos em sua constituição (capitalismo de livre mercado e planificação da economia controlada pelo Estado), ambos se mantêm sob o paradigma da *civilização do trabalho*. Enquanto o capitalismo de Estado travestido de socialismo não resistiu a meio século de história europeia, o capitalismo de livre mercado vem dando provas, pelo menos até nossos

Em suma, o despertar da reflexão teológica sobre o mundo do trabalho corresponde a estes *anos dourados do capitalismo*. Se a questão do proletariado da *Primeira Revolução Industrial* foi o *leitmotiv* da reação do Magistério Pontifício, a *Segunda Revolução Industrial* despertará o interesse da teologia.

2. Contexto teológico: inquietude e esperança

O empenho em desenvolver uma *teologia do trabalho* "pressupõe que a industrialização, com a sua produção em massa e sua cadeias de montagem, conduziu à perda de significado humano do trabalho".[5] Para muitos, o verdadeiro desafio do cristianismo não era a modernidade, o ateísmo ou o comunismo, mas a persistência da exploração imposta aos operários desde a implantação da sociedade industrial.

A reflexão despontou na aurora da *teologia das realidades terrenas*. Por *realidades terrenas* se entendem todas as situações, ações e fenômenos cujo sentido imediato refere-se ao *seculum*: trabalho, história, técnica, corpo, arte, ciência, política, economia. Esta sensibilidade teológica de superar a divisão entre fé e vida secular era mais sentida na França e na Bélgica. Porém, a inquietude ganhou corpo em toda a Europa através das lideranças eclesiais e de movimentos ligados ao mundo do trabalho.[6] A sociologia também foi determinante.

---

dias, de sua capacidade de superação das crises, chegando ao século XXI de maneira hegemônica.

[5] SCHÜSSLER FIORENZA, F. Fe y praxis: El trabajo en la teología católica: *Concilium*, 151 (1980) 102.

[6] Três personagens representam perfeitamente este ambiente: Emanuel Mounier, fundador da revista *Esprit*, que inspirou muitos líderes sociais e políticos cristãos de esquerda no Brasil. Uma parte dos fundadores do Partido dos Trabalhadores foi inspirada por ele. Joseph Cardijn, fundador da Juventude Operária Católica (JOC). A JOC foi a ponta de lança que animou toda a ação católica com seu método ver-

O trabalho, como uma dimensão fundamental da sociedade, torna-se objeto de estudo das diversas ciências humanas.[7]

A expressão *teologia do trabalho* foi reconhecida mormente pelo livro de Gustave Thils, *Théologie des réalites terrestres*.[8] Sua preocupação gira em torno da presença da teologia na cultura que caracteriza as grandes tendências de então, a *nouvelle théologie*:[9] os jesuítas Teillard de Chardin, Daniélou, Bouillard, de Lubac, Fessard, os dominicanos da Universidade Le Saulchoir, onde lecionava Congar e era diretor Chenu.[10] Nesse contexto da multiplicação das *teologias do genitivo,* destaca-se a *teologia do trabalho*. Sua elaboração se apresenta como uma tarefa que a Constituição *Gaudium et spes* do Concílio Vaticano II assumirá como preocupação de toda a Igreja.

Em suma, apesar da intransigência da cúria romana e dos arautos do conservadorismo em relação à *nouvelle théologie*, os teólogos não mediram esforços em fazer que a existência humana, na sua inserção histórica, deixasse de

---

-julgar-agir. Chegou também ao Brasil, onde teve imensa repercussão na Igreja e na sociedade. Em 1943, Henri Godin, assessor da JOC, publicou o pequeno mas incendiário livro *France, pays de mission?* Fundou a *Missão de Paris*, que inspirou os *Padres operários*. Para viver inseridos na classe operária, foram trabalhar nas fábricas. Foram obrigados por Pio XII a abortar a missão.

[7] FRIEDMANN, G. *Problèmes humains du machinisme industriel.* Paris, 1948. Voltaremos a este autor.

[8] THILS, G. *Thélogie des realités terrestres.* Paris-Brugen, 1947-1949. O livro, publicado em dois volumes, contém três capítulos de corte teológico para, em seguida, refletir sobre realidades como a cultura, a civilização, a técnica, a arte, o trabalho e a história.

[9] A expressão costuma ser atribuída a R. GARRIGOU-LAGRANGE, em artigo publicado em 1946 na revista *Angelicum*, titulado "La nouvelle théologie, où va-t--elle?". Concretamente, a *nouvelle théologie* não chegou a existir como movimento articulado nem como escola de teologia.

[10] Cargo do qual foi destituído por decisão do Santo Oficio, que incluiu no *Índice* sua obra *Le Saulchoir, uma escola de teologia*, 1937.

ser um terreno estranho ao cristianismo. A fé incorpora a realidade terrena com todo seu caráter de bondade e autonomia, integrando-a na história da salvação.

3. Contexto antropológico: otimismo

Uma nova antropologia favorece um ambiente propício para a reflexão teológica. Uma visão antropocêntrica da relação entre homem e natureza, caracterizada pela acentuação do potencial humano, é invadida de grande otimismo em torno de sua capacidade de construir a história na medida dos seus projetos. É o início da superação da suspeita do catolicismo em relação ao *prometeísmo* do *homo faber*. Uma atitude aberta à novidade histórica. Daí vem sua atitude conciliatória para com a cultura ocidental.

Há um aspecto mais especificamente teológico do otimismo: o consenso crescente na acentuação da pessoa de Cristo como recapitulador de todas as coisas criadas, da humanidade, da história e do cosmos. Os teólogos identificam no trabalho um elemento central na construção do mundo, como um fator de humanização e de socialização, através do qual a humanidade é capaz de evoluir. Por conseguinte, assume-se uma imagem evolutiva do homem, na linha da reflexão de Teilhard de Chardin. Como resultado desta interconexão entre otimismo antropológico e teológico, o trabalho adquire, por fim, cidadania na teologia, ora como parte da teologia moral, ora como parte da teologia prática. Desde então, multiplicaram-se os escritos abordando o tema. Como, por exemplo: Bauer, J. Die Biblische Lehre von der Arbeit: Seelsorger, 25 (1955), 344-351; Benoit, P. Le travail selon la Bible: Lumière et Vie, 20 (1955), 73-86; Borne, E. Travail et saintité: Vie Spir, 52 (1937), 127-146; Delhaye,

Ph. Thélogie du travail: Ami du Clergé (1957), 433-435; 449-455; Gryglewicz, F. Le valeur morale du travail dans la terminologie grecque de la Bible: Biblica 37 (1956), 314-337; Richardson, A. The Biblical Doctrine of Work. London, 1954; Tardif, H. A propos d'une théologie du travail: Masses Ouvrières, 150 (1959), 72-78; Thils, G. La théologie et le travail: Collectanea Mechliniensia, 32 (1947), 53-58; Valiente Oroqueta, F. Sentido y valor del trabajo: Ciencia Tomista, 78 (1951), 104-123; Wingren, G. Der Sinn der Arbeit: Evangelische Theologie 10 (1950/51), 39-48.

4. Henri Rondet

Na questão do estatuto epistemológico, discute-se a possibilidade de reflexão partindo de dois pontos: a Sagrada Escritura e a interpretação do sentido do trabalho.

Nesta problemática, Henri Rondet (1898-1979) oferece a primeira expressão sistemática da *teologia do trabalho*. Em um estudo publicado na revista *Nouvelle Revue Théologique* e traduzido para o italiano,[11] o autor insiste na necessidade de encontrar um método. "O que se entende por teologia do trabalho?" Ou "o que diz Deus do trabalho humano?". O trabalho humano pode ser uma participação distante na obra divina? Outras questões subjacentes: o trabalho é bênção, penitência, felicidade ou punição?

A teologia precisa dar respostas a estas indagações. Rondet vai insistir sobre a necessidade de assumir o contexto histórico como ponto de partida para, em seguida, refletir à

---

[11] RONDET, H. Éléments pour une théologie du travail. *Nouvelle Revue Théologique*, 77 (1955). Citaremos a publicação italiana: *Elementi per una teologia del lavoro*. In: CHENU, M.-D.; de BOIS, A.; RONDET, H. *Per uma teologia della creazone e del lavoro*. Roma: Ave, 1967, p. 99-171. As citações do autor são extraídas deste texto.

luz da Palavra divina: "A teologia do trabalho não pode ser pensada abstratamente, sem considerar como os homens do seu tempo trabalham, pois a teologia é inseparável da história e das civilizações". Portanto, a reflexão deve articular-se em dois polos: o exame da situação histórica do trabalho tal como aparece e a consulta à Sagrada Escritura. Com esta opção, o autor apresenta um brevíssimo esboço com a estrutura e os tópicos:

Sua visão do mundo do trabalho o conduz à seguinte conclusão: a grande maioria trabalha para seu próprio sustento, mas o trabalho não está verdadeiramente integrado na vida; é como se fosse um corpo estranho. O tempo dedicado ao trabalho é separado da vida, pois esta está no descanso, no domingo.

Em um segundo momento, Rondet concentra-se sobre alguns ensinamentos bíblicos: o trabalho como colaboração na obra divina; o pecado – uma intervenção humana que alterou o plano de Deus – impacta negativa e diretamente sobre o trabalho. Portanto, a humanidade e toda a criação precisam ser redimidas desta *queda original*.

O autor conclui que o trabalho, numa civilização dominada pelo individualismo – consequência do pecado – será sempre marcado pela dor e fadiga. Deve, portanto, ser convertido em caminho de felicidade e satisfação. Esta realidade traz uma exigência à fé cristã de humanizar as condições de trabalho. No entanto, isso só é possível a partir do momento que o trabalho é colocado sob a luz de Cristo e do amor, as duas vias de humanização.

5. Marie-Dominique Chenu

Se o método proposto por Rondet abre perspectivas para uma evolução mais sistemática da *teologia do trabalho*, a contribuição mais significativa pertence a Chenu (1895-1990). Seu livro *Para uma teologia do trabalho* (1955) influenciou na elaboração da Constituição *Gaudium et spes*.[12] Se Teilhard de Chardin foi quem melhor aprofundou a reflexão sobre a dimensão pessoal e cósmica da existência, Chenu assumiu tais dimensões na primeira síntese da teologia do trabalho que se tem notícia.

Com justiça, Chenu é sempre citado quando se trata desta temática. No entanto, o estilo do livro está mais próximo de uma provocação. Nele, visualizam-se algumas tarefas e orientações para a reflexão teológica. As afirmações a seguir são baseadas nesse livro. Outras fontes serão citadas oportunamente.

Tarefas

Tarefa interdisciplinar: interpretar os desafios de seu tempo. Chenu toma a realidade humana como ponto de partida. A teologia só pode ser significativa quando se abre e fala com o homem concreto do seu tempo. Insiste na tarefa de colocar a problemática antropológica no centro da

---

[12] CHENU, M.-D. *Por une théologie du travail*. Paris: Éditions du Seuil, 1954. Citaremos a versão em espanhol: *Hacia una teología del trabajo*. Barcelona: Estela, 1960. Tradução ao português: *Trabalho e Teologia*. Braga: Tipografia Editorial Franciscana, 1962. O livro está estruturado a partir de artigo publicado anteriormente: Pour une théologie du travail. *Esprit* (1952), p. 1-12. Outros escritos sobre o trabalho encontram-se dispersos em manuais, dicionários e revistas: *Espiritualidad del trabajo*. Barcelona: Atlantida, 1945; Teología del trabajo. In: CHENU, M.-D. *Evangelio del tiempo*. Barcelona: Herder, 1966, p. 527-554. Trabajo. In: RAHNER, K. (dir.). *Sacramentum Mundi* – VI. Barcelona: Herder, 1974, p. 671-684; Trente ans aprés. *Lumiere et vie*, 124 (1975), p. 72-77; Trabajo. In: FRIES, H. (org.). *Conceptos Fundamentales de Teología*. Madrid: Cristiandad, 1979, p. 799-811.

reflexão, tal como dão a conhecer os recursos técnicos de uma *economia do mundo*, onde o trabalho aparece com toda sua potencialidade. Nessa abordagem recebe a influência de Teilhard de Chardin, Emmanuel Mounier e Jacques Maritain, citados várias vezes em seu livro.

Dessa forma, a primeira preocupação de Chenu é assumir o desafio de seu tempo com honestidade. Seria inconcebível à teologia manter-se indiferente ao fenômeno humano da civilização do trabalho. "A passagem da ferramenta para a máquina não só inaugurou uma nova fase da vida econômica, mas também uma nova era da humanidade." Significativamente, a reflexão surge do contexto real do trabalho em sua densidade própria, sua função econômica e seu papel na história.

O contexto, no caso, é o capitalismo industrial, a sociedade salarial e o *fato proletariado*, bem como as várias dimensões que compõem o sistema econômico-produtivo e a organização social. O *fato proletariado* afetou profundamente a consciência eclesial a ponto de levar à aparição da *doutrina social da Igreja*. Agora, porém, pede uma verdadeira teologia do trabalho a partir desta tomada de consciência.

O fenômeno do capitalismo industrial, que se tornou a questão central para a civilização ocidental, é um problema teológico, pois "na mesma medida em que homem se aliena no trabalho, perde-se a si mesmo e a Deus". A evolução da civilização do trabalho gerou um problema de fé ao excluir Deus da sociedade, resultando a alienação do homem no sistema produtivo. O protesto contra o trabalho alienado, gerador do proletariado, deve chegar aos teólogos, pois está em jogo a credibilidade moral das estruturas sociais e econômicas.

Teologia: identificar o lugar do trabalho na economia da salvação. Após o diagnóstico dos desafios de seu tempo, é momento de refletir sobre as bases de uma teologia do trabalho. Neste sentido, a "teologia enfrenta o desafio de ir além do âmbito da simples condenação moral tradicional, a fim de propor uma possível humanização da economia, que tem uma ideia de trabalho como parte da construção do mundo e, teologicamente falando, do governo divino".

Em síntese, o resgate do sentido teológico do trabalho dependerá da capacidade de recuperação do seu sentido humano. A tarefa consiste em situar novamente o trabalho no âmbito das suas funções humanas e cósmicas à luz do plano do Criador.

Tarefa ética: superar o individualismo. A complexidade da realidade não combina com soluções simplistas ou moralismos piedosos. Não se trata de "limitar-se a repetir a moral clássica, ou de deduzir princípios a fim de ajustar a realidade aos mesmos. É preciso conhecer de novo o solo humano do trabalho, toda a complexidade da técnica e sua evolução milenar, suas transformações tanto em sua finalidade como em suas estruturas organizativas".

O fenômeno social do *fato proletariado* possui uma amplitude de questões antropológicas que não admitem soluções superficiais. O trabalho, como um fator de humanização, é fundamental para a evolução da sociedade. Chenu defende que o progresso social e espiritual – não somente o econômico – determina a construção da história. O trabalho é um dos fatores dessa construção, já dizia Marx. Na evolução do mundo, o homem vai se realizando socialmente. O trabalho desempenha um papel de primeiro plano. Portanto, urge superar as diversas formas de individualismo. Nesta mesma direção, em um escrito posterior, o autor retomará esta ideia ao afirmar que o trabalho é um importante gerador de "estruturas de solidariedade".[13]

Em suma, a reflexão ética não pode resumir-se a simples aplicações deduzidas de princípios gerais, pois se apoia na investigação histórica e concreta da realidade. "É preciso restituir ao trabalho sua densidade, em vez de aplicar correções morais externas." Definidas as tarefas, Chenu aponta, a seguir, três orientações para um projeto de uma *teologia do trabalho*.[14]

Pautas

Antropologia teológica. Ao ocupar o centro das relações homem-natureza, o trabalho faz do homem um "colaborador da criação" e demiurgo da sua própria evolução na descoberta, exploração e espiritualização da natureza. Tais atributos encontram em Gn 1–2 seu fundamento.[15] Isso significa que o trabalho pertence à natureza humana: se a natureza do homem é trabalhar, "a figura do *homo faber*

---

[13] Cf. CHENU, M.-D. Trabajo. In: RAHNER, K. (dir.). *Sacramentum Mundi* – IV. Barcelona: Herder, 1976, p. 681.

[14] Este esquema será adotado pela nascente *teologia do trabalho*. Os demais autores analisam o trabalho como participação do homem no poder criador, libertador e redentor de Deus, sempre a partir de textos bíblicos. Os argumentos apresentam raras variações. Isto se deve ao fato de privilegiarem os mesmos textos, como os primeiros capítulos do Gênesis, que lhes parecem explícitos em relação ao trabalho.

[15] Em artigo posterior, Chenu afirma que, a partir de uma imagem dinâmica da atividade criadora divina, "Deus não se limitou a criar um universo inteiramente acabado, cuja direção fosse logo confiada ao homem, como se este fosse um espírito angelical encarregado de uma matéria alheia, ou como um observador estrangeiro em um país que lhe atrai e retém ininterruptamente. Deus chamou o homem a ser seu colaborador na organização progressiva do universo. Cf. CHENU, M.-D. *Trabajo*. In: FRIES, *Conceptos Fundamentales de Teología*. Madrid: Cristiandad, 1979, p. 376-377.

ocupa um papel primordial no humanismo cristão". Nele estão conjugadas a capacidade técnica e a consciência da liberdade.

Em suma, há uma consubstancialidade entre liberdade e determinismo técnico e econômico. A razão que fabrica é a mesma que contempla, ou seja, a subjetividade do *homo faber* se expressa objetivamente em sua obra, afirma Chenu.

Explicitação da perspectiva escatológica. Chenu, seguindo em sua abordagem, defende que, na *economia total da salvação*, a dimensão escatológica não anula o agir terreno do *homo faber*, mas, ao contrário, *os novos céus e a nova terra* surgem como horizonte e como perspectiva de um processo de civilização e progresso possibilitado pelo trabalho.

A ruptura provocada pelo pecado original não invalida o compromisso com a humanização das realidades terrenas.[16] Dessa maneira, através do humano, o cosmos participa da *economia total de salvação* e, mais precisamente, pelo potencial do homem em transformá-lo em lugar de paz e reconciliação abstraídos pelo pecado.

Dimensão redentora. A encarnação do Verbo é o tema estruturante. No evento Cristo, "tudo o que é humano é matéria da graça". Portanto, o trabalho humano, como um dos meios em que se realiza a salvação, participa, necessariamente, da obra da redenção. Nesse sentido, é necessário reinterpretar o trabalho à luz desse mistério de fé. O acontecimento histórico da encarnação transcende a história em todos os

---

[16] Para Chenu, os aspectos dolorosos do trabalho são consequência do pecado (Gn 3,17-19). Em outro artigo, escreve: "O pecado, ao encerrar o homem em si mesmo, torna cansativo o trabalho e o colaborar com os demais constitui uma grande dificuldade" (cf. CHENU, M.-D. Teología del trabajo. In: *Evangelio del tiempo*. Barcelona: Herder, 1966, p. 527-554.

âmbitos, níveis e sentidos, mas sem anular o humano. Pelo contrário, o redimensiona, para que esteja em conformidade com *os novos céus e a nova terra*.

Espiritualidade. A tônica sobre a dimensão objetiva do trabalho é uma das principais contribuições de Chenu. "Uma teologia, uma espiritualidade – como uma ideologia – que esvaziasse, totalmente ou em parte, o trabalho e as coisas do mundo, de seu conteúdo e de sua dinâmica própria, estaria falseada já no seu ponto de partida. Ora, tanto as coisas como o trabalho possuem sua própria consistência". Ou seja, a evolução técnica e o progresso humano não podem ser desprezados pela reflexão teológica, pois afetaria negativamente todo seu conteúdo e distorceria profundamente a finalidade do trabalho. A tecnologia transforma o trabalho a ponto de converter o humano em *homo artifex*. Um ser protagonista de sua existência e artífice de sua história.

A valorização da dimensão objetiva consiste em assumir a materialidade específica do trabalho. Com o advento da revolução industrial, "o trabalho deixa de buscar, em primeiro lugar, a perfeição do homem; torna-se um ato de produção com finalidade social".

Em outro lugar Chenu retoma a crítica a uma teologia espiritualista e abstrata do trabalho. É verdade que "o trabalho leva ao aperfeiçoamento do trabalhador e a uma transformação de coisas na realidade que ele constrói: *perfectio operis*. Esta dualidade foi perdida por uma teologia que tratou exclusivamente do *perfecto operantis*, neutralizando o sentido objetivo do trabalho".[17]

---

[17] CHENU, M.-D. Trabajo. In: RAHNER, K. (dir.), op. cit., p. 679.

Em outras palavras, o trabalho deve ser considerado também como *perfectio operis*: "o trabalho tem um valor próprio, sua própria eficácia para a construção do mundo e para o destino histórico da humanidade". O produto do trabalho e seus instrumentos têm seu próprio valor que não devem ser desprezados pela fé cristã.

Por trás desta visão do aspecto objetivo está uma atitude conciliatória em relação à sociedade contemporânea. Há uma busca por superar a hostilidade da Igreja com as correntes da modernidade. Chenu compreende o trabalho da sociedade industrial como um potencial gerador de solidariedade que se expressa na enorme diversidade de atividades, relações, organizações sociais e sistemas comerciais. Por outro lado, a expansão da organização do trabalho dá azo a novos problemas entre as classes sociais no âmbito da justiça.[18] Neste aspecto, a socialização deveria impor-se como uma das principais características da objetivação do trabalho no capitalismo industrial. Mas por que ela não acontece? Por que a civilização do trabalho é tão materialista, individualista e antissolidária?

---

[18] Ibid., p. 681.

CAPÍTULO 2
CRÍTICA À CIVILIZAÇÃO DO TRABALHO

1. Aproximar-se da realidade

Na busca de um diálogo sereno com a modernidade, há o risco de extasiar-se de suas conquistas. O otimismo em torno da dimensão *prometeica* do *homo faber* e seu gênio sempre mais tecnológico podem levar à adoção da civilização capitalista como um modelo acabado de sociedade. Chenu aparece assim como um exemplo de uma teologia que, partindo de uma posição corajosa e crítica, não transcende o horizonte da compreensão do trabalho típico da cultura ocidental.

O contexto no qual fundou sua reflexão tem variado de modo considerável. O mesmo Chenu, trinta anos após sua *Pour une thélogie du travail*, avalia a situação e reconhece que "a perspectiva, frágil e sedutora, dava lastro para elaborar uma teologia bem determinada, mais do que se podia imaginar, devido à conjuntura da década de 1950 e os contextos de bem-estar e mistificação da dominação do homem sobre a natureza".[1]

O ambiente de crise da década de 1970 leva Chenu a reconhecer a ingenuidade de seu antigo otimismo. "Eis que

---

[1] CHENU, M.-D. Trente ans aprés. *Lumiére et Vie*, 124 (1975), p. 75. Este artigo se refere, mais exatamente, ao aniversário de um curso dado na Semana Social de Paris, em 1947, que originou o artigo publicado em *Esprit*.

vinte anos depois, a dura crise atual [...] pôs em causa o otimismo que, com tantos outros, incluindo o Papa João XXIII e o mesmo Concílio, cedeu ao meu diagnóstico prometeico, ainda contagiado pela invenção do fogo."[2] Apesar do *mea culpa*, o autor não conseguiu situar outra vez a sua teologia diante dos desafios sempre novos que irrompem no mundo do trabalho.

Essa reformulação se manteve pendente por certo espaço de tempo, pois a teologia do trabalho tem-se mostrado incapaz de ultrapassar as indicações programáticas de Chenu. Não consegue desprender-se de princípios gerais e lugares-comuns, deduzidas algumas referências bíblicas, negligenciando ou mal interpretando outras. Por esta razão, algumas categorias especificamente teológicas estão insuficientemente articuladas.

O discurso teológico deve estar vinculado à forma objetiva do trabalho, ou seja, tal como se concretiza. Assim, a primeira tarefa consiste em identificar a lógica que reproduz tal objetivação em ordem a encontrar uma palavra adequada. Este momento, que poderia chamar-se pré-teológico, é imprescindível.

2. Sob o domínio da racionalidade econômica

As transformações do trabalho devem ser entendidas a partir de um sistema mais amplo no qual está inserido. Tal como se entende atualmente, o trabalho deve sua natureza, funções e organização ao capitalismo. A sociedade do trabalho, e seu homônimo, a sociedade salarial, resultam de

---

[2] Ibid., p. 75.

um modo específico de sociedade. Esse é ponto de partida de André Gorz.[3]

A denominada *civilização do trabalho* é recente, pois, historicamente, tem pouco mais de duzentos anos de existência. Tal civilização está constituída de uma *sociedade do trabalho* e uma *sociedade salarial*. A primeira é aquela em que o trabalho, entendido como emprego, se impõe como fundamento da cidadania e dos direitos. Nela, o trabalho--emprego ocupa o centro do ordenamento pessoal e social. Em torno dele estão as demais dimensões da vida, como a política, a economia, a família, a educação e a cultura. A *sociedade salarial*, por sua vez, é aquela em que as pessoas são definidas em sua cidadania pelo emprego que possuem e pelo salário que recebem.[4]

O capitalismo reduziu o sentido do trabalho a uma atividade remunerada, realizada para um terceiro (o empregador), com vistas a finalidades não escolhidas pelo trabalhador, e executada segundo modalidades e horários fixados pelo empregador. Mas nem sempre foi assim. Basta uma consulta à história da humanidade para comprovar que o trabalho realizado com fins primordialmente econômicos nem sempre tem sido predominante como em nossos dias. Somente conquistará plena hegemonia, no contexto de todo o conjunto da sociedade, a partir da chegada do capitalismo.

---

[3] André Gorz (1923-2007), austríaco-francês, cujo verdadeiro nome era Gerard Horst. Influente intelectual de esquerda, entre suas publicações destacam-se: *Ecologia e política* (1978); *Crítica da racionalidade econômica* (1989); *Adeus ao proletariado* (1980); *Os caminhos do paraíso* (1983); *Metamorfose do trabalho* (1988); *Misérias do presente, riqueza do possível* (1997); *O Imaterial. Conhecimento, valor e capital* (2003).

[4] Cf. GORZ, A. *Misérias do presente, riqueza do possível*. São Paulo: Annablume, 2004, p. 67-69.

Aliás, nas sociedades pré-modernas, na Idade Média e na Antiguidade (mesmo nas sociedades pré-capitalistas), se trabalhava menos que no capitalismo.[5]

O conceito moderno de trabalho coincide com a Revolução Industrial. Sua forma atual, tal como conhecida, praticada e situada na vida individual e social, foi inventada, e logo generalizada, com o processo de industrialização que se impõe como modo de produção a partir do século XVIII. Até então, o termo trabalho designava o esforço dos servos e trabalhadores que produziam os bens de consumo ou os serviços necessários à vida e que exigiam ser renovados, dia após dia. Naqueles tempos idos a produção material não estava, pois, em seu conjunto, regida pela racionalidade econômica.[6]

3. Triunfo do cálculo contábil

A racionalidade econômica do cálculo contábil como critério supremo de avaliação. Determinadas atividades têm menor ou maior valorização de acordo com os cálculos e as vantagens que apresentam no mercado. Somente são consideradas *trabalho* as atividades passíveis de cálculo contábil, que são executadas na esfera pública e têm por objetivo a troca mercantil.[7]

Com a irrupção da economia de mercado, não só tudo o que é produzido é para se vender no mercado, mas também o trabalho, a terra e o próprio dinheiro. A crescente

---

[5] GORZ, A. *Metamorfosis del trabajo: búsqueda de sentido*. Madrid: Sistema, 1997, p. 277.
[6] Cf. ibid., p. 25-29.
[7] Cf. ibid., p. 180.

mercantilização de todas as coisas transforma a sociedade em uma sociedade de mercado.[8] Ao fazer do trabalho humano uma mercadoria, a racionalidade econômica irá conferir-lhe um conteúdo muito restrito. A atividade produtiva foi separada de seu sentido, de suas motivações e de seu objeto para converter-se em simples meio de ganhar um salário. Ou seja, está separado da vida para garantir a sobrevivência material. A satisfação do trabalho coletivo e o prazer da criatividade são eliminados em benefício das únicas satisfações que somente o dinheiro pode comprar.[9]

Trabalho reduzido a emprego. Neste contexto, o emprego se entende como a monetarização de um tipo de trabalho, ou melhor, como a aplicação da racionalidade econômica ao trabalho. Através do emprego, o trabalho assume as características de mercadoria: é algo que se tem ou não se tem, algo que se pode comprar e vender no mercado.[10]

A sociedade moderna identifica essa forma particular de trabalho com o termo genérico *trabalho*. Este conceito exclui as atividades não mercantis, por mais laboriosas que sejam.[11] Exclui também a noção convencional de trabalho, o trabalho autônomo: atividades que, por si mesmas, são seu próprio fim e não destinadas ao mercado (pintura, cuidar do próprio jardim, da casa, do sítio etc.).[12]

---

[8] Neste mesmo sentido, veja-se: POLANYI, K. *A grande transformação*: crítica do liberalismo econômico. Madrid: La Piqueta, 1989, p. 122-134.
[9] GORZ, A. *Metamorfosis...*, p. 37.
[10] Cf. GORZ, A. *Misérias do presente...*, p. 67-68.
[11] Cf. GORZ, A. *Metamorfosis...*, p. 199.
[12] Cf. ibid., p. 213.

4. Um fundamento de integração social

A *sociedade do trabalho* e a *sociedade salarial* vivem um impasse. O capitalismo contemporâneo já não necessita mais do trabalho de todos e de todas. Se assim é, esta atividade não pode mais servir de fundamento de integração social. Esta situação apresenta aspectos muito interessantes para avançar, construir uma sociedade melhor. Mas como aproveitá-la? Enquanto o trabalho for sinônimo de horários rígidos, tarefas prefixadas pela empresa que limitam a criatividade e a autonomia dos trabalhadores, a maioria das pessoas buscará sua autorrealização e a geração de relações sociais fora do ambiente de trabalho.

Esse panorama deveria levar a classe trabalhadora a assumir como objetivo a superação dessa etapa da história, que insiste em manter o trabalho como elemento central da condição humana e buscar esta centralidade em esferas vitais à margem dele.[13] Cabe aos intelectuais e organizações sindicais ajudar as forças sociais para pôr fim à *sociedade salarial*.

Concluindo, não se trata de conquistar o poder como trabalhador, mas de conquistar o poder de não funcionar como trabalhador. Isso implica romper com a *sociedade do trabalho*, concluir essa etapa da história e articular uma nova sociedade em que as atividades autônomas, aquelas que estão fora do reino da necessidade, sejam as que marquem a identidade individual e os processos sociais.[14]

---

[13] Cf. GORZ, A. In: G. AZNAR, G. *Trabajar menos para trabajar todos*. Madrid: HOAC, 1994.

[14] GORZ, A. *Adiós al proletariado...*, p. 15.

5. Uma construção histórico-cultural

No livro *Le travail. Une valeur en vie de desaparitión*,[15] Dominique Méda parte do fato de que o trabalho é um fenômeno humano que vem experimentando profundas mudanças ao longo da história, tanto em seu conteúdo material como em sua significação social. Portanto, continuará transformando-se continuamente.

No período anterior à instauração do capitalismo como sistema socioeconômico dominante, o trabalho não era um *fato social total*.[16] Ou seja, tal como vivido na atualidade, é uma invenção dos economistas do século XVII, fruto de um processo complexo de redução do seu sentido original, até converter-se em fenômeno de dimensão essencialmente material, contabilizável e mercantil. Tornou-se atividade vinculada a mercadorias, isto é, aos objetos intercambiáveis; o trabalho mesmo uma mercadoria.

Em primeiro lugar, o intercâmbio está no centro do modelo smithiano de sociedade. O trabalho é o coração desta sociedade baseada no mercado tanto como esforço de dominação e de transformação da natureza quanto como instrumento de medida para contabilizar o valor do esforço humano. Como explicou Marx, o tempo de trabalho se impõe como medida de valor das coisas. Portanto, a relação social nuclear desta sociedade são as relações de trabalho. Dessa forma, a economia converteu o trabalho na principal forma de adesão e inclusão social e um dever natural de cada indivíduo.

---

[15] MÉDA, D. *Le travail. Une valeur en vie de desaparitión* (Paris, 1995). Citações extraídas da tradução espanhola: *El trabajo: Un valor en peligro de extinción*. Barcelona: Gedisa, 1998.

[16] Ibid., p. 9-10.

Em segundo lugar, na economia capitalista, o trabalho foi convertido em emprego: uma atividade remunerada, taxada e regulada pelos poderes públicos e sobre a qual se fundamenta boa parte dos direitos sociais e econômicos. Para a manutenção da ordem social é imperativo que todos tenham um emprego, pois disso depende a estabilidade política. Também o socialismo é prisioneiro dessa lógica. Quando os socialistas e socialdemocratas conquistam o poder político não modificam as relações de trabalho. O que fazem é atenuar seus aspectos mais injustos mediante a legislação laboral.[17]

6. Encantamentos e legitimações

O pensamento moderno considera o trabalho uma atividade fundamental, uma autêntica categoria antropológica invariável da natureza humana cujo rastro se encontra em todo tempo e lugar. Segundo o discurso vigente, o trabalho propicia a realização pessoal e, sobretudo, é o grande alicerce dos vínculos sociais. Como atividade essencial, coloca o indivíduo em relação com seu meio – a natureza, que enfrenta e derrota para criar algo humano – e com os demais membros da sociedade, com e para os quais desempenha essa tarefa. O trabalho expressaria, por tanto, em maior grau nossa humanidade, nossa condição de seres finitos e criadores de valores. Em síntese, o trabalho é nossa essência e condição.[18]

Todo esse *encantamento* do trabalho não passa de legitimação da civilização industrial. Essas elucubrações aparecem justamente em um momento específico de história e são propagadas pelas três correntes de pensamento que

---

[17] Cf. ibid., p. 109-111.
[18] Ibid., p. 17.

constituíram a modernidade: o cristianismo, o marxismo e o humanismo. Ainda que suas posições sejam divergentes quanto aos meios para devolver ao trabalho sua verdadeira face, partilham das mesmas ideias, como se mostra a seguir.[19]

O trabalho como categoria antropológica. O cristianismo, baseado em interpretações de textos bíblicos, ensina que o trabalho é a atividade fundamental de toda criatura humana. Em seu conjunto, acrescenta valor ao mundo e à sua própria existência, que espiritualiza a natureza e favorece as relações com o próximo. O trabalho é continuação terrena da criação divina, mas também um dever social que cada um deve cumprir da melhor forma possível. Correntes humanistas defendem semelhante concepção de trabalho. O marxismo, com seu materialismo histórico, sustenta a teoria da centralidade do trabalho como atividade constitutiva da essência humana e construtor da história.

O trabalho como vínculo social. As três correntes de pensamento coincidem na valorização do trabalho humano como propiciador de integração social e espaço privilegiado de vínculo social. Há um consenso de que o trabalho tem uma dimensão relacional. Por meio dele, o homem contribui com a sociedade na medida em que a orienta para seu fim último, a faz educadora dos seus membros e portadora de valores. O trabalho põe as bases materiais da vida social: constrói povos, gera riqueza, cria meios de comunicação, organiza serviços públicos. Como um modo de estar juntos, pelo trabalho se constrói uma sociedade mais próspera.

A libertação do trabalho. Esta característica comum às três correntes traduz-se na esperança de que se produza

---

[19] Cf. ibid., p. 19-22.

uma transformação a partir da qual o trabalho abandonará o âmbito da alienação e recobrará seu verdadeiro sentido. Esperança que se estriba na convicção de que é possível superar a atual desfiguração do trabalho e conformá-lo com sua essência.

7. Retorno da política

As dimensões conferidas ao trabalho o colocam no centro da visão de mundo desde o século XVIII. Seu eventual desaparecimento colocaria em apuros a ordem que estrutura nossas sociedades. Daí o pânico generalizado ante o avanço do desemprego.

No entanto, é importante distinguir o trabalho em si das funções que se sustentam nele. Estabelecê-las permite afirmar que o trabalho, em si mesmo, não é portador dessas funções outorgadas pela história ocidental. Tais funções podem apoiar-se em outro sistema, pois nem sempre o trabalho foi seu principal suporte.

Em outros tempos, tais funções eram desempenhadas por outros sistemas. As sociedades primitivas são um primeiro exemplo de sociedades não estruturadas no trabalho. É impossível encontrar um significado idêntico ao termo. Em uma tribo do Amazonas o termo trabalho se aplica ao ato de reflexão do *xamã*.[20]

---

[20] Ibid., p. 28-30. Méda apoia-se principalmente nas investigações antropológicas de P. Descola, citado por M. N. CHAMOUX, Sociétés avec et dans concept de travail: remarques anthropologiques, em *Actes du colloque interdisciplinaire Travail*: recherches et prospective. Lyon: Pirrtem-CNRS, 1992. E nos estudos antropológicos de M. SAHLINS, *Age de pierre, age d. abundance*. Paris: Gallimard, 1976; e *Au coeur des sociétés*: raison utilitaire et raison culturelle. Paris: Gallimard, 1991.

Sem dúvida, a referência obrigatória e mais conhecida nesse ponto é o modelo clássico grego. Os filósofos consideravam o trabalho uma tarefa menor, degradante até.[21] Servem-se, também, de diferentes conceitos: *ponos, poièsis, praxis*. *Ponos* define o trabalho como atividade cotidiana para garantir a sobrevivência e o bem-estar da espécie. *Poièsis* se refere ao trabalho de invenção, criação e realização de si mesmo. *Praxis*, por sua vez, compreende a reflexão filosófica e a participação política, também a formação pessoal.

Nesse modelo, as atividades humanas são valorizadas em função de sua maior ou menor semelhança com a eternidade. Isso explica o grande apreço pelo pensamento, a contemplação, a ciência, a filosofia, as matemáticas etc. Todas as atividades exercidas pela razão, pela alma. Aristóteles menciona outras atividades importantes, como a ética e a política, pois permitem ao homem exercer sua humanidade para melhorar a *pólis*. Ante elas se opõem aquelas vinculadas à necessidade, que requer esforço físico, denominadas *ponos*, próprias de escravos. Essas, de nenhuma maneira, servem de suporte para as relações sociais ou como caminho de autorrealização pessoal. Atividades humanas por excelência são a *theoria* e a *praxis*. Segundo Platão, no livro III de *República*, a virtude somente pode ser praticada se o homem está livre do *ponos*. Esta concepção foi assumida pelo *epicurismo*, que buscava alcançar a *aponia*. Os *estoicos* consideravam o trabalho como eticamente indiferente (*adiaphoron*). Os sábios não deveriam ser molestados pelo trabalho.

---

[21] Veja-se MIGEOTTE, L. Os filósofos gregos e o trabalho na antiguidade. In: MERCURE, D.; SPURK, J. (org.). *O trabalho na história do pensamento ocidental*. Petrópolis: Vozes, 2005, p. 17-31.

O homem moderno, ao contrário, dedica todas as forças ao *ponos*, ao trabalho com finalidade material, ignorando que pode aspirar a outras ocupações além delas. Hoje em dia, o trabalho está carregado de todas as energias utópicas que lhes foram sendo atribuídas ao longo dos últimos séculos. Está "encantado" no sentido de que exerce um fascínio que nos aprisiona. Estamos enfeitiçados.[22]

Enquanto o trabalho estiver subordinado à lógica da rentabilidade e da acumulação ilimitada de riqueza material, não poderá ser o pilar da autonomia pessoal e tão pouco da coesão social.[23] É preciso libertar o trabalho do "encantamento e do feitiço" do discurso do capitalismo industrial. Para isso é necessário recuperar a política como espaço privilegiado de atuação das liberdades e de coesão social. Somente pela via da política será possível reduzir o lugar que ocupa o trabalho. A única atividade capaz de fomentar a coesão social é a política.[24]

Porque é preciso questionar essa absolutização do trabalho? Quais seriam as consequências antropológicas, sociais e ambientais dessa autocompreensão da modernidade como uma sociedade do trabalho?

---

[22] Ibid., p. 231.
[23] Ibid., p. 129.
[24] Cf. ibid., p. 225.

CAPÍTULO 3
TRABALHO COMO RELIGIÃO

1. O *sagrado* de uma sociedade

Para apreender a dinâmica de uma sociedade é preciso descobrir como ela se autocompreende. Pois bem, na sociedade contemporânea o trabalho ocupa uma posição estratégica e conceitual: é uma *sociedade do trabalho*. Nenhum dos projetos originados no século XVI se concretizou de maneira tão forte como o da *civilização do trabalho*.

A crítica da religião define a sociedade moderna a partir do seu sagrado no sentido formal do termo, ou seja, aquilo que constitui a base da sua identidade. Na *sociedade do trabalho*, esta base e estrutura – seu sagrado –, de acordo com Eric Weil, só pode ser o trabalho.[1] Dela deriva a necessidade de suprimir os demais sagrados que possam interferir na sua hegemonia. Se a sociedade pré-moderna era teocêntrica, onde Deus era reconhecido e cultuado, agora o próprio Deus passa a ser interpretado a partir da chave de leitura do trabalho.

O sagrado molda o sistema de valores e princípios morais, critérios avaliativos, comportamentos, o tempo, a antropologia, a organização social, a relação com a natureza. Na sociedade atual, o *éthos* tem seu referencial no trabalho,

---

[1] WEIL, E. *Filosofia política*. São Paulo: Loyola, 1990.

alçado à principal atividade humana. Essa glorificação sem precedentes na história da humanidade faz o indivíduo acreditar que não há limites para o progresso humano conquistado através do trabalho. Um dos resultados desse otimismo exacerbado levou à ocultação do discurso crítico. Felizmente, nos últimos anos a crítica vem recuperando terreno. Vejamos algumas.

2. Descaracterização da relação com a natureza

A centralidade do trabalho coincide com a instrumentalização da natureza para fins de exploração e dominação através da técnica. Por questão de sobrevivência, os grupos humanos constituem-se também como comunidades de trabalho. Desde os agrupamentos primitivos até a civilização contemporânea, existe uma organização coletiva do trabalho. Porém, a partir da Revolução Industrial, "a sociedade moderna se autocompreende somente como tal e organiza o trabalho como domínio e confronto com o ambiente exterior".[2] Uma sociedade como a ocidental reduz o sentido da vida ao esforço coletivo de dominar o mundo. Alfred North Whitehead (1861-1947)[3] constatava que as formas mais elevadas de vida estão ativamente empenhadas em modificar o seu entorno vital. No caso da espécie humana, esse ataque ao meio ambiente

---

[2] Ibid., p. 77.

[3] WHITEHEAD, A. N. *A função da razão*. Brasília: Editora da UnB, 1988. Lógico, matemático e metafísico britânico, reconhecido como um dos grandes filósofos do século XX, Whitehead concebeu a natureza como uma "experiência". Crítico da divisão entre o espírito e a matéria, para ele a ordenação do processo do mundo é a natureza primordial de Deus, uma experiência de Deus, na qual os "objetos", ao passarem de um mundo ideal (próprio da natureza de Deus) ao mundo físico, determinam os "acontecimentos". Em colaboração com o seu aluno de Cambridge, o filósofo britânico Bertrand Russell, escreveu os três volumes de *Principia mathematica* (1910-1913), uma das maiores obras sobre lógica e matemática.

é o fato mais notável de sua existência. Em outras palavras: a função primordial da razão é direcionar o ataque ao meio ambiente e promover a arte da vida.

Convertida em obsessão, passa a ser uma espécie de destino comum de todo gênero humano. Inquestionável, como todo sagrado, o trabalho foi alçado ao primeiro posto: distingue o homem dos outros animais, constitui o homem, a sociedade e a cultura, condiciona a ética e constrói a história (Marx).

O trabalho, portanto, é o instrumento por excelência do projeto *prometeico* de conquista da natureza. Em consonância com este projeto, o texto de Gn 3,19 é interpretado de tal forma que deixa entender que há, de fato, uma luta sem trégua do homem contra as resistências de uma natureza hostil.[4] Este confronto não é isolado e disperso, mas planejado. O caráter coletivo deste confronto exprime-se, essencialmente, no trabalho. A ideia de natureza como fonte de contemplação e conhecimento é substituída pela visão de uma natureza como fonte de recursos à disposição do homem a ser explorada.[5]

---

[4] Cf. LYNN WHITE JR. Raíces históricas de nuestra crisis ecológica. *Revista Ambiente y Desarrollo*, 23 (2007), p. 78-86. Publicação original: The historical roots of our ecological crisis. *Science*, 155 (1967), p. 1203-1207. O autor norte-americano foi um dos primeiros a apontar o cristianismo como um dos responsáveis diretos da crise ecológica. Duas afirmações sintetizam seu pensamento: "Especialmente em sua forma ocidental, o cristianismo é a religião mais antropocêntrica que o mundo conheceu". Nesta tradição, "a natureza não tem outra razão de ser, salvo servir o homem". Muitos autores seguiram a trilha de Lynn White nesta crítica ecológica à tradição judaico-cristã.

[5] Na ideia do homem como *maître et possesseur de la nature*, presente no *Discours de la méthode* (1637) de René Descartes, se encontra uma das traduções mais acabadas de domínio e poder absoluto do homem sobre a natureza.

Diante da natureza, o homem se sente um herói a desbravar a reserva de matéria-prima e de energia. O tripé trabalho–ciência–técnica é o aríete que rompe todas as resistências da natureza. O uso da tecnologia no sistema produtivo é o principal instrumento na relação homem–meio ambiente. O progresso tecnológico permite que a própria natureza e, atualmente, própria *natureza humana* seja transformada em instrumento de domínio. Tal uso despreza o valor intrínseco da criação, reduzida à propriedade. Essa mentalidade afirma o homem como senhor e proprietário munido de um instrumental tecnológico cada vez mais poderoso.

3. Descaracterização do indivíduo

No interior da *civilização do trabalho* encontramos o indivíduo, cada vez mais prisioneiro da vontade de domínio e exploração. A Revolução Industrial, ao minar o sistema antigo, onde o trabalho, a família e o tempo eram pautados pela religião, *libertou* o indivíduo e decretou o fim de subordinação ao paradigma da religião e da rigidez da ordem medieval.

O trabalho, *liberado* das ataduras teocêntrico-feudais, é aprisionado pela sociedade industrial e de mercado. No interior da divisão do trabalho, o indivíduo tornou-se um proletário. A produção de bens com objetivo de satisfazer as necessidades do mercado levou ao eclipse de outras dimensões humanas. Por um lado, o indivíduo é livre na medida em que ocupa uma posição na divisão do trabalho, que o mantém integrado ao mercado, mas, por outro, está preso aos mecanismos de uma estrutura de produção que desconhece totalmente. *Homo faber* considerado em sua funcionalidade, valor de uso e de mercado, deve preparar-se para ocupar algum posto de trabalho, competindo com outros vivendo na mesma situação.

Da imposição de uma realidade suprema se derivam valores que se objetivam em lógicas, crenças, atitudes e comportamentos. Para *ser alguém na vida*, o indivíduo é forçado a renunciar à sua tradição, assumindo como *seu* um *éthos* que lhe é imposto: a obsessão pelo sucesso profissional, a competitividade e a eficiência, a acumulação de capital e o prestígio social. Com o trabalho convertido em mercadoria, o indivíduo deve *saber vender-se*. Seu reconhecimento social depende de sua capacidade de integração no mercado. Caso contrário, é um fracassado e incompetente.

No plano da subjetividade apresenta-se como um indivíduo dividido entre o que ele realmente *é* e o que ele *faz*, ou melhor, entre o que ele considera como valor vital e o que ele *deve* apresentar como valor social. Seu *éthos interior* está fora do trabalho, alimenta-se de outras fontes, como a religião, a tradição, a família. Porém, na lógica do capital, seus valores morais e religiosos pertencem à esfera privada e somente são tolerados à medida que não interferem na sua produtividade.

Neste sentido, Richard Sennet demonstrou que as perdas dos trabalhadores não são apenas econômicas, mas também físicas, psicológicas e morais. A *erosão do caráter*, segundo ele, é uma das mais perversas consequências sobre a humanidade do trabalhador, levando a uma decomposição do tecido social.[6]

---

[6] SENNET, R. *A corrosão do caráter*: as consequências pessoais do trabalho no novo capitalismo. Rio de Janeiro: Record, 1999.

A atual reconfiguração do capitalismo intensifica ainda mais esse controle sobre o indivíduo. Há um processo de incorporação total do trabalhador ao sistema produtivo. Como demonstrou Karl Polanyi, a conversão do trabalho, da terra e do dinheiro em mercadoria tornou possível o surgimento do mercado e da indústria.[7] Pois bem, a *Terceira Revolução Industrial* transformou em mercadoria um quarto elemento: *o conhecimento humano*. A hegemonia cada vez mais significativa do *trabalho imaterial* possibilitado pelo uso intenso das novas tecnologias confere notável valor econômico ao conhecimento, aos desejos e à informação.

O conhecimento é usado para gerar mais conhecimento. As empresas exigem cooperação inteligente, explorando todo o potencial do trabalhador. O predomínio da força física, típica da *Primeira Revolução Industrial*, perde relevância em relação às capacidades intelectuais, à criatividade e ao grau de informação.[8]

Se por um lado o sistema está conferindo novas características ao indivíduo, por outro, o esforço de construção da identidade humana alicerçada no trabalho mostra-se cada vez mais um projeto fracassado. A autorrealização no trabalho é privilégio de poucos. Não sem razão as novas gerações estão encontrando sua identidade e construindo valores e comportamentos em outras experiências e pontos de referência.

---

[7] Cf. POLANYI, K. *La gran transformación*. Madrid: La Piqueta, 1989, p. 126-132. Cf. GASDA, E. *Trabalho e capitalismo global*: atualidade da Doutrina Social da Igreja. São Paulo: Paulinas, 2011, p. 40-42.

[8] NAVARRO, V. L. Trabalho, saúde e tempo livre sob os domínios do capital. In: PADILHA, V. (org.). *Dialética do lazer*. São Paulo: Cortez, 2006, p. 71.

4. Descaracterização do tempo

A condição humana se desenvolve em um espaço pautado sob as coordenadas do tempo. Toda atividade acontece dentro de um espaço e de um tempo. Fala-se muito sobre o espaço do trabalho, *o chão da fábrica*, mas o tempo de trabalho, *o cartão de ponto*, é igualmente relevante. Não se pode refletir sobre o trabalho deixando de fora a dimensão temporal.

É possível supor que, se uma sociedade se enriquece, as pessoas prefeririam trabalhar menos. Com uma grande reserva de capital investido, máquinas e infraestrutura, bem como um aumento na eficiência técnica e de conhecimento, seria possível manter o mesmo nível de vida com menos esforço. No entanto, no capitalismo global e tecnológico, está acontecendo justamente o oposto. Há um aprofundamento da perda de equilíbrio entre o tempo de trabalho e o tempo livre a favor do primeiro.

Em primeiro lugar, a *libertação* do trabalho não seria possível sem que ocorresse a *libertação* do tempo das amarras do paradigma teológico medieval. Porém, com a Revolução Industrial o tempo tornou-se refém do sistema produtivo. O tempo dedicado ao trabalho é controlado mecanicamente, e este, por sua vez, condiciona os demais tempos existenciais: a família, a convivência social, a religião. É um tempo *liberado* para que esteja disponível como um elemento fulcral de todo sistema produtivo. Impôs-se a ideia de tempo útil, que não se pode *perder tempo*, pois *tempo é dinheiro* e, portanto, com valor de mercado. Por outro lado, o tempo improdutivo economicamente é considerado inútil, *perda de tempo*, desperdício.

Com a consolidação da *civilização industrial*, há um aumento desproporcional no horário de trabalho. Nela, o tempo que marca o relógio é emblemático, pois representa o controle do tempo e da disciplina no espaço do *chão da fábrica*. O controle do tempo do trabalhador está no cerne do capitalismo.[9] Para o funcionamento da lógica do mercado é vital que o capital assuma o controle do tempo. Entendê-lo permite uma abordagem que identifique os mecanismos ordenadores da relação *trabalho-tempo livre*.

Assim sendo, qual a função do tempo livre dentro do capitalismo? Parece lógico que numa *civilização do trabalho* o indivíduo só possa realizar-se no tempo de trabalho. No entanto, isso não impede certo grau de consciência da necessidade de tomar distância das estruturas do sistema de produção. A solução foi encontrada no conceito de tempo livre, ocupado com o descanso e o ócio. Descanso como tempo de regeneração físico-psíquica para trabalhar melhor; ócio como tempo dedicado à estética, à cultura e à religião. O ócio, condenado pela moral da Igreja como um dos sete pecados capitais, recebe com o tempo livre uma visão positiva.

O conceito de tempo livre ganhou publicidade a partir da segunda metade do século XX. Reconhecida sua importância pelo mercado, pelo Estado e pelas religiões, adquiriu *status* de *direito humano* (art. 24 e 39 da Declaração Universal dos Direitos Humanos). É, de fato, uma grande conquista dos trabalhadores, deixando de ser privilégio das minorias ricas. A introdução da jornada de trabalho de oito horas, cinco dias

---

[9] Cf. ibid., p. 59. No século XVIII o relógio era um instrumento valioso, de alto preço, feito de metais preciosos como o ouro. Por isso, somente ricos podiam possuí-lo, fazendo que controlassem o tempo da sociedade. Símbolo de poder e riqueza, nas fábricas os patrões impediam que os operários soubessem as horas.

por semana e férias de 30 dias atesta esta conquista. A isso cabe acrescentar outro fator: o desemprego. Com isso, o ócio deixou de ser taxado de indolência e preguiça. O advento da utilização massiva das novas tecnologias no sistema produtivo volta a levantar novas questões ao tempo livre.

A vida parece colocar-se gradualmente fora do horário de trabalho. A partir do momento em que a sociedade industrial eliminou a possibilidade de vigência do conteúdo cristão do descanso dominical, urge definir uma forma de descanso minimamente significativa. O incremento da sociedade de consumo voltada ao ócio parece responder a isso.

Existem autores que transferem ao tempo livre toda a responsabilidade de repor as energias do trabalhador e garantir sua satisfação. O entretenimento é a principal forma de evitar frustrações no trabalho.[10] J. Dumazédier defende que o tempo fora do trabalho tem a função de facilitar o exercício da liberdade de escolha, da gratuidade e de satisfação que não existe no trabalho. Neste sentido, *ócio* e trabalho são opostos.[11] Há duas maneiras de configurar o tempo livre:

---

[10] FRIEDMANN, G. *O trabalho em migalhas*: especialização e lazer. São Paulo: Perspectiva, 1972, p. 158. (Do original francês: *Le travail en miettes. Spécialisation et loisirs*. Paris: Gallimard, 1964.) G. Friedmann busca construir uma crítica à expansão do modelo fordista-taylorista de produção e os impactos negativos da divisão do trabalho sobre a vida profissional. Em seu otimismo, vê a possibilidade de uma redução da jornada laboral e, consequentemente, da ampliação do tempo livre.

[11] Cf. DUMAZÉDIER, J. *Valores culturais do lazer*. São Paulo: Sesc, 1980, p. 19-20. Para Dumazédier, o *ócio* concebido como sinônimo de satisfação e liberdade só tem sentido a partir de sua oposição ao trabalho vivido como atividade desagradável e cansativa, realizada por obrigação. Ou seja, o trabalho é mal e o ócio é bom. J. Dumazédier parece bastante superficial ao considerar o tempo livre unicamente como um apêndice da jornada laboral. Este autor não manifesta interesse em elaborar um juízo crítico das razões pelas quais a civilização do trabalho necessita do ócio para devolver ao operário algumas migalhas daquilo que o trabalho lhe tirou.

passivo, não fazer absolutamente nada ou entreter-se com as ofertas de ócio; ativo, participar de atividades culturais, sociais e religiosas. De qualquer modo, trabalho e tempo livre deveriam ser considerados logo de saída como duas exigências antropológicas complementares. Sendo assim, há uma pergunta que precisa ser respondida. Por que o indivíduo precisa procurar no tempo livre a satisfação e liberdade que não encontra no trabalho? Por que a alegria de viver, a capacidade de escolha e a criatividade somente podem ser encontradas no tempo livre?[12]

O sistema produtivo capitalista apresenta um problema de fundo: o tempo livre não significa, necessariamente, tempo *liberado*. A racionalidade econômica do capitalismo – competitividade e produtividade – se realizaria verdadeiramente se conseguisse libertar o homem de quaisquer outras preocupações que não fossem o trabalho, produção e consumo. Mas não é assim. O tempo livre não significa *libertação* do trabalho, porque todo o tempo de vida está invadido pela lógica da jornada laboral controlada pelo capital. Nesse sentido, o tempo livre é uma perversão do autêntico descanso: o indivíduo trabalha e tem as benesses do tempo livre que, por sua vez, o devolve à jornada de trabalho com mais disposição física e de ânimo.

Esta questão toca outro aspecto, a indústria cultural. O mercado se encarregou de converter o tempo livre em mercadoria valiosa. Uma percentagem significativa do *trabalho*

---

[12] PADILHA, V. Se o trabalho é doença, o lazer é remédio? In: MULLER, A.; PEREIRA DA COSTA, L. (org.). *Lazer e trabalho*: um único ou múltiplos olhares? Santa Cruz do Sul: Edunisc, 2003, p. 257. Da mesma autora: *Tempo livre e capitalismo*: um par imperfeito. Campinas: Alínea, 2000; *Dialética do lazer*. São Paulo: Cortez, 2006.

imaterial destina-se à indústria do entretenimento.[13] O descanso do trabalhador vê-se invadido por um sem-número de alternativas: programas esportivos, *talk shows* televisivos, filmes, centros de lazer e de compras, milhares de ofertas de IPads, notebooks, smarthfones, tablets, enfim, toda a parafernália eletrônica. Com a indústria cultural, o tempo livre tornou-se sinônimo de distração. O trabalhador do *chão de fábrica* tornou-se consumidor do *chão do shopping*; a civilização do trabalho, em civilização do consumo. É o princípio *tempo é dinheiro* levado às últimas consequências.

Contudo, alguns o veem com uma espécie de inclusão social. Mas o que é o tempo livre numa sociedade onde o aumento da produtividade e da competitividade se impôs como norma do mercado? O que é tempo livre para as milhares de pessoas que têm a necessidade urgente de multiplicar o trabalho devido aos baixos salários, reduzindo ou eliminando quase totalmente o descanso? Quantos não aproveitam a folga da empresa para trabalhar na informalidade? A extensão do trabalho ao tempo livre é uma realidade para muitas pessoas. A referência da jornada de trabalho – oito horas da sociedade industrial – tornou-se um conceito vago. O Iphone, o tablet, as conexões wireless mantêm os indivíduos conectados ao trabalho. São as tecnologias apagando fronteiras entre trabalho e descanso, vida profissional e privada. A flexibilidade laboral leva à flexibilidade do descanso. Muitos já não sabem quando começa e termina sua jornada de trabalho. É a crise

---

[13] A palavra *entretenimento* indica o propósito de não parar. As cidades se parecem cada vez mais com disneylândias: filas para o futebol, o cinema, os shows, os imensos shopping centers e playgrounds abarrotados de gente. E outros, conectados à internet e à TV 24 horas do dia de descanso.

do sentido do trabalho exportada ao sentido do descanso, um apêndice do empobrecimento do valor humano do trabalho.

5. Que resta do domingo?

Assim como aconteceu com o trabalho, os sentidos da palavra *descanso, tempo livre e ócio* foram ressignificados. Com o domingo não foi diferente. Até algumas décadas atrás, o domingo era considerado, primordialmente, como o *dia do Senhor*, o mais especial e esperado da semana. Karl Rahner lembra que a semana de cinco dias também existia durante a Idade Média, quando o cristianismo havia conseguido tornar o domingo um dia solene.[14] Mas, ao contrário da civilização do trabalho, era um dia especial por motivos religiosos. A combinação de descanso e culto dominical, a partir do século IV, favoreceu a experiência religiosa e atribuiu o conteúdo especificamente teológico ao dia de descanso do trabalho.

Durante todo o longo período da cristandade, a sociedade está toda configurada pela religião: o tempo, a economia, a ordem social e o trabalho. Em seus inícios, a legislação oficial sobre o descanso dominical não tinha fundamentação cristã. Uma regulamentação oficial do tempo de trabalho e de descanso era necessária. O imperador romano Constantino buscou responder a necessidade usando o respeito que tanto cristãos como não cristãos mostravam pelo domingo. Os primeiros confiaram ao Estado tal legislação do tempo com a condição de que fosse respeitado o direito de reunir-se no domingo para o culto religioso. O domingo era

---

[14] Cf. RAHNER, K. Advertencias teológicas en torno al problema del tiempo libre. In: *Escritos de Teología* – IV. Madrid: 1961, p. 475. Nas *decretatio* de Gregório IX, de 1234, havia 85 dias livres, incluídos os domingos. Do século XIII ao XV, em algumas dioceses, havia mais de cem dias livres.

essencialmente um dia de culto para os primeiros cristãos. Até finais do século II, não encontramos nenhuma indicação de que os cristãos considerassem o domingo pela abstenção do trabalho. As exortações da Igreja pré-constantiniana se referiam unicamente ao culto. A *Didascália* siríaca, por exemplo, não exigia descanso algum no domingo: "Portanto, cada um de vós, fiéis, em todo tempo e em toda hora, dediquem-se ao trabalho quando não estais na Igreja". De fato, ninguém no Império Romano deixava de trabalhar no domingo. Os cristãos, que por muito tempo foram contados entre os estratos sociais mais humildes do Império, não podiam dar-se ao luxo de guardar um dia de repouso, sua condição social não permitia.

O culto acontecia no alvorecer ou imediatamente após a ceia. O restante do domingo era dedicado ao trabalho, como todo povo de então. Antes de Constantino era impossível guardar o domingo como dia de descanso do trabalho.[15] As primeiras leis referentes ao descanso dominical foram promulgadas pelo Estado durante o período de Constantino. O primeiro decreto é de 3 de março de 321: "Todos os juízes, governadores, administradores e outras ocupações devem descansar nesse honorável dia do Sol. Os camponeses devem ser livres e não molestados no trabalho do campo, posto que frequentemente ocorre que não há dia mais favorável para a semeadura do trigo ou plantação da videira; não seja que se perca o favorável momento enviado pela divindade providencial".[16] A lei destaca o estabelecimento da semana de

---

[15] Cf. DI BERNARDINO, A. La cristianizazzione del tiempo nel secoli IV-V: la Domenica. *Augustinus*, 42 (2002), p. 100-102. Sobre a história do domingo: RORDORF, W. *El Domingo*. Madrid: Marova, 1971, p. 155-176.

[16] *Codex Justinianus*, III, 12 (*de feriis*), 2. Citado por DI BERNARDINO, A. op. cit., p. 99. (Extraído de P. Krüger, *Corpus Juris Civile*, II, 1954, p. 127.)

sete dias em todo o Império, e, segundo o decreto, se trata da semana planetária, devido ao uso do termo *dia de Sol*. Porém, ainda que o decreto não tenha origem explicitamente cristã, a aplicação do decreto de Constantino se reveste de grande importância por seu significado simbólico ao introduzir um novo modo de compreender o tempo humano. Tal valor simbólico receberá conotação cristã somente no *Decreto Geral* de 789 do imperador Carlos Magno, que regulamenta o preceito do descanso dominical em todo o Império para que se possa descansar no *dia do Senhor*:[17]

> No domingo não deve ser realizado nenhum trabalho servil. Neste dia tão importante os homens deverão abster-se de todo trabalho no campo: não cultivarão vinhedos, não lavrarão campos, não colherão, não se ocuparão da ração para os animais, não deverão cercar os campos, não desmatarão as florestas ou derrubarão árvores, nem talharão Pedernales como edificarão casas, abstendo-se também de laborar nos seus jardins, não responderão aos processos, muito menos caçarão. No domingo somente estão permitidos três tipos de transporte: para o exército, para o abastecimento e, no caso de que aconteça, o enterro do amo. As mulheres se absterão igualmente dos trabalhos têxteis: não cortarão nem costurarão com a agulha, nem desfiarão a lã, nem agramarão o linho, nem tão pouco lavarão a roupa em público. Tudo isso é para que se possa descansar no dia do Senhor.

---

[17] Sobre a realidade do trabalho deste período, os investigadores se apoiam basicamente nos seguintes documentos da época carolíngia: *Capitulare de villis*, em que Carlos Magno regula o regime de seus domínios, e os *Polipticos*, que ordenavam aos senhores relatar ao imperador a extensão de suas terras e o conteúdo de suas propriedades.

A partir da Revolução Industrial, o domingo foi incorporado pela cultura moderna e seu perfil foi perdendo o caráter tipicamente sagrado, mesclando-se ao fim de semana que começa na véspera da sexta-feira. O domingo tornou-se um tempo cultural de não trabalho. O esvaziamento da prática religiosa não deixa qualquer dúvida: existe uma multiplicidade de formas de aproveitá-lo. Para muitas pessoas já não é um dia *santificado*, mas apenas diferente, sem trabalho, um anexo do tempo livre atrelado ao sistema produtivo. É todo o final de semana que é aguardado com ansiedade desde a segunda-feira, planejado com antecedência para ser aproveitado da melhor maneira possível. Outros, por sua vez, trabalham no domingo – como o setor cultural, o ócio, o transporte, os hospitais, a segurança do comércio.

Essa descaracterização do domingo comprova o trânsito da negação do descanso como dimensão antropológica para a absolutização da lei do trabalho. Ao excluir qualquer perspectiva transcendente, surgiu uma mística do trabalho separada do descanso, limitada ao ato de produzir. Como resultado, o domingo já não representa uma possibilidade concreta de experiência, embora breve, de liberação e transcendência. Isso fez com que categorias teológicas como o *sétimo dia da criação e o sábado/domingo* caíssem no ostracismo da reflexão teológica do trabalho.

6. Descaracterização dos fins do trabalho

A descaracterização do tempo leva à pergunta sobre os fins da atividade humana. A sociedade moderna é caracterizada como uma *civilização do trabalho*, mas seu paradigma é essencialmente economicista. Nela, o poder do capital invade e domina todas as dimensões da existência. Também o trabalho está aprisionado pela racionalidade econômica, origem da perda do seu sentido humano.

A raiz de subordinação do *trabalho* ao *capital* nasce do fato de considerar-se unicamente sua faceta econômica. Racionalidade dada como suposta, tudo adquire valor de mercado e tudo gira em torno dos resultados econômicos. O mercado aparece como aquela *mão invisível smithiana* que distribui todos os fatores, incluindo a força de trabalho. É verdade que Adam Smith via o trabalho como fonte de riqueza, mas ele a entende somente como fator econômico. A teoria do valor o converteu em substância abstrata e despersonalizante, que representa coisas, não pessoas. Numa palavra, mercadoria.

Essa lógica eclipsa a dimensão social do trabalho. A intenção de produzir bens úteis para a sociedade é substituída pelos interesses do capital, considerados mais importantes que as demandas da sociedade. O princípio da acumulação privada, o interesse individual e o enriquecimento material são seu fim. Paradoxalmente, a *sociedade do trabalho* centra-se na defesa dos interesses do capital antes que os direitos do trabalho.

Essa subordinação tem seus reflexos mais visíveis nas relações laborais. A *sociedade salarial* expressa um modo de relação em que o trabalho assalariado é a base do ordenamento social, em que o indivíduo é identificado com o emprego que possui e o salário que recebe. É uma relação advinda da primazia do capital. Ou seja, a *sociedade do trabalho* e a *sociedade salarial* são duas faces da mesma civilização controlada pelo capital. É, também, aplicação visível da sua lógica. Trata-se de uma relação social institucionalizada, cujo único bem do trabalhador é seu trabalho e salários compensatórios, seu principal objetivo.

Essa forma de relação fundada no capital traz implícito o não reconhecimento de um dos termos. Neste caso, a pessoa que trabalha. O *capital* oculta esta sua origem para reafirmar-se como autorreprodutor, ou melhor, autogerador de si mesmo. Ao separar-se da pessoa que trabalha, o *capital* nega que provenha do *trabalho*. Este somente adquire alguma centralidade porque permite a reprodução e acumulação do *capital*. Mas, em último termo, o bem-estar do *capital* é o que realmente importa: dinheiro, propriedade, informação, tecnologia, ações, reserva em moeda etc.

Se, por um lado, o trabalhador só pode alcançar sua sociabilidade na medida em que tem um emprego que o integra no mercado, por outro lado, como indivíduo, está despersonalizado, quase um anônimo. Portanto, a sociedade salarial não é sinônimo de sociedade justa e igualitária, porque nela a hierarquia e a discriminação nas relações laborais nunca deixaram de existir. Nela, a pretensa liberação do trabalho feita pelo capitalismo não passa de uma nova subordinação, não mais aos senhores feudais, mas ao poderoso *amo e senhor capital*. A entronização do capital significou também a ilusão de realizar já, aqui e agora, todos os desejos humanos. Sempre à custa do suor dos trabalhadores. Estes, convertidos cada vez mais à *imagem e semelhança do mercado* – produtor-consumidor – estão incorporados à atividade do seu criador, o capital.

Por último, essa civilização fundada no capital tem aspirações universalistas. A *sociedade do trabalho* é um fenômeno cada vez mais global, um modelo a ser copiado.

De fato, o sistema produtivo é o mesmo em todos os países desenvolvidos e emergentes. Há um consenso de que esse projeto deve ser realizado se o mundo almeja atingir taxas de crescimento que apaguem do *mapa-múndi* as zonas de subdesenvolvimento. Em síntese, a globalização está acompanhada pela exaltação do trabalho em sua versão ocidental. Os valores, os princípios e a ética de trabalho vão se impondo sobre valores, princípios e ética de outros *sagrados* mais tradicionais, sempre em defesa do princípio de acumulação do capital.

A conversão do trabalho em uma espécie de religião não teria raízes na própria religião? Dois mil anos de cristianismo não contribuíram para essa compreensão do trabalho? Há um intenso debate sobre a influência da religião no surgimento do capitalismo. Questão antiga e atual, principalmente após a publicação de *A ética protestante e o espírito do capitalismo* de Max Weber (1864-1920). Que papel teve a religião no surgimento do capitalismo? Até que ponto é válida a tese weberiana?

CAPÍTULO 4
PERSUASÃO RELIGIOSA

1. A longa e significativa transição da cristandade

A Idade Média é o período em que a tradição judaico-cristã floresce e se expande na Europa, trazendo consigo uma visão positiva do trabalho. Uma novidade para a civilização greco-romana, assentada sobre o modo de produção escravista. Pelo menos em parte, o trabalho não era um elemento da vida boa, a qual era antes a política e, na vida política, não havia lugar para quem trabalhasse. Como registrado por Heródoto nas *Histórias*, os trabalhos manuais – *cheirotecnai* – eram rejeitados pelos cidadãos livres. Filósofos como Platão ensinavam que tanto os *cheirotecnai* como o trabalho artesanal – *banausia* – eram atividades inferiores. Cícero classificava o trabalho manual no degrau mais baixo da hierarquia dos valores.[1] Segundo Xenofonte, Sócrates criticava tanto uma como outra. O trabalho para o sustento era identificado com a palavra *negócio*, literalmente, *negação do ócio*. O *ócio* significava a forma nobre de ocupar o tempo livre com o lazer, a arte do governo e a contemplação. Enquanto isso, as atividades relacionadas diretamente com a

---

[1] PLATÃO. *As leis*, 743; XENOFONTE. *Econômico*, Livro IV; ARISTÓTELES. *Ética a Nicômaco*, 1177b; CÍCERO. *Os ofícios*, Livro I, capítulo 2. Cf. também *p. 42* deste estudo (Descaracterização do indivíduo).

sobrevivência material ficavam a cargo dos servos e escravos, funções consideradas desprezíveis.[2] Para Aristóteles a *eudaimonia* consistia no *ócio*.

Na novidade cristã, a dimensão espiritual incorpora o elemento material em um universo divino que o absorve.[3] A ordem espiritual, representada aqui pela cristandade, afirma-se como elemento de coesão social e normativo. Em uma sociedade teocêntrica, a economia, fundamentalmente agrária, não tinha outra finalidade que a subsistência. O sistema produtivo não tinha a primazia no plano do bem, como a tinha no plano do necessário, porque o objetivo primeiro não estava na terra. A condenação das atividades lucrativas se justificava nesta primazia dos valores espirituais sobre os materiais. Essa cosmovisão oferecia a base teórica para a organização da sociedade estruturando-a em três *ordens*: *nobreza feudal (cavaleiros)*, *clero (oratores)*, e os *homens do trabalho (laboratores)*.[4] Os últimos, apesar de garantir as

---

[2] Cf. MIGEOTTE, L. Os filósofos gregos e o trabalho na Antiguidade. In: MERCURE, D.; SPURK, J. (org.). *O trabalho na história do pensamento ocidental*. Petrópolis: Vozes, 2005, p. 17-37.

[3] LE GOFF, J. *La civilización del Occidente Medieval*. Barcelona: Paidós, 1999.

[4] O clero ocupava seu lugar na hierarquia devido à influência da Igreja Católica. Já o camponês e o nobre o recebiam por herança. JACCARD, J. P. *Historia social del trabajo*, Barcelona, Plaza y Janés, 1971. O clero não era um grupo social definido e não gozava de privilégio social. Eram cidadãos com suas obrigações civis. O ministro que presidia a liturgia e a pastoral era um cristão que vivia do seu trabalho. A partir do edito de Milão, a concessão de privilégios e imunidades origina o clero como classe social definida. O ministro do culto deixa de ser cidadão comum e passa a ser um consagrado, um separado. O Estado o isola com um muro de privilégios. O sacerdote passa a pertencer à nobreza. O estilo de vida mais próximo da elite leva-o a desprezar o trabalho manual. Apesar das recomendações e decretos da Igreja, exigindo que o clero vivesse de seu próprio trabalho, o processo de identificação com a nobreza tornou-se irreversível. Os muitos bens da Igreja são mais do que suficientes para manter a classe clerical. O afastamento do mundo do trabalho é total. Cf. BARREIRO FERNÁNDEZ, J. R. El trabajo manual del clero en la historia de la Iglesia. *Compostellanum*, 12 (1967) p. 411-431.

condições de vida do conjunto social, eram os mais pobres e desprestigiados.

A crise do modelo de cristandade desmascara sua inviabilidade. O advento de uma sociedade baseada em outros paradigmas não se fazia por esperar.[5] A evolução técnica e econômica vai se afirmando, o comércio se expande, os ofícios se especializam e se reorganizam, o crescimento urbano traz novos atores sociais reunidos em torno da burguesia emergente. A desagregação da ordem feudal augura uma nova divisão do trabalho. As teorias da ilicitude de certos ofícios dá lugar para suas justificações (necessidade, esforço, reta intenção, causa justa, função social). A abertura a quase todas as formas de trabalho e a multiplicação de novas categorias profissionais indicam os novos rumos para a produção material.[6] As formas de organização do trabalho, que se expandem à indústria, ao comércio e aos serviços, introduzem novas mentalidades, como o valor da economia monetária e da figura do *homem de negócios*.[7] É inevitável a passagem da economia em espécie à economia em dinheiro e comercial, modificando a moral relativa ao uso dos bens econômicos.

Todos aqueles que trabalham com suas mãos para seu sustento passam a ser considerados *trabalhadores*. O ingresso dos novos sujeitos nesta categoria e a diversidade das condições e de atividades (pequenos e grandes comerciantes, artesãos, aprendizes, mão de obra assalariada explorada nas

---

[5] LE FRANC, G. *Histoire du travail et des travailleurs*. Paris, 1957.
[6] LE GOFF, J. *Tiempo, trabajo y cultura en el Occidente medieval*. Madrid: Taurus, 1983.
[7] LE GOFF, J. *Mercaderes y banqueros de la edad media*. Buenos Aires: EUDEBA, 1970.

manufaturas etc.) dão origem à divisão social por critérios econômicos, não mais por razões teológicas.

A vivência do tempo é outro importante aspecto do êxodo da sociedade feudal. A invenção do relógio mecânico tornara possível a mensuração dos períodos de trabalho e, consequentemente, o controle da produtividade do trabalho assalariado. Novos modelos exigem novas responsabilidades em relação ao tempo. O homem de negócios mede o tempo empregado em uma operação técnica, ante o tempo sagrado. O tempo religioso, ritmado pelos acontecimentos salvíficos e suas liturgias anunciadas pelas badaladas dos sinos, é substituído pelo tique-taque dos relógios: o tempo se converte em instrumento de trabalho no comércio e na produção. Tempo é dinheiro, dizia Benjamin Franklin.

Simultaneamente ocorre uma mudança de atitude. A compreensão do trabalho como meio de expiação e penitência começa a ser substituída pela ideia de trabalho como uma forma de cumprir o mandato de Deus: *dominai a terra!* (Gn 1,28). Os artesãos, os comerciantes e trabalhadores encontram na fé uma forte motivação para suas atividades. O florescimento dos *manuais de confessores*, a moral das *sumas* e das homilias *ad status* inspiram essa espiritualidade: cada profissão encontra na doutrina católica as regras adaptadas a sua condição que lhe permite alcançar a salvação.[8]

---

[8] Cf. *Liber de diversis ordinibus*. ALAIN DE LILLE, *Summa de arte predicatoria*; HUBERT DE ROMANS, *De eruditione praedicatorun*. JOÃO DE FRIBURGO, em *Confessionale*, organiza os pecados em quatorze rubricas, que são outros tantos "estados": 1. bispos e prelados; 2. clérigos e beneficiados; 3. curas de paróquia, vigários e confessores; 4. monges; 5. juízes; 6. advogados e procuradores; 7. médicos; 8. doutores e mestres; 9. príncipes e outros nobres; 10. esposos; 11. comerciantes e burgueses; 12. artesãos e obreiros; 13. camponeses; 14. *laboratores* (diaristas, serventes).

2. *Ora et labora*: o pioneirismo dos monges

A cristandade medieval passou por momentos de instauração-estabilidade e de crise-abertura. A mudança social exige um novo marco teórico. A visão teológica sobre o trabalho ingressa em uma lenta mas progressiva mutação. Nela, os monges tiveram influência inquestionável. A cultura monástica originou um léxico econômico que se difundiria por toda a Europa. As abadias foram estruturas econômicas complexas, das quais emergiu a necessidade de elaborar formas adequadas de contabilidade e de gestão. A experiência do monaquismo, beneditino e cisterciense, representa o ponto de chegada da reflexão dos Padres da Igreja que, a partir do século IV, haviam submetido a relação com os bens terrenos ao crivo da ética cristã.

Basílio (330-379), patriarca do monacato oriental, ensinava que "sobram palavras para mostrar os males da ociosidade, como ensina o Apóstolo: 'Aquele que não trabalha, que não coma' (2Ts 3,10). Do mesmo modo que cada um tem necessidade do alimento cotidiano, assim também deve trabalhar segundo suas forças".[9] Bens e riqueza não eram condenados em si, mas somente se mal usados, isto é, se considerados como fins e não como instrumentos. É notável, a tal respeito, o ensaio de Basílio, fundador da cidadela da caridade denominada Brasilidade, sobre o uso moralmente justo da riqueza: "Os poços dos quais se puxa mais fazem esguichar a água mais fácil e copiosamente; deixados em repouso, apodrecem. Também as riquezas paradas são inúteis,

---

[9] BASÍLIO. *Regulae fusius tractatae*, 37: PG 31, 1011.

mas se, ao invés, circulam e passam de uns aos outros, são de utilidade comum e frutíferas".[10]

Os monges não estavam submetidos a critérios econômicos, mas ao juízo de Deus. "O pensamento de que temos a Deus por inspetor deve inspirar-nos um ardor infatigável e um desejo atento ao bem obrar".[11] Isso explica sua preocupação com as distrações da vida contemplativa: "Ocupa-te em algum trabalho, de modo que o diabo te encontre sempre com as mãos na obra", exortava Jerônimo. Cassiano (360-430/435), em seu *Tratado sobre o trabalho manual dos monges*, relata que "no Egito circula uma sentença proveniente dos antigos padres: o monge que trabalha é tentado por um demônio, mas o ocioso é devastado por inumeráveis espíritos maus".[12]

O *ora et labora* de São Bento não era simplesmente a via para a santidade individual, mas o fundamento daquela que se afirmará como uma ética do trabalho. A *Regra* de São Bento, do século VI, do mosteiro de Monte Cassino, inspirou o modelo do monaquismo ocidental. Nela, a abadia é descrita como o mundo, a família, a comunidade e o sustento do monge. Depois da oração (cap. VIII-XX), regulamenta-se o regime interior e disciplinar (cap. XXI-XXX), a administração da casa (cap. XXI-LVII). Por último, trata do trabalho manual (cap. XLVIII) – *De opere manuum Quotidiano*. Ali se afirma: "A ociosidade é inimiga da alma; por isso, em determinados tempos, os monges ocupem-se do trabalho manual".[13] Os monges antigos, quando se ocupavam em fazer

---

[10] BASÍLIO, *Il buon uso del la ricchezza*. Piacenza: Berti, 1993, p. 22 (Homilia pronunciada em 370 d.C.).

[11] BASÍLIO. *Epistolae XXII*: PG 32, 291.

[12] CASSIANO. *De Cenobiorum Institutos*, 10, 23: PL 49, 394.

[13] BENTO DE NÚRCIA. *De opere manuum Quotidiano, LV*: PL 103, 1175-1176. Meios principais de santificação: decálogo, abnegação e renúncia, amor a Cristo, obras de

cestas para rompê-las e começar de novo, tinham como fim a perfeição espiritual. Juntar tesouros no céu (Mt 6,20).

O trabalho era exigência da caridade cristã, prática comum na Idade Média. A preocupação em garantir o próprio sustento estava acompanhada pelo socorro aos necessitados. Veja-se Cassiano: "O monge, com seu trabalho, mantém os irmãos hóspedes e peregrinos; reunindo grandes quantidades de comida e sustento, as enviam às regiões da Líbia que sofrem seca e fome, e também aos que nas cidades se consomem na miséria dos cárceres".[14] Motivações evangélicas impediam o enriquecimento, como testemunha Basílio: "A vontade do Pai é dar de comer aos famintos, dar de beber aos sedentos, vestir os nus, e outras coisas semelhantes".[15]

Agostinho (354-430), bispo de Hipona, aprofunda esta vinculação entre trabalho, oração e caridade. Em seu estado original o trabalho era agradável ao corpo e à mente, um livre exercício da razão e uma forma de louvar a Deus.[16] O cansaço é um sintoma da finitude humana e uma recordação de sua primitiva infidelidade. Ao apartar-se de Deus, o trabalho tornou-se *afflictio laboris*, cansaço. *Labor membrorum angor curarum*.[17] Outro extremo é cair na ociosidade, como queriam alguns monges de Cartago; para eles Agostinho escreveu *De Opere monachorum*.[18] Há uma razão fundamental

---

misericórdia, domínio das paixões, novíssimos, cuidado de si, exame de consciência, silêncio, leitura, oração, compunção, aborrecer a própria vontade, obediência e castidade.

[14] CASSIANO. *De Cenobiorum Institutis*, 10, 22: PL 49, 393.
[15] BASÍLIO. *Codex Regularum* – Pars I Regualae PP. *Orientalis*, 127: PL 103, 533-534.
[16] AGOSTINHO, *De Genesis ad litteram*, VIII, VIII, 15: PL 34, 379.
[17] Cf. AGOSTINHO. *Epistolae,* LV, XIV, 26: PL 33, 217.
[18] AGOSTINHO. *De opere monachorum:* PL 40, 547-582. O livro é uma resposta para alguns monges de Cartago que defendiam a renúncia ao trabalho manual para

ao trabalho: o *Reino de Deus e sua justiça – unificados pelo conceito de "charitas"* – se concretizam na história.[19] Só um amor ordenado conduz à *Jerusalém celestial*. Intenções desordenadas – ambição, avareza e soberba – por sua vez, levam à *Babilônia*. Ninguém está livre dos destinos da humanidade. Toda atividade está contemplada no plano da Providência. O trabalho e os bens materiais bem ordenados ajudam a edificar a *cidade de Deus – núcleo da intenção humana bem ordenada*.[20]

3. Tradição escolástico-tomista: preservação da vida e utilidade social

Tomás de Aquino (1225-1274), sem inverter a primazia da contemplação sobre a ação,[21] oferece novas motivações para a atividade humana no mundo. Em seu sistema teológico, o trabalho é abordado a partir do princípio universal da preservação da vida.[22] Nesse sentido, deve-se considerar *trabalho* "qualquer ocupação que sirva ao homem para ganhar o

---

dedicar-se totalmente à contemplação. Santo Agostinho quer mostrar seu erro e fazer-lhes aceitar uma interpretação do valor do trabalho a partir da Escritura. É a obra mais rica sobre o tema de toda a Idade Média. Foi escrita em meados do ano 400, a pedido de Aurélio, bispo de Cartago.

[19] AGOSTINHO. *Cidade de Deus, XV*: PL 41, 440-441.

[20] A história da humanidade se desenvolve numa contraposição constante. Dois amores fundam duas cidades: o amor a si mesmo e o desprezo de Deus funda a cidade terrena; o amor a Deus e o desprezo de si mesmo funda a cidade celestial. A primeira está dominada pela ambição de poder; a segunda, configurada pela caridade. Cf. *Cidade de Deus*, XIV, 8: PL 41, 436.

[21] "É mais agradável a Deus que se aplique a própria alma e a dos demais à contemplação que à ação." *Summa theologica*, II-II. q. 182, a.3.

[22] Cf. TOMÁS DE AQUINO. *Suma Teologica* II-II – Tratado sobre os distintos gêneros de vida e estados de perfeição (q. 179-189). O último bloco (q. 186-189) trata da economia geral da vida religiosa. A q. 187 – *Ofícios que podem exercer os religiosos* é uma resposta sobre a obrigatoriedade do trabalho manual (art. 3).

sustento, seja executado com as mãos, os pés ou a língua".²³ Somente a necessidade de sobrevivência pode obrigar ao trabalho. Os meios para cumpri-lo não podem prejudicar o próprio agente nem a sociedade.²⁴ O trabalho pertence à ordem da matéria e não deve buscar mais do que sustento. Outros fins são secundários e contingentes.

Contudo, há outro critério, a *utilidade comum*. Com ele, Tomás amplia horizontes e retira da marginalidade inúmeros trabalhadores aos quais se negava tal direito por razões supostamente teológicas.²⁵ O valor de uma coisa depende da sua utilidade para a comunidade.²⁶ E, para a felicidade dos mercadores e banqueiros, sentencia Tomás: "o lucro, que é o fim do tráfego mercantil, ainda que em sua essência não possua algum elemento honesto ou necessário, tão pouco é vicioso ou contrário à virtude. Logo, não há obstáculo a que esse lucro seja ordenado a um fim necessário ou honesto, e assim a negociação resultará lícita".²⁷ Em todo trabalho que leva em conta a utilidade pública, a caridade, o sustento da família e da comunidade, o lucro deixa de ser um fim para converter-se em remuneração. O comércio não é atividade necessariamente contrária ao plano divino, e pode ser útil à sociedade e à religião.²⁸ Que os meios sejam legítimos, que não excedam a necessidade e favoreçam a cobiça de alguns. Moderação, sem inquietar a alma.²⁹

---

²³ TOMÁS DE AQUINO. *Summa theologica*, II-II, q. 187, art. 3.

²⁴ Cf. ibid. *Summa theologica*, II, II, q. 66, art. 2.

²⁵ *Summa theologica*, II-II, q. 47 art. 10.

²⁶ *Summa theologica*, II-II, q. 77 art. 4.

²⁷ Ibid.

²⁸ LE GOFF, J. *Mercaderes y banqueros...* "As atas dos mercadores são colocadas sob a invocação divina" (p. 95).

²⁹ *Summa theologica*, II-II, q. 55, art. 6.

4. Cristianismo e capitalismo nascente

A modernidade nasce na forma socioeconômica do capitalismo.[30] Mas existe uma relação entre uma moral fundada na religião e um sistema econômico? O teólogo italiano Amintore Fanfani, em seu ensaio de 1934, está entre os primeiros estudiosos que contestaram a tese weberiana.[31] É duplo seu alvo: por um lado, datar retroativamente o nascimento do espírito do capitalismo à Idade Média tardia, isto é, ao período em que toma forma a moderna economia de mercado; e, de outro, mostrar que tal espírito representou uma espécie de desvio, ou, antes, um afastamento dos princípios da ética cristã. Como ele próprio escreve: "O enfraquecimento da influência exercida pela concepção social do catolicismo medieval é a circunstância que explica a manifestação e o crescimento do espírito capitalista no mundo católico".[32]

Que influência teve a religião nos primórdios e na formação do capitalismo?[33] Bernard Groethuyen, em *Origines du Capitalisme en France* (Paris, 1927), situa a origem do espírito do capitalismo na primeira metade do século XVIII, através do uso de conceitos como *capital*. Na Itália, a palavra *capitalista* é importada por Cesare Beccaria em meados de 1760. Esses dados levaram Giuseppe Toniollo, no século XIX, a analisar a influência do cristianismo nas origens da

---

[30] ROLL, E. *História das doutrinas econômicas*. São Paulo: Editora Nacional, 1962.

[31] FANFANI, A. *Cattolicesimo e protestantesimo nella formazioine storica del capitalismo*. Milão: Vite e Pensiero, 1934.

[32] FANFANI, A. *Capitalismo, socialità, partecipazione*. Milão: Mursia, 1976, p. 122.

[33] CORREIA LIMA, L. *Teologia de Mercado*: uma visão da economia mundial no tempo em que os economistas eram teólogos. São Paulo: EDSC. 2001. Parte II, capítulo III, p. 203-242. BRAUDEL, F. *Civilization and Capitalism*, 15th – 18th Century, 3 vol., Nova York, Harper& Row, 1979. O autor é um profundo investigador da origem e evolução do conceito de capitalismo.

ciência econômica moderna. A questão tornou-se conhecida pelo trabalho de Max Weber (1864-1920) na obra: *Ética Protestante e o Espírito do Capitalismo* (1904).

Em primeiro lugar, a economia não prescinde da cultura hegemônica. O capitalismo, como qualquer outro modelo socioeconômico, necessita, para sua reprodução, de elementos culturais e de uma moralidade que ele é incapaz de gerar. O termo *capital* já existe no século XIV para indicar os fundos de geradores de superávit, mas a palavra *capitalismo* é incorporada nas ciências econômicas somente na aurora do século XX, na obra de Werner Sombart.[34] Marx, em sua obra, não emprega o termo *capitalismo*, mas o *modo de produção capitalista*.

Com o surgimento dos burgos, *capital* e *comportamento capitalista* são termos usados para referir-se àquela atividade que emprega riqueza (real e monetária) para gerar outra riqueza mediante atividades produtivas. A retomada do comércio e a expansão da economia monetária suscitava a apreensão da Igreja sobre a usura. A escola franciscana chegou a esboçar uma *teologia econômica*. Francisco recebeu de Bernardo o princípio segundo o qual os contemplativos deviam tornar-se também trabalhadores. O *pobre de Assis* chamava os frades ociosos de "frades mosca" e "zangões", e repreendia quem trabalhava mais com as maxilares do que com as mãos.

Para que a pobreza dos *fratelli poverello fosse* mantida, era preciso recorrer a leigos que administrassem o dinheiro.

---

[34] SOMBART, W. *Quintessence of Capitalism*, London: TF Unwin, 1915. Na língua inglesa *capitalism* é um termo criado por W. Thackaray, em 1853. Cf. GOODY, J. *Capitalismo e modernità*. Il grande dibattito. Milão: Cortina Ed., 2005.

Prenúncio da divisão do trabalho? Talvez. O franciscano Giovanni Olivi visualizava o capital como uma soma de dinheiro que, se destinada aos negócios, já contém em si uma semente de lucro.[35] Essa dimensão seminal do capital – ampliada por Alessandro de Alexandria, autor de *De Usuris*, de 1303, e difundido na Europa por Bernardino de Sena e Antonino de Florença – justificará o valor a mais que o mutuário deve restituir junto à soma recebida num empréstimo.

Nas cidades italianas havia um alto grau de concessões da doutrina católica aos poderes financeiros com os quais a Igreja tinha relações. A moral econômica dos escotistas do século XIV considera o lucro do comerciante como recompensa de seu labor. Ensinava Bernardino de Sena nas *Prédicas vulgares* de 1427: "coisa necessária a uma cidade ou comunidade é que é preciso que haja daqueles que trabalhem a mercadoria de outro modo; como acontece com a lã que produzem: é lícito que o tecelão ganhe algo". Portanto, se o comerciante usa a sua riqueza em vista do bem comum, sua atividade é não só lícita, mas virtuosa: "Não deves jamais usar nenhuma malícia: não falsificar jamais nenhuma mercadoria, deves fazê-la ser boa e, se não o sabes, deves antes deixá-la de lado para que seja realizada por outro que o faça bem, e então é lícito o ganho".[36] Em 1515, Leão X, na

---

[35] Cf. BAZZICHI, O. "Valenza antropologica del discorso economico francescano", *Miscelanea Francescana*, Tomo 105, julho 2005.

[36] BERNARDINO DE SENA. *Prediche volgari sul Campo di Siena* (1427). De DELCORNO, C. (org.). Milão: Rusconi, 1989. Um exemplo notável é o da "Cà Grande" de Milão, ou seja, o *Ospe dale Maggiore*, fundado em 1486, cujo capital era constituído por legados e heranças que deviam ser sabiamente administrados para incrementar sua consistência. No século XVII, a Cà Grande tinha rendas suficientes para curar os enfermos e para remunerar 1.600 unidades de pessoal. No século XVIII, o *Ospe dale Maggiore* se tornara o maior proprietário de terras do Estado de Milão, com mais de 10 mil hectares, 110 casas de propriedade, empregos mobiliários nos bancos públicos. Cf. ZAMAGNI, V. (org.). *Povertà ed innovazioni istituzionali in Itália tra medioevo ed oggi*. Bolonha: Il Mulino, 2000.

Bula *Inter multíplices*, removerá a dúvida sobre a cobrança de juros sobre os empréstimos.

Para concluir, um fato ilustra a influência da tradição escolástico-tomista nas origens da economia de mercado capitalista. O *Consulado dos Mercadores de Sevilha* solicitou um manual de negócios a Tomás de Mercado. Esse discípulo de Tomás de Aquino escreve, então, a *Suma dos Tratos y Contratos*, visando instruir aos mercadores sobre o justo e o injusto nos negócios: a propriedade, o trabalho, o preço justo, o livre mercado, os preços, a inflação, o câmbio, o banco e o empréstimo, a usura, o tráfico de escravos. Coube a eles abrir novos mercados, até muito distantes, para os quais pudessem remeter os produtos manufaturados e importar matérias-primas. Foram eles não só os mais ativos sujeitos de abertura cultural, mas também os mais ativos produtores de inovações organizacionais em campo empresarial.

A ciência econômica (*os negócios*) já era abordada nos comentários a Tomás de Aquino, nos tratados *De justitia et jure*, nos *Manuais dos Confessores* e nos *Manuais dos Mercadores*. Com essa atitude positiva remanescente do cristianismo, a persuasão religiosa herdada da tradição monástica, agostiniana-tomista e franciscana receberá impulso com a Reforma Protestante.

5. Reforma Protestante: *Laborare est orare*

A evolução da visão positiva do trabalho e do capital através da religião atinge seu auge na Reforma. Neste sentido, é também uma chave de leitura para o surgimento de um novo espírito.

A Reforma encorajou a evolução do capitalismo germinal através da ética do trabalho ligada à tese calvinista da *predestinação individual*. A Reforma criou um ascetismo laico e um conceito de vocação que faz da atividade intramundana uma forma de cumprimento da vontade divina. Martinho Lutero (1438-1546) e João Calvino (1509-1564) incorporam a *economia terrena* à *economia celestial*.[37] Justificado unicamente pela fé em Cristo e seu Evangelho – *sola fidei* –, o homem deve agradar a Deus e socorrer os necessitados.

Para Lutero, o homem, ao exercitar suas capacidades físicas e mentais, começa na terra o que será consumado no céu. Logo, não há lugar nem tempo para a ociosidade. Seria vergonhoso apresentar-se de mãos vazias ante o Criador.[38] É preciso imitar a Cristo em seu esforço e doação à humanidade. Ao juízo de Deus não há trabalho moralmente superior a outro. Um trabalho benfeito é melhor que toda a santidade da vida monástica.

O trabalho como expressão de serviço ao próximo e de cumprimento da vontade divina é uma profissão confiada por Deus a cada um. Ou seja, vivida como profissão de fé em Cristo, une o homem a Deus. As obras dos religiosos valem tanto quanto o trabalho do agricultor ou de uma mulher em sua casa. Vocação é esta elevação sublime do trabalho como *profissão do divino (Beruf)*. Todo trabalho é religioso quando realizado na obediência da fé. Tamanha persuasão religiosa levou Nietzsche a escrever que "os homens raramente suportam uma profissão, se não creem ou não se convencem de

---

[37] Neste ponto somente serão abordadas as ideias referentes ao trabalho dentro deste amplo contexto.

[38] As ideias de Lutero são extraídas de suas obras: A *liberdade do cristão*; *O cativeiro babilônico da Igreja*.

que no fundo ela é mais importante que todas as outras. O mesmo ocorre com as mulheres em relação a seus amantes".[39]

No interior da Reforma assume relevância a doutrina da predestinação de Calvino e, mais especificamente, o acento no elo imediato entre o indivíduo e Deus. A "secularização da santidade" de Calvino conduz à santificação do trabalho e estimula uma forte atividade intramundana. A regra beneditina *ora et labora* é substituída pelo princípio *laborare est orare*.

Uma medicina para a angústia existencial diante da incerteza da salvação. Se a graça de Deus alcança a todos, é *graça comum*,[40] o fiel não pode ficar enclausurado em sua igreja e fugir do mundo. Toda a vida cristã deve estar informada pela fé. Ainda que o homem não possa mudar seu destino, devido à predestinação,[41] encontra sinais de sua salvação que aliviam sua angústia existencial. A virtude e o êxito econômico são sinais evidentes da bendição divina. Se todas as coisas são de Deus, todas as ações também deveriam ser empregadas para este fim.[42] As obras, por serem de Deus, são uma amostra da salvação agindo na pessoa. As coisas devem ser usadas segundo o fim para o qual foram criadas. Ora, se Deus deve ser glorificado no mundo, a profissão impõe-se como dever e como princípio. A vocação torna o

---

[39] NIETZSCHE, F. *Humano, demasiado humano*. São Paulo: Companhia das Letras, 2005, n. 492.

[40] As ideias de Calvino são extraídas de sua obra: *Instituição da religião cristã* – Livro II, III.

[41] O núcleo da doutrina da predestinação de Calvino está desenvolvido nos quatro últimos capítulos do Livro III (XXI ao XXIV) da *Instituição da religião cristã*. É a primeira dogmatização sistemática do protestantismo.

[42] CALVINO, J. *Comentario a las Epístolas Pastorales de San Pablo*. Michigan: Gran Rapids, 1987, p. 347.

trabalho valioso e o salário, uma bênção dos céus. O Senhor remunera abundantemente as obras que lhe são agradáveis. O rico é uma prova viva da generosidade divina.

Luxo não condiz com santidade. A bênção de Deus em forma de riqueza material não deve ser desfrutada de forma egoísta. O cristão deve orientar-se pelas virtudes da perfeição: sobriedade, justiça e piedade, mas, principalmente, o amor ao próximo.[43] Todo sucesso econômico deve ser compartilhado com os desafortunados.[44] O afortunado tem a missão espiritual de partilhar parcela de sua riqueza com o empobrecido. O pobre, por sua vez, tem por missão espiritual ser *o próximo do rico*.[45] Os ricos são os *ministros dos pobres*, e os pobres são *procuradores de Deus e vigários de Cristo*.[46] O dinheiro usado desta forma agrada a Deus, pois a prosperidade de uns vem em socorro da massa empobrecida.[47] Contudo, a riqueza não deve ser buscada despojando o próximo, ou acumulada com o sangue e o suor do trabalho alheio.

---

[43] O tema do amor como resumo da Lei ocupa os 10 últimos parágrafos do capítulo VIII do Livro II.

[44] No comentário a 2Cor 9, Calvino afirma que Deus enriquece ao cristão para que outros se tornem menos pobres.

[45] Cf. WALLACE, R. *Calvino, Genebra e a Reforma*. São Paulo: Cultura Cristã, 2004, p. 78-80.

[46] "Se alegais que não tendes obrigação para com o pobre, Deus o colocou em seu lugar, a fim de que o reconheçamos, favorecendo-lhe, os grandes benefícios que seu Deus nos dá. Replicareis que este homem não merece; mas a imagem de Deus, que nele devemos contemplar, e por consideração a qual temos que cuidar dele, merece que arrisquemos tudo o que temos e a nós mesmos." *Instituição*, Livro III, cap. VII, 6.

[47] Cf. WILLAIME, J.-P. As reformas protestantes e a valorização religiosa do trabalho. In: MERCURE, D.; SPURK, J. (org.). *O trabalho na história do pensamento ocidental*. Petrópolis: Vozes, 2005, p. 75.

6. Deformação ideológica de uma motivação religiosa?

Max Weber (1864-1920) investiga as origens do racionalismo ocidental presente no capitalismo.[48] Um dos seus pontos de partida é a pesquisa de Martin Offenbacher. Nele apresenta-se que nos países que possuem confissões católica e protestante, os postos de comando na atividade econômica eram ocupados majoritariamente por protestantes, e que as escolas técnicas eram mais frequentadas por jovens protestantes do que por católicos.

Para Weber, o advento do capitalismo trazia a constituição de um estilo de vida marcado por um modo específico de relação com as paixões e o trabalho. Sua forma mais visível é a ética protestante do trabalho, caracterizada em um modo de articular autonomia como autogoverno, unidade coerente das condutas com a liberdade e a capacidade de afastar-se dos impulsos naturais. Devido a isso, no capitalismo, "a profissão tornou-se a espinha dorsal da vida".[49]

Weber defende que a Reforma, ao consolidar uma concepção espiritual do trabalho, origina a ética profissional que constitui um dos elementos centrais do espírito do capitalismo.[50] "O específico da Reforma, em contraste com

---

[48] Cf. WEBER, M. *A ética protestante e o espírito do capitalismo*. São Paulo: Companhia das Letras, 2004. Publicada inicialmente em dois artigos da revista alemã *Archiv für Sozialwissenschaft und Sozialpolitik* e posteriormente reunidos no citado livro. Outros trabalhos de Weber ajudam na compreensão do tema: *As seitas protestantes e o espírito do capitalismo, Economia e sociedade, A religião da China, História geral da economia*.

[49] NIETZSCHE, F. *Humano, demasiado humano*. São Paulo: Companhia das Letras, 2005, n. 575.

[50] MÜLLER, H.-P. Trabalho, profissão e vocação. O conceito de trabalho em Max Weber. In: MERCURE, D.; SPURK, J. (org.). Op. cit., p. 241.

a concepção católica, é a acentuação do matiz ético e ampliado do sentido religioso concedido ao trabalho no mundo, racionalizado como profissão".[51] Se antes do capitalismo a Igreja era a única instância que definia a pertença de alguém ao grupo dos abençoados, agora esta prerrogativa cabe à economia. A mudança é significativa: A moral econômica da Igreja refletia-se na máxima contida no *Decretum* de Graciano (século XII): *homo mercator vix aut numquam potest Deo placere* (o comerciante não pode agradar a Deus).

7. Foi essa a intuição original de Calvino?

Toda doutrina pode ser deformada em seu sentido. Tal sucedeu com a teologia calvinista.[52] Weber não sustentou que o capitalismo teve origem na Reforma, apenas reconhece que a relação entre protestantismo e capitalismo não é de causa e efeito. "Não é possível apontar afinidades entre Reforma e o *espírito do capitalismo* no sentido empregado atualmente. Os círculos eclesiásticos que hoje costumam exaltar o feito da Reforma, em geral, não são amigos do capitalismo, seja lá em que sentido for."[53]

O tipo de calvinismo que mais contribuiu para fortalecer o capitalismo foi um *calvinismo secularizado* que havia perdido seus princípios originais de solidariedade com o pobre. Afirmar que o capitalismo enquanto sistema econômico é produto da Reforma é uma insanidade.[54] Alguns chegam a defender que a teologia calvinista não demonstra nenhuma tendência capitalista, nem sequer pressupõe uma ética

---

[51] WEBER, M. Op. cit., p. 71-83.
[52] Cf. JACCARD, P. Op. cit., p. 193.
[53] WEBER, M. Op. cit., p. 74.
[54] Ibid., p. 82.

econômica.⁵⁵ Os predicadores calvinistas do século XVI e XVII levantaram a voz contra a avareza. Os puritanos jamais fizeram do trabalho uma finalidade em si, apenas defendiam que um bom comerciante não era necessariamente um mal cristão. Calvino era cônscio das atividades financeiras que se praticavam em Genebra e das suas implicações sociais. Embora valores burgueses como a parcimônia, a perseverança, a dedicação ao trabalho recebessem o reconhecimento explícito da teologia de Calvino, o capitalismo moderno (no sentido de Max Weber) é mais um resultado colateral, e não o efeito procurado pelo calvinismo.

Mesmo que Calvino não seja o *pai espiritual do capitalismo*, é inegável que a Reforma Protestante contribuiu para a irrupção de um novo espírito.⁵⁶ Neste sentido, "a visão protestante, em seu conjunto, colaborou na valorização do trabalho e para um conceito de vida que considera o trabalho um valor essencial de realização pessoal".⁵⁷ No processo de secularização, as questões religiosas foram relegadas ao âmbito privado. Era impossível controlar as paixões humanas através de exortação moral ou de ameaças de condenação eterna. Mobilizar as paixões é melhor que reprimi-las. O lucro, a ambição, o orgulho e outras paixões contrabalançam a ociosidade.

---

⁵⁵ Cf. MÁSPOLI, A. O pensamento de João Calvino e a Ética Protestante de Max Weber. Aproximações e contrastes. *Fides Reformata*, 02 (2002), p. 9-32.

⁵⁶ Cf. TAWNEY, R. H. *Religion and the Rise of capitalism*. New York: American Library, 1954.

⁵⁷ WILLAIME, J.-P. op. cit., p. 64.

8. Adam Smith: a consolidação da transição

Por que não conjugar o interesse pessoal com o interesse coletivo? Adam Smith (1723-1790) propõe-se a realizar essa conciliação na ciência econômica, concebendo a teoria da "mão invisível". Com o lançamento da *Riqueza das Nações* (1776), seu prestígio como "fundador" das ciências econômicas se consolidou. Sucessivas correntes do pensamento econômico o adotam como fonte de inspiração. Calvinista membro da Igreja Nacional Escocesa (Igreja Presbiteriana), ao falar de Deus, Smith emprega sinônimos como Divindade, Autor da Natureza, Providência. Tal linguagem é originária de Calvino, que vê o mundo como um conjunto harmonioso segundo as leis da Providência. Esse universo teológico está por trás de conceitos como *mão invisível*.

Sua aplicação ao mundo econômico da ideia de uma ordem natural e de Providência fez história: "Os ricos... são conduzidos por uma mão invisível que os faz distribuir as coisas necessárias da vida quase da mesma maneira que teriam sido distribuídas se a terra fosse repartida em partes iguais entre todos seus habitantes; e assim, sem saber, promovem o bem da sociedade e proporcionam os meios para a multiplicação da espécie. Quando a Providência dividiu a terra entre uns poucos nobres proprietários, não esqueceu nem abandonou aqueles que pareciam ter ficado fora da partilha".[58] Portanto, "não é da benevolência do açougueiro, do cervejeiro, do padeiro que esperamos nosso jantar, mas da consideração de que eles têm seu próprio interesse. Dirigimo-nos não à sua humanidade, mas à sua autoestima, e nunca lhe falamos das nossas próprias necessidades, mas

---

[58] SMITH, A. *A teoria dos sentimentos morais* (*The Theory of Moral Sentiments*, 1759). Parte 4, capítulo 1. Madrid: Alianza, 1997, p. 333.

das vantagens que advirão para eles".⁵⁹ É habitual interpretar esse sistema smithiano-calvinista como solução para a organização social moderna na forma de uma *ordem espontânea*, segundo Hayek, fruto de uma *atividade plural*.⁶⁰

De qualquer forma, a transição a outra persuasão está consolidada.⁶¹ Calvino introduziu um ideal ascético no interior da vida secular e Smith incorporou a ordem natural que consagra a desigual distribuição da riqueza entre os homens e as nações. O guardião dessa ordem é a *Providência* com sua *mão invisível*. A atividade produtiva continua conectada à dimensão transcendental. É um novo *espírito* em que a *economia da salvação* encontra na *economia material* uma manifestação da virtude e da vontade celestial.

A partir do final do século XVI, quando o capital mercantil começa a ligar-se ao modo de produção a fim de explorá-lo com mais eficiência, a economia começa a transformar-se, lenta e solidamente, em *economia de mercado capitalista*. Com o crescente predomínio de uma classe de mercadores-empregadores, o início do século XVII registra o início do "caminho realmente revolucionário" descrito por Karl Marx. Mas era preciso esperar a Revolução Industrial para registrar o triunfo definitivo do capitalismo como modelo hegemônico. Maurice Dobb⁶² explica que o desenvolvimento do capitalismo se classifica numa série de

---

[59] SMITH, A. *A riqueza das nações*: investigação sobre sua natureza e suas causas. São Paulo: Nova Cultural, 1996, vol. 1, p. 74.

[60] Cf. HAYEK, F. A. *Derecho, legislación y libertad*. Madrid: Unión editorial, 1985, vol. I, cap. 2.

[61] Cf. AA.VV. *A transição do Feudalismo para o Capitalismo*. São Paulo: Paz e Terra, 2004 (5ª ed.).

[62] DOBB, M. *A evolução do capitalismo*. 6. ed. Rio de Janeiro: Zahar Editores, 1977. p. 30-32.

estágios, caracterizados por níveis diversos de maturação. A origem do capitalismo como modo de produção somente se dá quando ocorre a subordinação direta do produtor ao capitalista. Historicamente, isso ocorre na Inglaterra da segunda metade do século XVI. O capital começa a penetrar na produção em escala considerável, seja na forma da relação salarial amadurecida entre capitalista e assalariado, seja na forma menos desenvolvida da subordinação do artesão que trabalha em sua casa para um capitalista. Aos poucos, a lógica do bem comum é substituída pelo princípio da acumulação privada. A atividade produtiva terá como único objetivo a maximização do lucro. A era capitalista começou!

CAPÍTULO 5
PERSUASÃO CAPITALISTA

1. Necessidade de um espírito

Na era do capitalismo financeiro e tecnológico-informacional, o mundo mantém-se em uma situação de conflito originado ainda na aurora da *primeira Revolução Industrial*. E, ao que tudo indica, com tendência a prorrogar-se por muito tempo. A proposta de Chenu durante a *segunda Revolução Industrial* continua válida na *terceira Revolução Industrial*. O sistema hegemônico se renova constantemente, promove ajustes e mantém sua sedução, apesar da desconfiança generalizada. Para Luc Boltanski e Eve Chiapello,[1] uma nova fase do velho capitalismo. Uma mutação em seu espírito para garantir o aval dos trabalhadores.

Na década de 1940 o jesuíta Joaquín Azpiazu escrevia que "o capitalismo, como sistema econômico, consta – se vale a comparação – de corpo e alma".[2] O corpo está constituído pela articulação da organização econômica dos interesses

---

[1] BOLTANSKI, L.; CHIAPELLO, E. *O novo espírito do capitalismo*. São Paulo: Martins Fontes, 2009. Ainda que a flexibilização da produção tenha atingido com maior ou menor intensidade todos os países, a descrição feita por Boltanski e Chiapello diz respeito aos países capitalistas avançados. Não se pode dizer que em qualquer país, ou em qualquer setor da economia, estariam presentes manifestações do Terceiro Espírito e das novas formas de controle. A diversidade de tipos de organização, de justificativas da produção e formas de controle é característica ao sistema de produção flexível.

[2] AZPIAZU, J. *Moral profesional económica*. Madrid: Razón y Fe, 1942, p. 62.

materiais; a alma, pelo espírito que a informa e vivifica. O espírito do capitalismo é a alma do sistema econômico, e o mantém com vida. Em 1958, outro teólogo, Amintore Fanfani constatava a presença de um espírito no capitalismo.[3] O espírito capitalista, afirma Fanfani, é o espírito econômico predominante da época atual. Espírito econômico entendido como atitude interior que leva o homem a atuar de uma forma ou de outra. Tal espírito está ligado à ideia de que os homens formam da riqueza os meios para alcançá-la e de seus fins. Essa ideia gera regras de conduta, comportamentos, estilos de vida. Sua atividade revela o espírito que o anima. O homem, animado pelo espírito capitalista, busca racionalizar economicamente não somente sua vida individual, mas todas as dimensões da existência humana e da vida dos demais, tanto privada como pública, em seu aspecto social, político, religioso e cultural. Seu projeto de enriquecimento ocupa o centro do seu mundo. O espírito capitalista caracteriza-se por uma postura tendencialmente poderosa, mas essencialmente humana; um fenômeno espiritual com efeitos imediatos sobre toda a sociedade.[4]

O capitalismo necessita de uma ideologia que o legitime como modelo econômico propulsor de benefícios individuais e sociais. Esta ideologia é o *espírito do capitalismo* que mantém mobilizados empresários e trabalhadores. Por essa razão, as diferentes etapas do capitalismo exigem diferentes fontes de persuasão. A transição para um modelo de produção flexível e imaterial implica profundas transformações nas

---

[3] FANFANI, A. *Capitalismo y protestantismo en la génesis del Capitalismo*. Madrid: Rialp, 1958.

[4] Cf. ibid., p. 55-67.

formas de mobilização social. Se David Harvey[5] oferece uma explicação baseada na noção de mudança no modo de regulação do trabalho e do capital, Boltanski e Chiapello se debruçam sobre a legitimação do modelo de regulação social e política – a transformação no espírito do capitalismo.

O capitalismo, em todas as suas fases de transição mais significativas, acarretou alterações sociais profundas que dependem da sua capacidade de convencimento. As diversas formas de coação (proibição das greves, perseguição dos sindicatos, demissões em massa) e a precarização do trabalho são razões insuficientes de persuasão. Faz-se necessário um discurso ideológico que o apresente como uma ordem não apenas desejável, mas igualmente motivadora.

Os alicerces do espírito do capitalismo fazem parte da sua natureza. Deles depende sua continuidade. A mobilização dos trabalhadores sob este novo espírito repousa, em boa medida, na contestação do espírito anterior. Porém, isso não é suficiente na medida em que é necessário manter o entusiasmo de toda a sociedade, mostrar que o capitalismo favorece o bem comum, traz segurança e é sustentável. Neste sentido, suas principais fontes derivam das possibilidades de autonomia do indivíduo, da sedução do consumo e da sensibilidade social pelo bem comum.

O capitalismo possui uma retórica que incorpora crenças com enorme poder de persuasão, adequados a cada época, que sensibiliza tanto os trabalhadores quanto os empresários. Em que consiste essa persuasão?

---

[5] HARVEY, D. *Condição pós-moderna*: uma pesquisa sobre as origens da mudança cultural. São Paulo: Loyola, 1993.

2. Do burguês ao profissional

O primeiro espírito do capitalismo remonta ao fim do século XIX, simbolizado pela figura do empreendedor burguês. Suas formas de mobilização conciliavam benefícios econômicos e discurso moralista: avareza e caridade, cientificismo e família. Se, por um lado, o proletariado via no trabalho assalariado um meio de ingressar no sistema, por outro, permanecia preso a um *éthos* conservador e autoritário com poucas possibilidades de justiça social. Persuasão frágil, de cunho utilitarista, conciliador entre os sacrifícios exigidos e o progresso econômico. A instabilidade e a condição social dos trabalhadores exigiam novas motivações.

O segundo espírito do capitalismo se caracteriza pela figura do profissional empregado com carreira e pela ênfase na grande empresa. Esse novo espírito cristaliza-se na literatura de *management*, como veículo de difusão de práticas que visavam superar as fragilidades do estágio anterior em que o trabalho seguia os princípios da administração científica e a especificação de funções na cadeia produtiva.

Acompanha este novo espírito a literatura de gestão, voltada para a mobilização dos quadros gerenciais desejosos de participar ativamente da condução da empresa. Representante mor desta etapa é Peter Drucker (1909-2005), pai da *administração* moderna.[6] Não há *management theory* (teoria da administração) que não parta da obra de Drucker.

---

[6] Foi professor de administração de empresas e política de negócios na Escola de Administração de Empresas da Universidade de Nova Iorque. Foi consultor de grandes empresas nos Estados Unidos e no mundo, além de consultor de agências do governo norte-americano. Escreveu diversos livros sobre administração de empresa: *Nova Sociedade* (1950), *Prática de Administração de Empresas* (1954), *The America's Next Twenty Years* (1957), *Fronteiras do Amanhã* (1959), *Managing for Resulte* (1964). Entre seus livros mais recentes figuram *Desafios gerenciais para o século*

Drucker realizou um estudo de organização na *General Motors* que resultou em sua primeira obra: *The Concept of the Corporation*, publicado em 1946.[7] O livro divulgou as ideias de descentralização e causou impacto em grandes empresas como a Ford, a General Electric, a Imperial Chemical Ind. Esta obra é o ponto de partida para a compreensão de sua obra-prima: *Prática de Administração de Empresas* (1954).[8] Drucker foi o autor de conceitos como *motivação e dedicação da equipe, empreendedorismo*. Drucker mostrou que a descentralização era um meio de fortalecer a alta administração, permitindo-lhe tempo para concentrar-se nas tarefas-chave da organização.

Entendida a *corporação como esforço humano*, o aspecto que mais chama a atenção é o da formação de líderes e as diretrizes dos recursos gerenciais na habilidade para o comando, a seleção e o treinamento para a administração. Temas afins serão desenvolvidos em obras ulteriores: descentralização, democracia da administração, confiança, corporação como instituição social.

A valorização da diversidade profissional dentro da empresa oferecia a possibilidade de ascensão, garantia estabilidade ao sistema e o bom desempenho. Assim, as empresas

---

XXI, Administrando em tempos de grandes mudanças e *Sociedade pós-capitalista*. Ganhador de diversos prêmios de Administração.

[7] DRUCKER, P. *The Concept of the Corporation*. Nova Iorque: John Day, 1946.

[8] DRUCKER, P. *Prática de Administração de Empresas*. Rio de Janeiro: Editora Fundo de Cultura, 1962. É autor do postulado de que, para uma empresa, o cliente deve vir em primeiro lugar. São dele também os conceitos que orientaram as privatizações e a adoção da administração por metas, além da descentralização. Drucker apontou a ascensão do marketing, o *empowerment* (ganho de poder e responsabilidade) dos funcionários e o surgimento do trabalhador do conhecimento. Suas técnicas foram empregadas por algumas das maiores companhias dos Estados Unidos e ajudaram a revolucionar o mundo da gestão de empresas.

contariam com uma força de trabalho mais motivada. Este é o *segundo espírito do capitalismo*. Suas motivações conseguiam responder aos anseios dos trabalhadores desejosos de participação, segurança e acesso ao mercado consumidor. A conexão com o bem comum era garantida pela solidariedade entre empresa, Estado keynesiano e organização sindical.

Há uma inflexão do capitalismo, a partir de meados da década de 1970, que deixou sua marca em seu espírito através do conceito *responsabilidade social da empresa*.[9] Desde então, o termo tornou-se amplamente usado. Primeiramente focada nos negócios, o termo reflete as expectativas da sociedade em um momento específico. As preocupações da sociedade mudam e suas expectativas em relação a organizações também mudam para refletir essas preocupações.

3. Sustentabilidade e economia verde

Além da *responsabilidade social*, haveria outra retórica que estaria a sensibilizar e mobilizar a sociedade? A versão mais atualizada do *espírito do capitalismo* está diretamente vinculada com a descaracterização da relação do homem com a natureza. O sistema vem articulando uma nova mutação em seu espírito a partir da pressão do aquecimento global, dos desequilíbrios climáticos, poluição e destruição da biodiversidade.

---

[9] A crise do Petróleo nos anos 1970, o fim do padrão ouro-dólar, a intensificação da liberalização financeira e, mais recentemente, a derrocada do assim chamado "socialismo real", simbolizada pela vitória do sindicato Solidariedade, na Polônia, e pela queda do Muro de Berlim. A alteração na relação de poder no jogo capitalista com a ascensão das empresas asiáticas também marca, profundamente, a passagem ao novo espírito. Cf. HARVEY, D. Op. cit.; FIORI, J. L.; CONCEIÇÃO TAVARES. M. (org.). *Poder e dinheiro*: uma economia política da globalização. Petrópolis: Vozes, 1997.

Relatórios anuais da ONU confirmam uma alteração substancial no planeta que coincide com a consolidação do capitalismo. O planeta está aquecendo desde 1750, mas a maior parte do aquecimento se deve à atividade humana dos últimos cinquenta anos.[10] A partir da Segunda Guerra Mundial os ecossistemas foram modificados mais rapidamente do que em outros períodos da história. Apesar de sua capacidade de geração de emprego e renda, a crise passa cada vez mais a constranger as habilidades do capitalismo para sustentar sua prosperidade sem extinguir o *habitat* natural.[11]

A retórica em torno do conceito de *desenvolvimento sustentável* vem pautando os debates. A ideia ganhou força desde a divulgação do *Relatório Brundtland*, elaborado pela Comissão Mundial do Meio Ambiente e Desenvolvimento da ONU em 1987. A expressão foi definida como "desenvolvimento que garante atender às necessidades do presente sem comprometer a capacidade das gerações futuras de atender a suas necessidades".[12] Visa-se um modelo de economia que não comprometa a base de recursos da natureza. Daí a

---

[10] Relatórios do Painel Intergovernamental sobre Mudanças Climáticas da ONU – Painel do Clima – estão disponíveis em: http//www.ipcc.cg.

[11] HARVEY, D. *O enigma do capital e as crises do capitalismo*. São Paulo: Boitempo, 2011, p. 151-174.

[12] O *desenvolvimento sustentável* surgiu em 1972, na Conferência das Nações Unidas sobre o Meio Ambiente Urbano. A *Declaração de Estocolmo* afirma que "a proteção e o melhoramento do meio ambiente humano é uma questão fundamental que afeta o bem-estar dos povos e o desenvolvimento econômico do mundo inteiro, um desejo urgente dos povos de todo o mundo e um dever de todos os governos" (Proclamação número 2). A proposta ganhou solidez na *Agenda 21* (Programa de ação e planejamento de um futuro sustentável) da Rio-92. Cf. ONU. Report of the World Commission on Environment and Development, *Our Common Future*, 1987. Disponível em: http://www.un-documents.net/wced-ocf.htm. Cf. BRUTLAND, G. H. (org.). *Nosso futuro comum*. São Paulo: Editora da FGV, 1987.

adesão generalizada à tese do desenvolvimento sustentável em muitos setores do mercado e dos governos.

No entanto, segundo seus críticos, há indícios de que a expansão econômica atual já superou seus próprios limites. A *economia ecológica, a ecologia política, a sociologia ambiental e os movimentos ambientalistas* denunciam a obsessão pelo PIB e defendem a proposta de distribuição intrageracional de recursos sem esquecer a intergeracional.[13] É a justiça global ambiental.[14] A alternativa está no abandono da ideia do crescimento em si. O conceito "decrescimento econômico", proposto por Nicholas Georgescu-Roegen,[15] defende que não basta estabilizar a atividade econômica, é preciso abandonar a crença no *dogma socioeconômico do crescimento* e repensar o conceito de bem-estar e de bem viver.[16]

A crítica provoca reações. A questão ambiental deixa de ser apenas mais uma variável da equação e passa a integrar os planejamentos estratégicos dos governos e dos mercados. Tal reação aponta a uma fase de transição para uma economia

---

[13] A *economia ecológica* é um campo transdisciplinar surgido nos anos 1980, a partir de uma convergência de interesses entre ecologistas que estudam o uso de energia na economia e economistas dissidentes. Já a *ecologia política* estuda os conflitos ligados à distribuição ecológica e ao uso do poder para ter acesso aos recursos ambientais. Com a *sociologia ambiental*, a *ecologia política* também estuda os movimentos ambientalistas.

[14] A expressão "justiça ambiental" começou a ser utilizada nos Estados Unidos no início dos anos 1980, pelos militantes que lutavam contra o "racismo ambiental" (contra a carga desproporcional de poluição imposta às regiões habitadas por minorias étnicas).

[15] GEORGESCU-ROEGEN (1906-1994) realizou contribuições nada ortodoxas à economia convencional. Em *Lei da entropia e o processo econômico* (1971), explica as relações entre física, economia e ecologia para mostrar as contradições das teorias econômicas. Cf. CECHIN, A. *A natureza como limite da economia*: a contribuição de Nicholas Georgescu-Roegen. São Paulo: Edusp, 2010.

[16] LATOUCHE, S. O decrescimento como condição de uma sociedade convivial. *Cadernos IHU Ideias* (Instituto Humanitas Unisinos), n. 56, 2006.

menos *inimiga da natureza*. Uma espécie de *capitalismo verde ecoeficiente* que mantém mobilizado *capital* e *trabalho* em torno da causa ambiental.

Posições conservadoras admitem a gravidade da situação, mas acredita-se que a solução está na inovação tecnológica aliada aos mecanismos do mercado. Afinal, as gerações atuais não devem ser sacrificadas em nome das gerações futuras. Não se devem impor limites ao mercado. Outra postura defende a necessidade de mudanças imediatas no sistema. Existem dois grupos.

O primeiro identifica-se com a *Ecoeconomia*.[17] Baseado no *Relatório Brundtland*, aposta em uma reorganização ecológica de uma economia harmonizada ao crescimento com justiça social. Para consumir menos energia e recursos naturais sem reduzir a oferta de bens de consumo e serviços, basta destruir quatro vezes menos (Fator 4). Tem como princípio a *ecoeficiência:* diminuir as agressões à natureza até atingir um grau de compatibilidade com as possibilidades do planeta. Investir em infraestrutura urbana e industrial pode gerar crescimento e bem-estar.[18]

Entre as iniciativas oriundas especificamente do campo empresarial, merece destaque o *Tratado Global de Responsabilidade Corporativa*, nascido no Fórum Econômico Mundial de Davos de 1999.[19] Com o foco em uma economia mais sustentável e socialmente inclusiva, as empresas devem respeitar os direitos humanos e promover a responsabilidade

---

[17] Liderados por Amory Lovins (*Rochy Mountain Institute*), Ernst Ulrich von Weizsäcker e Lester Brown (fundador do *Worldwatch Institute* e autor do livro *Eco-economia*).

[18] Cf. ELLUL, J. *Eco-Economia. Uma nova economia para a Terra*.

[19] Cf. http://www.unglobalcompact.org.

ambiental.[20] O desempenho da organização em relação à sociedade e seu impacto no meio ambiente se tornou parte crucial em sua capacidade de operar no mercado de forma competitiva.[21]

Sem dúvida, a *economia verde*[22] é a postura que mais vem conquistando adeptos. Implica a saída gradual da *economia marrom* dos combustíveis fósseis responsável por altas descargas de carbono na atmosfera através da adoção de inovações tecnológicas de baixo impacto ambiental e atividades econômicas sem riscos aos ecossistemas. Propõe a taxação das emissões ou premiação dos que poluem menos, investimento em energias renováveis, tecnologias verdes, reciclagem e estímulo às inovações que não inviabilizem o acúmulo do capital.

4. Ecocapitalismo: um novo espírito para um novo estágio

Esta breve descrição mostra como as mudanças nas formas de persuasão é uma constante na história do capitalismo. Atualmente, esta mutação incorporou aspectos da crítica socioambiental. Difícil imaginar Adam Smith ou David Ricardo tecendo considerações a respeito de um

---

[20] Nesta direção parece apontar o ISO 26000 – *Eco-desenvolvimento social*. Cf. ISO (Organização Internacional para Normalização): http://www.ecodesenvolvimento.org.br/iso26000. (Veja-se item 4 do Capítulo 15 do livro.)

[21] Isso implica um comportamento transparente e ético que esteja em conformidade com as leis aplicáveis e seja consistente com as normas internacionais. Dessa forma, contempla os campos que cobrem os impactos econômicos, ambientais e sociais das organizações, como os direitos humanos, o meio ambiente e a transparência.

[22] Na definição do Pnuma (Programa das Nações Unidas para o Meio Ambiente), na *economia verde*, "crescimento em renda e emprego deve basear-se em investimentos públicos e privados que reduzem a poluição, aumentem a eficiência energética e de recursos e minorem a perda de serviços da biodiversidade e dos ecossistemas".

capitalismo ecológico. O sistema realmente quer reduzir os riscos humanos e ecológicos, mas sem comprometer o crescimento de uma economia manietada pela hegemonia do capital. Tudo depende inteiramente de acertar na economia. Não se trata apenas de salvar a natureza via mecanismos de mercado, pois preservar a biodiversidade traz benefícios ao capital. É um novo estágio de capitalismo que soube incorporar o meio ambiente ao mercado. O capital, blindado pelo discurso do "ecologicamente correto", continua explorando os trabalhadores e dilapidando os recursos naturais.

Na verdade o problema existe desde a Revolução Industrial. Mas, passados três séculos, a sociedade continua acreditando que o capitalismo é ecologicamente sustentável. Ingênua, a espécie humana consome sorvete na praia enquanto contempla o tsunami que se aproxima. A praia não precisa dela para resistir ao desastre. As respostas do capital não alteram o cerne da lógica produtivista-consumista. A sustentabilidade, trasvestida de selo verde, tornou-se uma etiqueta de garantia de investimentos. As empresas, em sua grande maioria, só assumem a responsabilidade socioambiental na medida em que seus ganhos não sejam prejudicados. O acúmulo do capital como a alma do sistema continua intocável.

Em suma, as duas primeiras décadas do século XXI se inserem na cadeia sucessória de adaptações da sociedade às exigências do capital. É a forma mais acabada das diversas objetivações de um único espírito do capitalismo. Bem-vindos ao Ecocapitalismo!

5. Autonomia da fé ante os *espíritos do mundo*

A história da organização do trabalho é inseparável da história do desenvolvimento tecnológico e sua relação com o meio ambiente. A introdução de novas tecnologias no processo de produção está intensificando significativamente as formas de exploração humana e ambiental. Reformas paliativas não levam à superação da exploração. As tênues mudanças no sistema consolidaram o modelo apoiado na primazia da acumulação do capital sobre as demais variáveis.

Se o mundo do trabalho está vinculado ao espírito do capitalismo, este deve ser o foco de uma teologia que pensa o trabalho. Com Chenu, a teologia teve o mérito de atribuir sentido teológico ao trabalho em um momento em que havia perdido seu significado humano. A atividade laboral acontece num sistema econômico concreto que precisa ser adequadamente analisado.

É preciso questionar essa sociedade centrada no trabalho, mas pautada pelo capital. A pretensa *libertação* do trabalho, tão propalada pelo capitalismo, em última análise, é liberdade do capital para contratar e demitir, reduzir salários e aumentar a jornada laboral, recortar direitos e dilapidar o meio ambiente. A classe operária tornou-se uma massa desiludida e submetida a formas cada vez mais sofisticadas da ilustração bíblica *com o suor do seu rosto comerás o pão* (Gn 3,19). O Jardim do Éden, por sua vez, tem até seu preço no mercado. A serpente sedutora tem um nome: capitalismo. Não estaríamos subordinados por uma civilização do antitrabalho? A tradição judaico-cristã da experiência histórica de libertação pode servir de inspiração na busca do verdadeiro espírito do trabalho.

Parte II
Tradição bíblico-teológica

CAPÍTULO 6
TRABALHO E TRABALHADORES

Para os cristãos, a Sagrada Escritura não é somente a fonte da revelação, a base da fé, mas também o ponto de referência da vida concreta. Na Bíblia encontram-se muitas normas, mandamentos, leis, coleções de códigos etc. Uma atenta leitura faz ressaltar, porém, que tais normas não são jamais isoladas, valendo por si mesmas; antes, pertencem sempre a um determinado contexto. Os escritos bíblicos foram redigidos ao menos há mil e novecentos anos. Pertencem, portanto, a épocas remotas, cujas condições de vida eram muito diversas das de hoje. Muitíssimas situações e problemas atuais são completamente ignorados nos escritos bíblicos e, por isso, retém-se que não se pode encontrar neles respostas apropriadas a esses problemas.

A palavra da Sagrada Escritura sobre o trabalho, mesmo que tenha valor permanente, também faz parte de uma realidade muito concreta dos trabalhadores de Israel. Por isso, é essencial identificar seu contexto geral para entender melhor sua mensagem.[1]

Embora as tradições não permitam uma reconstrução precisa do que aconteceu, os relatos são suficientes para identificar as duas formas de organização que marcaram a história econômica e social do povo de Israel: a *sociedade*

---

[1] Cf. GASDA, E. *Fe cristiana y sentido del trabajo*. San Pablo: Madrid, 2011, p. 65-88.

familiar-tribal e a *sociedade monárquico-tributária*, que, com várias nuances em seus longos anos de existência, vai prevalecer na história. A constituição do Estado do Israel monárquico-tributário significou uma mudança profunda de notáveis impactos sobre os trabalhadores. Devemos prestar atenção a essa mudança, se quisermos compreender melhor o sentido do trabalho refletido nos textos bíblicos.

1. Sociedade familiar-tribal

Do ponto de vista da história, estamos nos referindo ao período dos patriarcas e da permanência em Canaã depois da saída do Egito. O ambiente histórico-cultural da Palestina, retratado em Gn 12–50, não é anterior à idade de bronze (1200 a.C.). O desenvolvimento das genealogias – próprias de sociedades tribais – dos relatos dos patriarcas pressupõe as condições históricas do sistema tribal estabelecido em Israel imediatamente antes da monarquia.[2]

Os relatos das histórias dos patriarcas são narrações das origens do povo de Israel sob o aspecto de uma história familiar. Em Gn 12–50, os antepassados de Israel são retratados como um conjunto de unidades familiares com estruturas de tipo patriarcal, que levavam a uma vida nômade dedicada à pecuária (Gn 26,19s) e à agricultura (Gn 26,12), nas montanhas da Palestina e nas zonas desérticas do sul do país. Neste modelo, a família gozava de autonomia e era

---

[2] Sobre a história do povo de Israel, cf. ALBERTZ, R. *Historia de la religión de Israel en tiempos del Antiguo Testamento*. 1. De los comienzos hasta el final de la monarquía. Madrid: Trotta, 1999; BRIGHT, J. *A história de Israel*. São Paulo: Paulus, 2003.

a célula portadora de vida e dos meios de subsistência (Gn 22,20-24; 25,2.13-16; 36,10-15).[3]

Condição de trabalho. A atividade econômica está orientada para a sobrevivência familiar. O território, os campos de cultivo, os recursos naturais são fonte de sobrevivência. A terra, a água e o fruto do trabalho são bens da família.[4] Os pastos são comuns, os produtos são distribuídos sob o regime de troca. Esta forma de vida não se presta a fomentar a propriedade privada nem o luxo. O importante é a sobrevivência e o bem-estar do grupo. A pertença ao grupo implicava a participação nos bens comunitários, impedindo a pobreza de uns ante a abundância de outros.[5]

Além das histórias dos patriarcas, a Bíblia também indica que, imediatamente após a saída do Egito, houve uma tentativa de construir um modelo de organização baseado em um tipo de *liga de tribos*, formada logo após a chegada em Canaã, no século 12 a.C. (cf. Js 13–19). Trata-se do grupo do êxodo que chega à Palestina, a qual, neste momento, era um conjunto de cidades-estados de regime monárquico egípcio.

A desestabilização econômica e o fim do império egípcio empurraram grandes contingentes de trabalhadores – diaristas, camponeses, pastores e forasteiros – a libertar-se do cerco das cidades, criando uma nova base econômica, através do estabelecimento de assentamentos no deserto e áreas

---

[3] Na família, como unidade econômica, era determinante a descendência, e, em uma família patriarcal, a descendência masculina. Os filhos não só eram necessários como força de trabalho, mas também o único seguro de sobrevivência do grupo.

[4] Conflitos interfamiliares pela água: Abraham x Abimelec (Gn 21,22-13); Isaac x Filisteus (Gn 26,15).

[5] SICRÉ, J. L. *Con los pobres de la tierra.* La justicia social en los profetas. Madrid: Cristiandad, 1984, p. 50-51.

montanhosas. Nesse processo de busca de libertação irrompe o grupo do êxodo. Com sua experiência política, contribuiu no estabelecimento de uma nova forma de organização social. Esse grupo de trabalhadores e marginalizados sociais constituirá o núcleo das *doze tribos de Israel* (Nm 1 e 26).

No modelo de organização tribal, as relações sociais se estabeleciam segundo um sistema escalonado por linha paterna. A autoridade fora do círculo familiar era praticamente nula e somente mais tarde se estenderá ao conjunto da comunidade. Não existia aparato estatal, nem sistema administrativo central, confiando aos anciãos as decisões sobre os problemas comuns (Jz 8,14). A tribo se constituía pela união de diferentes parentelas de uma região, visando à defesa de seus interesses.[6] Cada membro contava com o apoio do grupo; este, por sua vez, exigia um comportamento solidário.

Condição dos trabalhadores. Em uma sociedade assim, o trabalho era coletivo e de responsabilidade comum. Todos os que estavam em condições de trabalhar, trabalhavam. As possibilidades de exercer alguma atividade à margem do círculo familiar-tribal eram bastante escassas. Havia pessoas que se colocavam a serviço de terceiros, mas não existiam grandes contingentes de escravos e diaristas, que, a partir da monarquia, constituiriam o estereótipo da sociedade israelita. Não havia grandes diferenças sociais. Os documentos bíblicos não refletem a vida tribal em seu estado puro. E pela

---

[6] Na terminologia tradicional, trata-se de *clãs* e *tribos*. O *clã* é formado pela união de várias famílias, liderado por um ancião, cujos membros se consideram parentes, invocam um mesmo antepassado, as festas e cultos religiosos são comuns (1Sm 20,6.29). A união de vários *clãs* dá lugar à *tribo,* organização fundada na proximidade física e em interesses comuns.

falta de consenso dos investigadores sobre o valor histórico de dito material, os dados resultam suficientes para indicar com certa segurança que, na etapa anterior à monarquia, o trabalho em Israel se realizava no modo acima apresentado.

2. Sociedade monárquico-tributária

A monarquia inaugura uma nova fase da história de Israel. Este modelo de sociedade vai prevalecer em quase toda sua história, constituindo uma chave fundamental para entender a questão do trabalho. Segundo R. Albertz, "dificilmente se pode desconhecer as profundas transformações no campo político, econômico, cultural e social, experimentadas pela vida pública de Israel com a chegada ao trono de Davi e Salomão".[7]

Historicamente, com Saul dá-se o início do período da economia urbana, mas é com Salomão que ela atingirá o auge. As necessidades crescentes de administração real, militar e civil levaram à criação de um aparelho burocrático que privou progressivamente os representantes das tribos de suas competências tradicionais. Com a insaciável sede de poder da monarquia, a instituição adquire passo a passo os elementos constitutivos do Estado monárquico: burocracia, exército, corte, sistema fiscal. A confederação das tribos cedeu seu posto ao governo dinástico, em torno do qual se organizavam todos os aspectos da vida nacional. O reinado de Salomão decreta o final da independência tribal.

A monarquia israelita irá surgir sob os moldes de um sistema tributário (1Sm 17,25). Com a consolidação do Estado e a formação de um império, a administração pública

---

[7] ALBERTZ, R. Op. cit., p. 202.

torna-se mais burocrática. Esta complexidade, acompanhada do luxo (2Sm 19,36), exigirá o aumento das despesas e, portanto, da cobrança de impostos aos trabalhadores israelitas. Com Salomão o luxo da corte (1Rs 10,4-5; 11–21), o aparelho administrativo (1Rs 4,2-20) e o regime tributário atingem seu clímax.

Grande parte da carga fiscal tem sua origem no endividamento gerado por Salomão por causa das suas intensas atividades arquitetônicas, como a construção do templo (1Rs 6,38), do palácio real (1Rs 7,1), de quartéis militares, novas cidades, inúmeras obras de infraestrutura (1Rs 9,15s), portos e frota de navios mercantes (1Rs 9,26-28) e santuários pagãos (1Rs 11,1-8). As muitas e grandes obras exigirão sempre mais mão de obra (e mais impostos) não só a serviço do Estado, mas também para a manutenção do luxo da corte (1Rs 5,2-3; 10,23). Tudo isso representa um pesado jugo para o povo (1Rs 12,4).

O resultado imediato e previsível foi o crescimento da classe de funcionários do Estado, comandantes militares e grandes comerciantes. Não só desfrutavam de isenções fiscais, como eram frequentemente recompensados com terras (1Sm 8,14; 22,7). Também os campos despovoados eram transferidos para a coroa (1Rs 21,15ss). A proliferação de grandes proprietários rurais foi um dos fatores que contribuíram de forma decisiva para uma crescente atomização da sociedade israelita e que, desde o século VIII, levou a uma crise social insolúvel. A configuração do regime monárquico originou uma poderosa aristocracia. São aqueles que fazem parte do poder, administram a justiça, têm prestígio social e desfrutam de todos os privilégios. O colapso socioeconômico e político não se fez esperar.

Era uma sociedade mantida pela apropriação do trabalho da maioria. Salomão dá início a uma grande transformação no mundo do trabalho. Antes, o trabalho tinha sido basicamente familiar e de subsistência. Com Salomão, surge o trabalho organizado em função das necessidades de uma monarquia aristocrática. Se David havia utilizado prisioneiros de guerra (cf. 2Sm 12,31), Salomão estendeu aos israelitas a obrigação de tomar parte na *porneia*, uma vez que seu projeto só poderia ser concretizado com grandes brigadas de trabalhadores (cf. 2Sm 20,24). A copiosa construção levou à imposição do trabalho forçado tanto a estrangeiros (cf. 1Rs 9,20-21) como a israelitas (cf. 1Rs 5,27). As tribos, organizadas em estratos governamentais, se converteram em bases de recrutamento de trabalhadores a serviço do rei.

Assim, Israel deixou de caracterizar-se como uma nação de agricultores e pastores. Com os projetos de Salomão, centenas de camponeses foram empurrados para as cidades para trabalhar na indústria, construção e comércio. Dá-se o início das especializações e diversificação dos ofícios. Surgiram diversas profissões, como arquitetos, ceramistas, pedreiros, cabeleireiros etc.

3. Sociedade estruturalmente consolidada

As sucessivas mudanças políticas que atravessam o Estado de Israel, tanto nas mãos de reis nacionais que vão se sucedendo no trono, como dos impérios que vão se alternando na conquista do território, não interferem na transformação dessa estrutura. É o que registra sua história.

O centralismo administrativo imposto por Salomão rompeu-se com sua morte, e o Reino foi dividido: Israel

(Norte) e Judá (Sul). Em Judá, o filho de Salomão, Roboão (922-915) e seus sucessores mantiveram o modelo. Em Israel, Jeroboão (922-901), consumado o cisma, é proclamado rei na Assembleia de Siquém (cf. 1Rs 12–20). Coube a ele a tarefa de criar um Estado do nada, sem uma capital, estrutura administrativa e exército. Não seria surpresa que copiasse o modelo de Judá: pagamento de impostos, trabalho obrigatório para a construção de cidades e fortificações militares (cf. 1Rs 15,22). Acab (870-851) cria um exército poderoso, constrói fortalezas, o luxuoso Palácio de Samaria e o Templo de Baal (cf. 1Rs 16,32) para o culto pagão da rainha Jezebel e seu séquito fenício (cf. 2Rs 10,18ss).

A expansão da política de latifúndios agravou a situação. Acima da classe tradicional do camponês forçado a ganhar o pão com trabalho duro, ganhou força a classe dos latifundiários, funcionários, militares e grandes comerciantes. No Reino do Sul, a aristocracia de Judá mantém uma prática semelhante (cf. Am 6,1; Mq 1,5). Os grandes proprietários exploravam impiedosamente as empobrecidas e despojadas famílias camponesas (cf. Mq 2,1s), e os juízes corruptos tornavam a vida delas impossível (Mq 3,1-4; 3,9–11), enquanto os ricos viviam luxuosamente (cf. Is 1,21-23; 3,13-15; 5,1-7.8; 5,23).

A divisão do Reino, definitivamente, não significou melhoria das condições de trabalho. A sorte dos camponeses deteriorou-se, houve desintegração social e os pobres ficaram à mercê da ganância dos ricos (cf. 2Rs 4,1). O caso de Acab e Nabot (cf. 1Rs 21,1-20) está longe de ser isolado. As práticas denunciadas por Amós, um século mais tarde, não surgiram da noite para o dia. A situação dos trabalhadores se agrava quando Israel perde a sua autonomia política e passa a ser administrado por governos estrangeiros que cobravam impostos ruinosos das nações subjugadas. Assim foi sob o império Assírio, Egípcio e Babilônico, culminando com o desterro.

Após o exílio, as tarefas mais imediatas eram a reconstrução do templo e a reorganização da vida social (cf. Ag 1,2; 15–19; Zc 8,9-13.16-19). O templo, após cinco anos de trabalho (520-515), foi reconstruído e consagrado. No entanto, a necessidade de a reforma econômica e social superar a divisão entre a aristocracia e o povo fracassou. E Israel pós-exílio não evitaria uma profunda crise social.[8]

Apesar dos esforços de homens como Neemias, as históricas desigualdades sociais provocadas pela monarquia não poderiam abolir-se tão facilmente. Enquanto as famílias pobres afundavam na miséria sob o aumento da carga dos impostos, os ricos latifundiários poderosos se aproveitavam da expansão comercial e de empréstimos. O texto de Ne 5,1-5 oferece uma descrição da dura condição vivida pelos trabalhadores e suas famílias: hipotecar os próprios filhos, plantações e casas para obter empréstimos (v. 2-3). Além de hipotecar a propriedade, eram forçados a entregar seus filhos como escravos para conseguir pagar o imposto real (vv. 4-5).[9]

---

[8] A reorganização da vida comunitária após muito tempo de instabilidade política era o grande desafio de Israel pós-exílio. A situação econômica era complexa, o período de seca parecia interminável (Ag 1,6-11; 9,10), a reintegração dos desterrados com a reivindicação de suas posses gerava um clima de conflito social (Zc 5,1-4).

[9] Segundo Ne 5,6ss, as queixas dos pobres tiveram relativo êxito, pois Neemias decretou uma redução da carga tributária. Mas não solucionou a crise social nem interrompeu o processo de empobrecimento, como provam testemunhos do período persa, por exemplo, o livro de Jó.

4. Condição dos trabalhadores no início da era cristã

O quadro político, econômico e social refletido nos textos bíblicos retrata a profunda crise que abalou Israel pós-exílio. Israel é uma sociedade dividida em classes e permanecerá em períodos posteriores de dominação helênica e Romana.[10] A transição do domínio persa para o domínio grego (332-64 a.C.) não trouxe mudanças significativas.[11] A possibilidade da escravidão por dívidas era uma ameaça tão cruel que até os próprios soberanos Ptolomeus se sentiram constrangidos a legislar sobre esta prática em Israel. A dominação romana na Palestina (63 a.C.), por sua vez, apoiou-se em parte na antiga dinastia dos asmoneus.[12] A pertença à *casa de Herodes* conferia cidadania romana, participação nas benesses do poder, da riqueza, e, sobretudo, posse de terras. Sua riqueza se expressava em majestosas construções. As luxuosas residências e palácios dos herodianos e da

---

[10] Cf. o excelente estudo de: STEGEMANN, W. *Historia social do protocristianismo*: os primórdios no judaísmo e as comunidades de Cristo no mundo mediterrâneo. São Paulo: Paulus, 2004; JEREMÍAS, J. *Jerusalén en tiempos de Jesús*. Madrid: Cristiandad, 1977; GONZÁLEZ ECHEGARRAY, J. *Los Herodes*. Una dinastía real de los tiempos de Jesús. Estella: Verbo Divino, 2007.

[11] Cf. 1Mac 11,23; 12,6; 14,20; 15,17; 2Mac 11,27. Devido ao fato de os Ptolomeus não nomearem governador para a Judeia, os sumos sacerdotes assumiram a representação política da nação diante do rei, expandindo seu papel de liderança no Colégio de sacerdotes e no Conselho de anciãos, e presidindo a política (cf. Eclo 50,1-4). A alta aristocracia foi formada pelas principais famílias sacerdotais descendentes de Onias I e Simão, o Justo. Estes compartilhavam seu poder com outras famílias sacerdotais.

[12] Com a *revolução dos Macabeus*, apoiada pelas famílias de agricultores e sacerdotes rurais, o poder passa a ser ocupado pela família sacerdotal de Modin, líder da revolução. Confiscadas as propriedades da aristocracia caída em desgraça, formou-se outra dinastia, os asmoneus. A partir daí ascendeu ao estrato superior um grupo de famílias, como a família do prosélito Antipa, que acabou nomeado governador da Iduméia.

aristocracia de Jerusalém comprovam o bem-estar dos ricos durante a dinastia de Herodes.

No início da era cristã, a condição dos trabalhadores continuou inalterada, apesar do acúmulo de eventos revolucionários que teve lugar na Palestina entre os séculos II a.C. e I d.C. O povo sentia o jugo de um sistema triplo de impostos: administração civil romana, o municipal e o religioso (cf. Mc 12,13-17; 22,15-22; Rm 13,6-7; Lc 18,12; Mt 17,22-27). Tal exploração contribuiu para que houvesse um considerável aumento nos níveis de pobreza entre os contemporâneos de Jesus. Nas cidades era frequente o desemprego e o número de trabalhadores diaristas (cf. Mt 20,1-15) era muito maior que o de escravos. No campo, havia em todas as partes do Império agricultores absolutamente pobres, expulsos de suas terras, a procura de qualquer trabalho, vivendo dos restos das colheitas dos grandes proprietários. Ficar sem trabalho por vários dias levava à miséria absoluta, à mendicância e, em alguns casos, ao roubo: a maioria da população vivia no limite entre a subsistência e a fome.

Israel é uma sociedade caracterizada pela desigualdade social. Os autores bíblicos têm de lidar com o problema gerado pelas estruturas que sustentam o sistema político e econômico do Estado. A panorâmica da história da monarquia, desde as suas origens com David e Salomão até o jugo do Império Romano já na era cristã, oferece o seguinte mapa social do trabalho:

- Aqueles que vivem do trabalho alheio: a elite governante, *casa de Herodes*, a aristocracia formada pelas famílias sacerdotais (e não sacerdotais), cúpula militar, detentores de poder, da riqueza e administradores da justiça. Sempre fiéis à dinastia e ao império dominante, desfrutam de honra social e seus privilégios.

- Aqueles que vivem do seu próprio trabalho, a multidão, a "massa" (*óchloi*, plebe): a absoluta maioria da população, que não tem poder nem privilégios e prestígio social. É todo aquele que deve trabalhar, se quiser garantir a própria subsistência e de sua família: agricultores, mineiros, inquilinos, pescadores, hospedeiros, pequenos comerciantes, feirantes, açougueiros, curtidores, artesãos (metalúrgicos, ceramistas, carpinteiros, tecelões, alfaiates, sapateiros, padeiros, pedreiros, escultores, jardineiros), diaristas, assalariados, escravos.[13] Boa parte do fruto de seu trabalho está orientada à manutenção da administração pública, aos privilégios da aristocracia e dos sumos sacerdotes do templo de Jerusalém.

---

[13] Os escravos, os libertos e os nascidos livres trabalhavam ombro a ombro. Havia diferenças notáveis, por exemplo, entre os trabalhadores acorrentados em campos ou minas e os administradores de propriedades de seus mestres. Alguns escravos da administração imperial exerciam influência política e desfrutaram de certos privilégios. Nesse período, na Palestina, as condições de vida de muitos escravos era mais humana do que se possa imaginar: alimentos, roupas, casamento e a vida familiar. Muitos escravos ganhavam a confiança de seus mestres e supervisionavam todos os trabalhos da casa (Mt 24,45ss; Lc 19,11ss); outros eram professores, filósofos e artistas. As leis de Israel protegiam sua integridade: considerados membros da família, participavam do descanso sabático (Ex 20,10), da Festa dos Tabernáculos (Dt 16,13), da Festa das Semanas (Dt 16,11). Escravidão era uma realidade nos primórdios do cristianismo (1Cor 7,20-22; 12,13; Cl 4,1; 1Pd 2,18); estava muito presente no interior das comunidades cristãs (1Tm 6,1-2; Ef 6,5; Cl 3,22; At 20,4; Cl 4,9).

5. Termo "trabalho"

É muito importante considerar que a Sagrada Escritura utiliza palavras diferentes para expressar a realidade do trabalho.

Em hebreu,[14] 'śh, 'āśāh ("fazer, obrar") é um dos verbos mais frequentes do AT. Seus múltiplos significados se produzem segundo os diversos sujeitos, objetos e preposições que o acompanham. Em primeiro lugar, se refere à fabricação, produção, elaboração de objetos diversos (Ex 32,1.23.31; Jz 28,24; Dt 5,8), de banquetes e oferendas (Gn 18,8). Aparece com frequência a construção 'śh melākāh, que significa "fazer um trabalho, trabalhar"; melākāh significa "a obra" (Pr 18,9), o comércio (Ez 28,16) ou missão (1Cr 26–30).

Uma das palavras mais importantes utilizadas no sentido do trabalho cotidiano é 'abōdāh, que pode significar o cultivo do campo (Sl 104,23), trabalhos de construção (Ex 39,32) ou atividade litúrgica sacerdotal (Ex 12,25). Dela deriva 'ēbed: trabalhar, servir; e como substantivo: 'ebed: servo, servidor. E, em sentido semelhante, mās: trabalho forçado, servidão, aplicado ao trabalho escravo no Egito (Ex 1,11) e a *porneia* imposta por Salomão (1Rs 5,27s).

---

[14] Cf. RAMLOT, L. Trabajo. In: *Enciclopedia de la Biblia*. Barcelona: Garriga, 1963, p. 1050-1075; KITTEL, Érgon, Érgázomai. In: *Grande Lessico del Nuovo Testamento* – vol. III. Brescia: Paidea, 1967, p. 827-886; JENNI, E.; WESTERMANN, C. Hacer. Obrar. In: *Diccionario Teológico Manual del Antiguo Testamento* – II. Madrid: Cristiandad, 1985, p. 458-471; 582-589; COENEN, L.; BEYREUTHER, E.; BIETENHARD, H. Obra-trabajo. In: *Diccionario teológico del Nuevo Testamento* – III. Salamanca: Sígueme, 1986, p. 188-198; BALZ, H.; SCHNEIDER, G. *Téktōn*. In: *Diccionario exegético del Nuevo Testamento* – II. Salamanca: Sígueme, 1998, p. 1705-1741.

Outras palavras: *Pā'al*: trabalhar, fazer, obra diária (Ex 20,8-11; Dt 5,12-15;), aquisição (2Sm 23,20), salário (Jr 22,13; Jó 7,2); *ma'áśeh*: trabalho (Gn 5,29), ocupação (Gn 46,33); *pe'ullāh*: esforço e cansaço do trabalho (Jr 31,16). Finalmente, em Eclesiastes encontra-se o termo *'āmāl*, para expressar o trabalho afanoso com toda sua exaustão (Ecl 1,3; 2,10).

A tradução grega utiliza, fundamentalmente, dois conceitos para o leque de palavras hebraicas: *érgon* e *ergázomai*; e um terceiro conceito, menos utilizado: *téchnē*. O primeiro, *érgon*, expressa a ideia de obra, atividade, caráter ativo de uma ação. A tradução dos *Setenta* o utiliza para descrever a obra divina da criação (Gn 2,2.3). Quando *érgon* se refere à ação humana, pode expressar um significado positivo, por exemplo, para descrever a execução perfeita de uma tarefa encomendada por Deus (Gn 2,15), também obras que demonstram fidelidade à Lei (Ex 20,9; Dt 5,13s). Isso vale também para o trabalho manual (Dt 2,7; 14,29; Jó 1,10). Em conexão com o relato do pecado original, *érgon* indica o aspecto da fadiga do trabalho (Gn 3,17ss; Dt 26,6); em outras passagens dos *Setenta*, *érgon* significa uma ação má (Jó 11,11; 21,16; Is 59,6). Nos sinóticos se usa para referir-se às obras e palavras de Cristo (Mt 11,2; Lc 24,19). Em João, ilustra a ação de Jesus vinculada à obra do Pai (Jo 4,34; 17,4). De *érgon* deriva *ergasía*: trabalho, ocupação, esforço (Lc 12,58), e *ergázomai*: trabalhar, estar ativo (Lc 13,14; Mt 21,28; 2Ts 3,10). Quando unido a *érgon*, significa produzir, executar; *ergatēs*: trabalhador, homem que trabalha por um salário (Mt 20,1.2.8). O terceiro conceito grego é *technē*: ofício, artesanato (At 18,3; Ap 18,22), do qual deriva *téktōn*: aquele que produz, que fabrica algo, artesão (2Rs 5,11; Eclo 38,27; Mc 6,3.13).

Estes são, fundamentalmente, os termos que aparecem neste estudo sobre o trabalho, na Bíblia, e que nos ajudarão a situar sua natureza, forma e significado em cada contexto. Voltaremos a eles sempre que necessário.

CAPÍTULO 7
"ESCUTA, ISRAEL": O TRABALHO NA LEI

1. Decálogo: caminho de liberdade e vida

Cada povo novo deve dar a si mesmo, antes de tudo, uma constituição. A de Israel espelha a vida simples dos clãs seminômades que o formam em sua origem. O Povo de Israel se autocompreende a partir de sua relação com Yahveh. A vida privada, familiar, política, econômica e social orienta-se por princípios religiosos decorrentes da soberania de Deus presente e agindo a favor de seu povo. A vida na fidelidade à lei é consequência da proximidade com Deus estabelecida por meio de uma Aliança com seu povo.[1] O primário e fundamental é o agir de Deus, que antecede o do ser humano. O complexo normativo é uma consequência para indicar ao ser humano qual seja o modo adequado de acolher o dom de Deus e de vivê-lo. Neste sentido, a Lei não se resume a uma série de preceitos. É uma instrução, isto é, um ensinamento teológico sobre as relações entre Deus e o ser humano que leva a um estilo de vida fundado na liberdade, na igualdade e na paz: "Não os desvieis nem à direita nem esquerda. Mantenha-se

---

[1] A soberania de Yahveh sobre Israel e a consciência de sua proximidade é algo que vai amadurecendo na história do povo. A afirmação central se encontra em Ex 20,2-3: "Eu sou o Senhor teu Deus, que te tirou do país do Egito, daquele lugar de escravidão. Não terás outros deuses além de mim". Yahveh habita no meio de seu povo e é preciso organizar a vida em função de sua presença (Lv 26,11-12).

no caminho que o Senhor vosso Deus vos chamou: vivereis felizes e prolongareis seus dias na terra" (Dt 5,32-33).[2]

A Lei de Israel contém diversos códigos legislativos: o código da Aliança, o código deuteronomista (Dt 12–25), o código de santidade (Lv 17-26).[3] Nos fixaremos no Decálogo, ainda que a instrução em questão se encontre nos demais códigos.[4] O Decálogo é o texto fundamental de todas as leis do Antigo Testamento e se apresenta como referencial obrigatório deste estudo.[5] Prescindindo dos retoques e dos desenvolvimentos que foram acrescentados, "as dez palavras" atestam o conteúdo substancial da lei fundamental do Sinai. A sua posição redacional (Ex 20,1-17), imediatamente antes do "Código da Aliança" (Ex 20,22–23,19) e a sua repetição (Dt 5,6-21), com algumas variantes, no início do "Código

---

[2] Poder-se-iam citar muitos outros textos, como, por exemplo: "Vê: hoje ponho diante de ti a vida e a felicidade, a morte e a infelicidade, eu, que hoje te ordeno ames o Senhor, teu Deus, andes nos seus caminhos, guardes os seus mandamentos, suas leis e costumes. Então, viverás e te tornarás numeroso, e o Senhor, teu Deus, te abençoará na terra onde entras para dela tomares posse" (Dt 30,15-16).

[3] Não cabe aqui entrar em detalhes sobre o complexo processo de sedimentação literária da lei; basta dizer que a função da lei consiste em dar continuidade a uma experiência que já antes havia tido seu fundamento na história.

[4] O preceito do descanso no sétimo dia após seis dias de trabalho aparece em outros códigos: Código Ritual (Ex 34,21). Em Ex 31,12-17, o preceito inclui o conjunto das instruções cultuais (Ex 25–31). Sua formulação deixa transparecer que o sábado é um sinal primordial da aliança. Três vezes se ordena que se guarde o *sábado*. Em Ex 35–40, o sábado, *dia de descanso em honra de Yahveh*, introduz outras leis cultuais (Ex 35,1-2). Já no Código de Santidade (Lv 17–26), o *sábado* é citado em diversos lugares: Lv 19,3b.30; 24,8; 25,2.

[5] O Decálogo (Ex 20,1-7), que sempre foi atribuído à origem mosaica, é uma adição posterior de princípios da época pós-exílica, introduzida como recurso literário na narrativa da teofania e que parece tomar parte da concepção dos reformadores deuteronomistas. O Código da Aliança (Ex 20,22–23,19) reflete a reforma de Ezequias no final do século VIII. E o Decálogo cultual (Ex 34,11-26) é composição tardia. Cf. ALBERTZ, R. *Historia de la religión de Israel en tiempos del Antiguo Testamento*. 1. De los comienzos hasta el final de la monarquía. Madrid: Trotta, 1999, p. 117.

Deuteronômico" (Dt 4,44–26,19), já indicam a sua importância preponderante no conjunto da "Torá".

Das diversas interrupções durante a travessia do deserto, destaca-se o acampamento aos pés do monte Sinai. Nela, o vínculo entre Deus e Israel adquire caráter definitivo (cf. Ex 19,1ss). O pacto do Sinai (Ex 19,24; 20,1-7; 32-34) é constitutivo de sua identidade e ocupará um posto central em sua história.[6] A fórmula da aliança – *Tu serás meu povo e eu serei teu Deus* – vincula Israel a Yahveh de forma pessoal e jurídica.

O significado fundamental desse pacto é preservar a liberdade. O povo considera sua liberdade um dom. A Lei instrui a vivê-la, fechando o caminho de volta para a *casa da escravidão*, uma barreira para que os israelitas não cedam às atrações das nações estrangeiras.

2. Instituição do sábado

Como não poderia ser diferente, o trabalho deve ser compreendido dentro deste compromisso moral e religioso do israelita com Yahveh. Portanto, o núcleo da teologia bíblica do trabalho está contido no Decálogo, a Legislação maior: a instituição do *sábado*. Suas duas versões encontram-se no livro do Êxodo e no livro do Deuteronômio:

Ex 20,8-11: "Que se faça do dia de sábado um memorial, considerando-o sagrado. Trabalharás durante seis dias, fazendo todo teu trabalho, mas o sétimo dia, é o sábado do Senhor, teu Deus. Não farás trabalho algum, nem tu, nem teu

---

[6] Além desta aliança do Sinai, a Aliança de Siquém (Js 24), a Aliança Davídica (2Sm 7; 23,5) e a Aliança abraâmica (Gn 12,1-9; 15,2-18) também são de grande importância para os israelitas.

filho, nem tua filha, nem teu servo, nem tua serva, nem teus animais, nem o migrante que está em tuas cidades. Pois em seis dias o Senhor fez o céu e a terra, o mar e tudo o que ele contém, mas no sétimo dia repousou. Eis porque o Senhor abençoou o dia de sábado e o consagrou".

Dt 5,12-15: "Que se guarde o dia de sábado considerando-o sagrado, conforme o Senhor, teu Deus, te ordenou. Trabalharás durante seis dias, fazendo todo teu trabalho, mas o sétimo dia é o sábado do Senhor, teu Deus. Não farás trabalho algum, nem tu, nem teu filho, nem tua filha, nem teu servo, nem tua serva, nem teu boi, nem teu jumento, nem algum de teus animais, nem o migrante que está em tuas cidades, a fim de que teu servo e tua serva repousem com tu. Tu te lembrarás de que, na terra do Egito, eras escravo, e que o Senhor, teu Deus, te fez sair de lá com mão forte e braço estendido. Eis porque o Senhor, teu Deus, te ordenou guardar o dia de sábado".

O termo *trabalhar* (*pā'al* = *érgon*) aparece na instrução sobre o *descansar* (*šbt* = *katapaúein*, *anapauein*). Ou seja, o conteúdo teológico fundamental do trabalho está condensado no dia de descanso (*šabbāt*).[7] O critério determinante é a vinculação pessoal e definitiva de Deus com Israel. Deus libertador é o soberano que habita em meio de seu povo (cf. Ex 40,34-38). A santificação do dia de sábado é um sinal da fidelidade a Deus. Ao traçar um paralelo entre a ação divina e a ação humana, Deus é apresentado como o referencial para o trabalho humano.

---

[7] No AT, o verbo e o substantivo estão relacionados, como indica a conexão de ambas as palavras. Em relação com o *šabbāt*, *šbt* designa o descanso e a celebração próprios deste tempo, por parte do homem, do animal e da terra. O verbo *šbt* aparece diversas vezes relacionado ao substantivo *šabbāt* (Ex 16,30; Lv 23,32; 2Cr 36,21).

As duas versões apresentam motivações distintas. O Êxodo relaciona o sábado com o repouso divino do *sétimo dia da criação*. O Deuteronômio o relaciona com a experiência histórica da *libertação do Egito*. O *Código da Aliança* argumenta a partir da teologia da Criação, já o *Código Deuteronomista* prefere a teologia da *História da Salvação*.[8]

3. Fidelidade na liberdade

No Deuteronômio, o sábado é a expressão de um povo que viveu em regime de escravidão e que agora pode dar graças ao Deus que o libertou. O início do livro do Êxodo descreve a *servidão* do povo no Egito. No final do Livro, este povo aparece *servindo* a Yahveh. *Serviço* não significa *servidão*, mas uma atividade de pessoas libertas e que servem a Deus voluntariamente (cf. Ex 35,4-29).[9] No Egito este povo estava proibido de interromper o trabalho para prestar culto a Yahveh, pois isso atrapalhava o andamento das obras (cf. Ex 5,4-5.17-18). O sábado não só harmoniza as duas atividades, mas subordina o sentido do trabalho ao culto.

Portanto, este dia não se restringe ao descanso do trabalho, mas há um serviço litúrgico que o transcende e consagra. Isso supõe a interrupção das atividades produtivas. Do diálogo de ação de graças com Deus, o povo entra em

---

[8] BEAUCHAMP, P. *A lei de Deus*: de uma montanha a outra. São Leopoldo: Unisinos, 2003, p. 49-50.

[9] *Servidão, serviço* e *trabalho* correspondem à mesma palavra hebraica, *'abōdāh*; dela deriva o verbo *'ēbed, trabalhar*. A mesma palavra pode ser encontrada com o sentido de trabalho (cf. Ex 1,13-14). *Serviço* tem sentido cultual quando se refere a Deus. O *serviço* do verdadeiro Deus é o *culto, liturgia*: cf. Ex 10,26; 12,25-26; 13,5; 30,16; 35,24; Nm 3,7.21.26.36; 1Cr 9,13.28; Is 19,21.23. Os fiéis de Yahveh são seus servos: cf. Gn 50,7; 1Rs 8,23; Jr 30,10; Is 54,17; Sl 34,23. A expressão se emprega para designar todo o Israel: cf. Dt 32,36; Jr 30,10; Is 41,8-9; 42,19; 49,3.

comunhão com o *Senhor de todo o tempo*. No sábado reside o mistério do *sagrado* que sustenta o tempo humano.

A versão deuteronomista apresenta o sábado como sinal da liberdade recebida e conquistada do povo de Israel. Mais precisamente, é o sinal de que a soberania de Deus está a serviço da libertação do povo oprimido que luta pela liberdade (cf. Dt 5,15). Portanto, a instituição remete-se ao *memorial* de um Deus libertador e de um povo comprometido com sua liberdade (Ex 1,1-15.21). Esse povo jamais deverá esquecer que trabalhou sem descanso, em regime de escravidão, todos os dias da semana. E que sua religião começou com a experiência histórica de libertação de um grupo de trabalhadores explorados: "Lembre-se que fostes escravos no Egito e que Senhor teu Deus te tirou de lá".[10] O evento da libertação, raiz viva que nutre a árvore de história de Israel (1Rs 12,28; Os 11,1; 13,4; Jr 2,2; Dt 32,10). É *evento fundante*, que não se pode comparar a nenhum outro na história. Israel surge com este coletivo de trabalhadores organizado por Moisés, e não com a monarquia de David e Salomão. Por isso é preciso voltar à experiência fundante para entender o trabalho.

Embora haja poucos indícios históricos sobre a presença e as condições de vida dos trabalhadores estrangeiros no Egito, a indicação de que os egípcios exploravam grupos humanos como mão de obra para construção de cidades como Pitom e Ramsés é plausível (Ex 1,11).[11] Os descendentes dos patriarcas emigrados ao Egito formavam parte deste grupo de trabalhadores explorados por um Faraó que "não

---

[10] A sentença "Eu sou *Yahveh, que te fez sair do país do Egito*", que abre o Decálogo (Ex 20,2, Dt 5,6), se repete diversas vezes em todo o AT: Lv 19,36; 22,33; 25,38.42.55; Sl 1,11; Am 2,10; 3,1; 9,7; Mq 6,4; 7,5; Jr 34,13; Ez 20,6.9. Textos idênticos: Js 6,8; 24,17; Jz 2,1; 1Sm 10,18; 1Rs 12,28; Os 11,1; 12,10; 13,4; Jr 16,14; 23,7.

[11] ALBERTZ, R. *Historia de la religión de Israel en tiempos del Antiguo Testamento*. 1. De los comienzos hasta el final de la monarquia. Madrid: Trotta, 1999, p. 90.

tinha conhecido José" (Ex 1,8). Sua presença nas frentes de trabalho está registrada em fontes egípcias. Na Sagrada Escritura são designados de *hebreus* (Ex 1,12), cujo Deus é o *Deus de Abraão, Deus de Isaac e de Jacó* (Ex 3,6).[12] O faraó, ao observar que os trabalhadores escravizados (Ex 1,11-14; 5,3-19) estavam se fortalecendo (Ex 1,7), decide precaver-se (Ex 1,11-14):

> Impuseram-lhes, então, chefes de *porneia* para reprimi-los com trabalhos forçados, e Israel construiu para o faraó as cidades de Pitom e Ramsés. Mas quanto mais se tentava reprimi-lo, tanto mais se multiplicava e se fortalecia. Vivia-se em obsessão por causa dos filhos de Israel! Os egípcios escravizaram, pois, os filhos de Israel com brutalidade e amarguraram-lhes a vida por meio de uma dura servidão, com a fabricação de argamassa e tijolos, com trabalhos no campo e com todo tipo de servidão que brutalmente lhes impunham.

Para Paul Beauchamp, "o gesto libertador reveste um caráter humano e social".[13] Esses trabalhadores farão a experiência de Deus que, no momento oportuno, lhes proporciona

---

[12] O relato do êxodo começa com um sumário da história de José, que faz o elo entre a "história dos patriarcas" ou a "história dos antepassados de Israel" e a "história do povo de Israel" (Ex 1,1-7). A família de Jacó constava de umas setenta pessoas quando emigrou ao Egito (Ex 1,5) e ali se multiplicou a ponto de converter-se em povo de Israel (Ex 1,7); e, ao sair deste país, tinha uma população de seiscentos mil homens (Ex 12,37). Segundo R. Albertz, essa apresentação não corresponde à realidade dos fatos, mas deve-se a uma concepção teológica tardia, segundo a qual os acontecimentos do êxodo adquiriram importância central, e se chegou a pensar que todo Israel havia residido no Egito. Tudo indica que apenas um pequeno grupo esteve no Egito, e que sua experiência estendeu-se posteriormente a todas as tribos. Cf. op. cit., p. 89-92. As referências a tal vinculação são tardias (Gn 15,13-16; 46,1-4; 52,24-25; Ex 32,13; Nm 20,14-17).

[13] BEAUCHAMP, P. *A lei de Deus*: de uma montanha a outra. São Leopoldo: Unisinos, 2003, p. 50.

uma liderança que motiva para forjar seu próprio processo de libertação. O povo de Israel é fruto deste processo de libertar o trabalho da exploração.

4. Redescobrir o sentido original da atividade humana

A instituição do sábado, em Ex 20,8-11, nos coloca no contexto da *teologia da criação*. O Deus criador que *descansa* no *sétimo dia* é o mesmo que manifesta a sua glória ao libertar o povo da escravidão. O Deus dos Patriarcas (Ex 3,6) e libertador do trabalho escravo é também o Criador do universo e do gênero humano. O *livro das Origens* oferece duas narrativas.

Trabalho e descanso à semelhança de Deus (Gn 1–2, 1-4a): a mensagem do Gênesis diz respeito, em primeiro lugar, a Deus, e depois à situação histórica do homem diante Dele. O *fazer* (*'āśāh* = *ergázomai*) de Deus é gerador de vida e harmonizador do caos.[14] Deus *faz*, mas sem violência, ao contrário das cosmogonias pagãs. Sua obra *é boa* (Gn 1,3.10.12.18.21.25.31) e nenhum mal veio ao mundo por meio dela.

A imagem de Deus que emerge da criação nada tem a ver com o poder totalitário. Deus domina pacificamente para que irrompa a vida, a luz e o tempo; e logo se retira

---

[14] *'āśāh* é o verbo hebreu mais genérico para expressar a ação criadora de Yahveh: fez o céu e a terra (Ex 20,11; 31,17), o mar (Ex 20,11; Sl 95,5), o céu (2Rs 19,15; Sl 96,5), os corpos celestes (Jó 9,9), o homem (Gn 1,26; Jr 27,5), enfim, cria a vida (Jó 10,12). Cf. E. Jenni, C. Westermann, *Hacer, obrar*. In: op. cit., p. 458-469. O substantivo grego *érgon* utiliza-se nos LXX para descrever a obra divina da criação. Pode ser encontrado com frequência como denominação da obra do criador (Sl 8,4.7; 89; 137,8; Jr 14,15; Is 29,23). Cf. COENEN, L.; BEYREUTHER, E.; BIETENHARD, H. *Obra, trabajo (érgon)*. In: op. cit., p. 188-198.

para preservar a autonomia do criado. Assim, não somente se revela distinto aos deuses pagãos, mas mostra-se de outra ordem. Israel separa-se, assim, do contexto preponderante dos mitos cosmogônicos e teogônicos típicos das religiões idolátricas.[15]

A Atividade humana deve espelhar-se nessa atividade divina. "Deus criou o homem à sua imagem, à imagem de Deus ele o criou; criou-os macho e fêmea. Deus os abençoou e lhes disse: Sede fecundos e prolíficos, enchei a terra e dominai-a. Submetei os peixes do mar e as aves do céu e todo animal que rasteja sobre a terra!" (Gn 1,27-28).

A instrução do sábado remete-se ao ser humano criado por Deus e em diálogo com Ele. O núcleo da antropologia implícito no relato é semelhança divina e a unidade do gênero humano (*'ādām*). Afirma a familiaridade de Deus com o ser humano – homem e mulher – e, portanto, uma relação pessoal entre o Criador e a criatura. O ser humano é a única criatura capaz de situar-se diante de Deus, de autodeterminar-se, de receber uma investidura (Gn 1,28).

A criação é dada por Deus para a humanidade. O *fazer* de Deus é protótipo para o *fazer* humano. Por isso J. Moltmann pode dizer que a missão de "*dominar* está atrelada àquela correspondência dos seres humanos a Deus, criador e mantenedor do mundo, que é denominada de *à semelhança de Deus*".[16] É um dom e uma missão.

A partir dessa antropologia, a afirmação *façamos o ser humano a nossa imagem e semelhança*, estende-se também

---

[15] Cf. von RAD, G. *El libro del Génesis*. Salamanca: Sígueme, 1977, p. 58.
[16] MOLTMANN, J. *Deus na criação*: doutrina ecológica da criação. Petrópolis: Vozes, 1992, p. 54.

ao trabalho (Gn 1,31; 2,3).[17] Os seis dias de trabalho podem assemelhar-se, por analogia, aos seis dias de atividade criadora de Deus. Neste sentido, pode-se dizer que a obra de Deus ilumina o trabalho humano.

O sábado é o memorial dessa consciência da dignidade presente em todos os trabalhadores. A pessoa que trabalha é pouco menos que divina. Seu rosto esconde traços de Deus. Aqui está a primeira base teológica sobre a dignidade e valor do trabalho e do trabalhador.

Também no descanso a criatura humana assemelha-se a Deus. Com a criação do homem e da mulher, Deus repousa do seu trabalho. Momento em que a obra atinge seu clímax. É o *sétimo dia*, consagrado por Deus.

> O céu e a terra e todos os seus elementos foram terminados. Deus terminou no sétimo dia a obra que havia feito. Ele cessou no sétimo dia toda obra que fazia. Deus abençoou o sétimo dia e o consagrou, pois tinha cessado, neste dia, toda a obra que ele, Deus, havia criado pela sua ação (Gn 2,1-3).

Existe um dinamismo nos *seis dias* que aponta ao cumprimento prefigurado no *sétimo dia*. Assim, a *semana da criação* é uma unidade teológica. Não é possível entender todo o significado da criação se não se capta o sentido do sétimo dia.

Por um lado, toda obra da criação culmina na grande festa do *sétimo dia*, que não conhece ocaso.[18] Esse momento

---

[17] No AT é comum falar de um Deus que trabalha: Jó 39,40-42; Sl 104; Is 53,3; Jr 42,14.
[18] Cf. MOLTMANN, J. Op. cit., p. 394-396.

solene e glorioso da consumação é o *repouso* do Criador em suas obras.[19] Por outro, o texto não significa a institucionalização do sábado, pois não trata diretamente do trabalho nem do descanso humano, mas divino.[20] Apenas diz que em Deus estão incluídos tanto a atividade quanto o repouso. O termo sábado nem sequer aparece no relato. O texto afirma algo mais transcendente: o repouso é anterior ao homem, mesmo que estes não percebam.[21]

Deus repousa no *sétimo dia* diante de sua obra. O mundo não só foi criado *por* Deus, mas existe *diante de* Deus e *com* Deus. O repouso divino faz a criação ser ela mesma. É nessa autonomia das realidades terrestres que o ser humano assume seu papel e responsabilidade para com ela, mas à semelhança do Criador.

O descanso também revela a imagem de Deus no ser humano: "o sétimo dia deve dar aos seres humanos a liberdade de uma existência sem trabalho, para que jamais perca a consciência de sua dignidade".[22] Trabalho e descanso são dois polos da mesma identidade do homem como *imagem e semelhança de Deus*. Assim, o *sétimo dia* abre à criatura

---

[19] von RAD, G. Todavía existe el descanso para el pueblo de Dios. In: *Estudios sobre el Antiguo Testamento*, Salamanca: Sígueme, 1976, p. 95s.

[20] Neste sentido, cf. PIXLEY, J. O sábado: festa e sinal. *Ribla*, 33 (1999), p. 27-28.

[21] von RAD, G. *El libro del Génesis*. Salamanca, Sígueme, 1977. "Deve-se ter em conta que o relato recebeu sua forma no exílio e pós-exílio (cf. Ez 20,12; 22,8.26; Is 58,13), período no qual Israel viu no *sábado* um dos sinais peculiares da aliança, que expressava de modo concentrado toda a diferença que o separava do mundo pagão" (p. 74). A partir do exílio, o culto passou a formar parte essencial do sábado e sacrifícios especiais eram oferecidos no templo (Lv 24,5-9; Nm 28,3; Ez 46,4). As interpretações posteriores identificaram-no de imediato com o sétimo dia da criação (cf. Ex 31,12-17). Cf. de VAUX, R. sobre o sábado. In: *Instituciones del Antiguo Testamento*, p. 599-609.

[22] GUARDINI, R. *Meditaciones teológicas*. Madrid: Cristiandad, 1965, vol. III, p. 37.

seu verdadeiro futuro. É um repousar junto com os outros, criaturas e criação.

A instituição do sábado ensina que o cumprimento do preceito supõe a consciência de ser criado e libertado por Deus. Um despertar para a igualdade universal de todos os membros do gênero humano. Um descanso que não se limita apenas a controlar o próprio domínio, mas de colocá-lo a serviço da vida e da liberdade dos demais, incluindo tudo o que está em posição de serviço (cf. Ex 20,10; Dt 5,14). Tudo e todos é dom de Deus. Nesse sentido, o sábado é uma expressão de fraternidade com o servo, a serva, o estrangeiro, de cuidado com a terra e os animais.

É verdade que esta palavra do Decálogo supõe a existência de escravos, mas basicamente se trata de minar as bases de uma cultura escravagista, porque rejeita a divisão entre trabalho e descanso baseada na discriminação. A terra e os animais devem descansar. Ou seja, todos devem participar do trabalho e do descanso, pois ambos devem ser libertadores. Isso só ocorre quando todos têm o direito sagrado de descansar.

Na sacralidade do descanso reside uma maneira concreta de combater todas as formas de opressão. O *memorial* da libertação no Egito serve de alerta para que Israel não explore os povos vizinhos. É uma exigência do êxodo da casa da escravidão. Portanto, se o repouso sabático é a evocação da libertação, o trabalho não pode significar uma nova situação de exploração do outro. O ato de descansar deve fazer do ato de trabalhar um exercício de liberdade. Neste sentido, o sábado expressa o conteúdo da antropologia bíblica: os humanos são seres livres, autônomos e com futuro. Essa identidade confere ao trabalhar seu significado preciso. "Este sétimo dia não tem outro conteúdo senão o de acrescentar à imagem divina este traço último e decisivo. Deus observa, após sua 'obra de criação', uma pausa, um dia. Quando, no Sinai, Deus ordena ao homem que ele observe, por sua vez, esta pausa, ele não lhe ordenará outra coisa senão imitar a Deus, repousar de modo semelhante... à imagem de Deus. O sábado imprime sobre o ser humano a chancela final da imagem de Deus".[23]

Para cuidar e cultivar a terra (Gn 2,4b-8.15). Este fragmento contém, não estritamente falando, uma história da criação do mundo, mas do homem e da mulher (Gn 2,18-25), sua origem e cuidados que Deus lhe outorga.[24]

> No dia em que o Senhor fez a terra e o céu...
> Não havia homem para cultivar o solo; mas um fluxo subia da terra e irrigava toda a superfície do solo. O Senhor modelou o homem com o pó apanhado do solo. Ele insuflou nas suas narinas o hálito da vida e o homem se tornou um ser vivo. O Senhor Deus plantou um jardim em Éden, a oriente, e nele colocou o homem que havia formado (...). O Senhor Deus tomou o homem e o estabeleceu no jardim de Éden, para cultivar o solo e o cuidar (2,4b.5.8.15).

---

[23] BEAUCHAMP, P. Op. cit., p. 53.

[24] Assim como Deus tirou os hebreus do Egito para criar um povo (Ex 6,6-8), também cria o homem tirando-lhe da terra; assim como Deus conduz seu povo pelo deserto rumo à terra que mana leite e mel (Ex 3,7-10), também conduz o homem da terra que o havia formado (Gn 2,7) para o jardim do Éden; assim como Deus dá a seu povo os preceitos do Sinai (Ex 20,1), também impõe ao homem o preceito de não comer da árvore da ciência (Gn 2,16-17); assim como o povo prevarica transgredindo os mandamentos (Ex 32,1ss), também o homem transgride o veto concernente aos frutos da árvore. Cf. ALONSO SCHÖKEL, L. Motivos sapienciales y de alianza en Gn 2–3. *Bíblica*, 43 (1962), p. 295-316.

Vemos a situação original como um deserto em oposição a um cultivo. Deus vai construir um mundo próximo ao homem, onde transcorre sua vida – terra para cultivar, jardim, plantas, animais – está proposto o tema da narração: *'ādām' adāmāh* (ser humano-terra).[25] De fato, "criar o homem, na verdade, não é apenas dar-lhe a vida; é também estabelecer seu espaço físico, atribuir-lhe responsabilidades, colocá-lo em relação com outros seres (Gn 2,19-20) e, acima de tudo, com seu próximo e semelhante, *carne da sua carne* (Gn 2,21-24). Só então o homem está completamente criado".[26]

Deus faz chover para que o homem lavre o solo. Terra, água e trabalho constituem um tripé indissociável. O trabalho está incorporado ao relato. Deus plantou um jardim para ser cultivado e protegido.[27] A constatação de que *não havia nenhum homem para cultivar o solo* faz que a terra passe a ter sentido a partir da atividade humana. E traz uma descoberta: o trabalho surge com o homem.[28] Entendido deste modo – cultivar e guardar –, o trabalho é parte do existir humano na terra.[29]

Em outras palavras, não se trata de uma atividade *excepcional* vinculada a este pomar transitório, mas algo vinculado à existência histórica. Deus oferece uma natureza exuberante, mas não mágica. Exige atividade responsável: cultivar e guardar. Nesta situação, o trabalho está isento de

---

[25] von RAD, G. Op. cit., p. 91.

[26] RUIZ DE LA PEÑA, J. L. *Imagen de Dios*. Antropología teológica fundamental. Santander: Sal Terrae, 1988, p. 28.

[27] Cf. RUIZ DE LA PEÑA, J. L. *Teología de la creación*. Santander: Sal Terrae, 1986, p. 179-181.

[28] von RAD, G. Op. cit., p. 98.

[29] CROATTO, S. *Crear y amar en libertad*. Estudios de Génesis 2,4–3,24. Buenos Aires: La Aurora, p. 72.

qualquer conotação negativa. Desfrutar dos frutos da terra e cuidá-la são atividades vinculantes. Trabalhando a terra, o homem cuida dela. Pois o cultivo sem cuidado leva à esterilidade. E o jardim pode virar deserto.

Aqui aparece todo o realismo da fé de Israel, que não ilude o homem com um mundo de imaginação e fantasia povoado de deuses no mar, no sol, nas plantas, no subsolo. Aparece também a originalidade da mensagem bíblica em relação aos mitos do Antigo Oriente: o ser humano não foi criado para substituir o trabalho dos deuses ou ser seu escravo nas atividades mais humilhantes. No relato ela é responsável, autônoma e livre para transformar o mundo e humanizá-lo. Sua atividade aparece como participação na ação de Deus. Isso é fundamental para entender o valor do trabalho na Bíblia. O homem e a mulher não aparecem apenas como um elemento do mundo dentre outros, pelo contrário, são os responsáveis por sua preservação e continuidade. Esta perspectiva dá ao trabalho seu significado eminentemente humano.

A este respeito, dois comentários: ao remeter-se à *teologia da criação*, o sábado faz memória da igualdade fundamental no trabalho e no descanso. Como vimos, o povo de Israel teve uma dura e longa experiência do trabalho como instrumento de opressão, seja no Egito, seja em sua própria terra a partir de Davi e Salomão (cf. 1Rs 5,13-18; 9,15-23; 11,26-28), e também após o exílio (cf. Ne 5,9.36ss). Do ponto de vista da aristocracia, o relato poderia ser uma mensagem ideológica de resignação aos trabalhadores, pois não afirma a quem pertence o fruto do trabalho. Essa indefinição permite uma leitura ideológica. Também não diz que o fruto do trabalho deve ser destinado ao culto ou para servir a terceiros que *não trabalham*. O que diz é que o trabalho faz parte da vida humana originária. Não há desigualdades.

Outra observação não menos importante: a relação de *'ādām* com *'adāmāh* é de parentesco, e não de inimizade. A ideia de uma natureza inimiga a ser subjugada pela violência é totalmente alheia ao texto. Ao contrário, o trabalho deve ser semelhante ao cuidado de um jardineiro: "O homem abusará da missão recebida sempre que separar os dois verbos. Se o trabalho humano não é um cuidado pelo trabalhado, torna-se uma traição da confiança divina".[30]

Os verbos traduzidos por *cultivar* e *guardar* (*'bd* e *šmr*) significam também *servir* e *observar*, dois termos clássicos da *teologia da Aliança*. Está em jogo, portanto, uma aliança com Deus que se concretiza no esforço para humanizar o mundo. Na raiz da história da salvação o homem é aliado do Criador, da mesma forma que Israel se faz aliado do Libertador, no Sinai.[31]

5. A possibilidade do não reconhecimento

As últimas anotações do ponto anterior insinuam os aspectos sombrios no exercício do trabalho. O segundo relato é mais iluminador no tratamento deste tema. No início, as relações entre os seres humanos e a terra são de harmonia (cf. Gn 2,5.7.15). Mas, no final, a relação está rompida: a terra é amaldiçoada e o homem deve lutar pela sobrevivência (cf. Gn 3,17-19). No início, os seres humanos acolhem os animais e os nomeia (cf. 2,18-20). Mas, no final, é tal a violência que a

---

[30] RUIZ DE LA PEÑA, J. L. Op. cit., p. 33-34.
[31] ALONSO SCHÖKEL, L. Motivos sapienciales y de alianza en Gn 2–3. *Bíblica*, 43 (1962), p. 295-316.

humanidade esmaga a cabeça do animal – neste caso a serpente – que, por sua vez, reage à agressão. Cuidado e cultivo dão lugar à violência (cf. 3,15). Algo semelhante nas relações humanas. O reconhecimento mútuo entre homem e mulher é pervertido por relações de dominação (cf. Gn 2,23-25; 3,16). A harmonia do homem com a terra, com a natureza e seu semelhante é rompida pelo afã de domínio e exploração.

Qual é a real possibilidade de domínio pela violência? O relato responde narrando a *queda*.[32] Ao fazer uma falsa imagem de Deus, um deus como os deuses pagãos, concorrente de seres humanos, em vez de aliado, o homem cai na *idolatria*. Um deus superior, conhecedor do bem e do mal, zeloso de sua superioridade, ocupado em manter os humanos em sua inferioridade. No entanto, em nenhum lugar da narrativa aparece essa imagem de um deus competindo com sua criatura. O desejo de ser como o deus da serpente rompe a harmonia. A humanidade se deixa dominar por falsos deuses para saciar sua vontade de poder não apenas sobre todos os bens criados, mas também para erigir-se como juiz supremo de todas as coisas.[33]

P. Beauchamp explica que "a noção de imagem de Deus pertence ao campo semântico da idolatria. O homem não é um ídolo, mas o ídolo se dá como imagem de Deus".[34] A partir daí a violência torna-se um elemento da história humana que nega o reconhecimento de Deus e do outro.

---

[32] Cf. DALLA VECCHIA, F. Gen 2-3 e l'origine del male. *Quaderni Teologici*, 14 (2004) p. 54-75. Este é um dos aspectos presentes na tradição teológica.

[33] Neste sentido, por estar situado na proto-história, o relato se converte em uma parábola jurídica que pode ser aplicada a qualquer história de apropriação e abuso de poder. Em Adão foram desmascarados todos os usurpadores da história.

[34] BEAUCHAMP, P. Op. cit., p. 51.

Quando o domínio se torna exploração sem limites, leva ao não reconhecimento do outro como semelhante e torna-se portador de violência. Portanto, nem todo domínio realiza a imagem divina no homem. Por isso, é preciso fazer memória de Gn 1,1–2,4a para redescobrir a verdadeira imagem de Deus e de homem que emerge da criação.

6. Consequências para o trabalho

O segundo relato da criação ensina que não se pode afirmar sem mais que o ser humano é *imagem e semelhança de Deus* no exercício do *domínio* sobre a terra. É preciso perguntar: imagem e semelhança de que Deus? O *deus enganador da serpente* ou *Deus Criador e libertador*? O trabalho, como todas as realidades humanas, é afetado por essa ambiguidade. As hostilidades que invadem a história não foram inseridas no projeto de Deus, não são da vontade do Criador. Pelo contrário, resultam de decisões humanas (Gn 3,1-7). A sentença contra *'Ādām* (Gn 3,17-23) marca a linha de fratura da relação do homem com a natureza, que se reflete diretamente sobre o trabalho:[35]

> O solo será maldito por tua causa: com fadiga que te alimentarás dele todos os dias da tua vida; ele fará germinar para ti espinho e cardo, e tu comerás a erva do campo. No suor do teu rosto comerás o pão, até voltares ao solo, pois dele foste tirado (Gn 3,17b-19).

A terra agora é hostil e o trabalho, *suor e fadiga*. A ruptura afeta o mais profundo da existência humana e seu

---

[35] Segundo Chenu, "o homem foi expulso do paraíso pelo pecado e, como consequência, o trabalho foi afetado de forma direta. CHENU, M.-D. *Hacia una teología del trabajo*. Barcelona: Estella, p. 23.

habitat natural, "expressada em uma pugna entre a força humana e a aridez do solo".[36] Antes, as árvores cresciam e germinavam, o alimento parecia mais um presente divino que dispensava esforço humano. A sobrevivência e a reprodução da espécie humana se tornam uma tarefa árdua que se repete todos os dias.

A fadiga, que desde então acompanha o trabalho, não muda o fato de que esta é a maneira pela qual o ser humano realiza sua missão. O relato não condena o trabalho, ao contrário, confere sentido: a subsistência humana (3,9). O trabalho não é consequência da queda, mas sua ambiguidade.

O trabalho não perde a sua dignidade como dom divino pelo fato de refletir a ambiguidade do existir humano. É uma prova de como uma atividade originariamente agradável pode converter-se em degradante, alienante e voltar-se contra o próprio ser humano e seu *habitat*. Aos olhos de Deus, o trabalho não é uma atividade neutra. Quando promove o cuidado da criação, é colaboração com Deus. Mas quando prejudica a vida e oprime, é idolatria. Como afirma P. Beauchamp, "o homem adora o ídolo que ele mesmo fez. O 'fazer', o trabalho é parte integrante do ídolo. A idolatria vai fixar-se sobre o trabalho como aquelas doenças que se fixam melhor em certos órgãos do corpo que em outros".[37]

7. Tempo de Deus para fecundar o tempo humano

O *sétimo dia* sem os outros *seis* seria sem sentido. Na legislação de Israel, a instituição do sábado é *memorial*

---

[36] von RAD, G. *El libro del Génesis.* Salamanca: Sígueme, 1977, p. 113.
[37] BEAUCHAMP, P. Op. cit., p. 52.

do êxodo da alienação do trabalho. Não é renúncia da vida ordinária, mas alicerce que sustenta a vida humana nos *seis dias* restantes. Envolto em santidade, culto e festa, é tempo fértil gerador de vida, guardião da liberdade. Tempo sagrado a inspirar a temporalidade humana. Dia de repouso que serve de critério de juízo dos dias de trabalho.

O ser humano é um reflexo de Deus. Neste sentido, a fé no Deus criador exerce uma função libertadora, pois permite que o mundo seja mundo, sem qualquer reivindicação de absolutização das realidades criadas. Então, a instituição do sábado é um escudo contra a instrumentalização do trabalho como simples meio de produção de bens materiais ou de obras faraônicas. Um corretivo permanente que evita qualquer tentativa de confundir a ordem dos meios (trabalho) com a ordem dos fins (felicidade).

O sábado fecunda a liberdade, dom e conquista. É memorial de um Deus que colocou sua soberania a serviço da vida e da liberdade humana. Deus de mulheres e homens livres. Por isso o trabalho humano deve ser exercido em liberdade. A liberdade, por sua vez, deve ser critério de organização do trabalho.

A relação do trabalho com a liberdade pode tornar-se ambíguo. A glorificação do primeiro pode reduzir o ser humano a mero instrumento de produção por livre decisão de alguns que condenam outros ao trabalho forçado. Opressão que pode reproduzir-se não só em regimes escravocratas, mas também em sistemas econômicos democráticos. Recordar a liberdade recebida e conquistada supõe renunciar a qualquer forma de dominação, recusando fazer de seu entorno uma casa da escravidão.

Em conclusão, a sentença "trabalharás durante seis dias, fazendo todo teu trabalho" recebe todo seu sentido na instituição do sétimo dia, o Sábado do Senhor, teu Deus. Quando o sábado deixar de fecundar os outros dias da semana, o trabalho se tornará mecanismo de opressão. E, com ele, a sociedade será transformada em uma nova casa da escravidão a serviço de faraós, dinastias, aristocratas e seus sumos sacerdotes.

CAPÍTULO 8
ECLESIASTES: IDEOLOGIA SOB SUSPEITA

1. Literatura sapiencial

Esta chave de leitura aponta outras maneiras de se corromper o sentido do trabalho, além da exploração da força de trabalho para fins de enriquecimento, concentração de poder e prestígio social. Refere-se a uma forma sutil, menos evidente que se oculta sob o pretexto de liberdade, autonomia e autorrealização. Uma forma de opressão ideológica, difícil de detectar. Libertar-se deste tipo de ideologia e de subordinação exige um esforço ainda maior.

Essa abordagem se apoia na tradição sapiencial, a mais recente do AT. Essa literatura floresceu ao longo do Antigo Oriente, em particular no Egito e na Mesopotâmia. Salomão levou o gênero literário para Israel e fundou escolas para desenvolvê-lo. Os escribas posteriores ao exílio alcançaram tal objetivo, fazendo com que esses escritos complementassem os *livros proféticos*.

Os *sábios*, provavelmente membros da casta sacerdotal, são responsáveis por ensinar o caminho ético, tornando-se mestres de vida. Havia sábios entre os funcionários da realeza e entre os sacerdotes do templo. Aos poucos foi se constituindo uma casta de profissionais que passaram a agir como conselheiros do povo, pautando o comportamento moral da sociedade.

A literatura sapiencial contempla a realidade do trabalho. Há referências em praticamente todos os seus livros. Porém, destaca-se o livro do Eclesiastes (Eclesiastes).[1] Suas reflexões ensinam mais sobre a resposta rabínica para o helenização do que sobre a vida de Salomão. Muitas de suas críticas não são direcionadas apenas contra o helenismo pagão, mas contra o judaísmo helenizado. A crítica ao helenismo se esconde sob a roupagem da crítica a Davi e Salomão. Como tal, emprega uma gama de gêneros literários, com objetivo didático, em relação à crítica aos aspectos sociais, políticos e econômicos do helenismo.

Referente ao predicador na terceira pessoa (1,2), *qhl* é um apelido ou alcunha simbólica que apresenta significados associados a *Assembleia* ou *povo reunido*. Sua intenção parece colocar em contraste duas profissões de um mesmo personagem: por um lado, um "filho de Davi", rei, e, por outro, um "membro" sábio do povo (cf. 12,9). A atividade de sábio do povo, de Eclesiastes, é diferente do rei de Israel, Melek (12,8-14), cujo procedimento consiste em política, economia e ciência (1,12–2,11). Assim, a estrutura do Eclesiastes confirma que, na tipologia de Salomão (1,1), o rei sofrerá uma metamorfose, tornando-se um *sábio do povo* (12,9). Portanto,

---

[1] STORNIOLO, I. *Trabalho e felicidade*: o Livro do Eclesiastes. São Paulo: Paulus, 2002. O autor apresenta um *status quaestionis* dos estudos sobre Eclesiastes. Existe certa unanimidade sobre a data e o lugar de composição do livro: segunda metade do século III a.C., em Jerusalém. Eclesiastes, junto ao livro de Daniel, é uma das primeiras composições *hagádicas*.

Eclesiastes é um texto carregado de intencionalidade política e de crítica à teologia da prosperidade (1,1).[2]

2. Futilidade do princípio da acumulação

Vaidade das vaidades! – diz Eclesiastes – vaidade das vaidades, tudo é vaidade! (1,2). Esta frase de conteúdo radicalmente político e religioso é o grande quadro onde se insere o trabalho. É flagrante o contraste entre o *filho de Davi*, rei de Jerusalém, e as palavras do Eclesiastes: a *vaidade* identifica o *filho de Davi*.[3] Desta afirmação genérica passa-se à interpelação econômica, especificando o significado da *vaidade*: *que benefício o homem recebe de toda fadiga sob o sol?* (1,3). Esta é a questão fundamental, de natureza econômica e política, a ser respondida. Tal perspectiva está situada *sob o sol* (aparece 27 vezes), indicando o valor universal da reflexão.

A primeira palavra-chave que aparece é *yitrōn* (1,3), significando o *lucro excessivo, ganância*.[4] Encaixa-se perfeitamente com o mundo do comércio. Outro termo de grande importância é *'āmāl*: trabalho cansativo, esforço, aspecto árduo da existência. O substantivo *'āmāl* vai adquirindo no hebraico pós-clássico algumas nuances econômicas, tais

---

[2] Cf. VITÓRIO, J. Fazer teologia com senso crítico: Qohélet – Na contramão das verdades inquestionadas. In: GASDA, E. (org.). *Sobre a Palavra de Deus*: hermenêutica bíblica e Teologia Fundamental. Petrópolis: Vozes; Goiânia: Editora PUC-Goiás, 2012, p. 69-87. O livro parece referir-se ao período tardio em que surgiu em Israel uma organização mais como assembleia, mas dominada por grupos político-religiosos conhecidos como *mestres* ou *sábios*. Esta nova forma buscava legitimar-se nas antigas tradições teológicas, entre as quais se destaca a do *filho de Davi*.

[3] Traduções do termo *hebel*: decepção, vento, sopro, vaidade, frivolidade, futilidade, insanidade. Cf. CARRIÈRE, J.-M. "Tout est vanité' – L'un des concepts de Qohelet". *Estudios Bíblicos*, 55, 1997, p. 463-477.

[4] Palavra exclusiva do Eclesiastes, aparece 10 vezes no texto (1,3; 2,11; 13(2x); 3,9; 5,8.15; 7,12; 10,10.11).

como *trabalho-esforço-empenho-ambição*, definindo assim o campo semântico empregado por Eclesiastes. Porém, sem deixar de conjugar com o significado bíblico tradicional de fadiga, como aquele trabalho que busca o puro enriquecimento material, prestígio e prazer.[5]

Yitrōn e *'āmāl*: dois termos que nos introduzem no tema e apontam diretamente para o *homo faber-homo oeconomicus*. E, mais especificamente, apontam os ricos que desperdiçam suas vidas numa busca obsessiva por acumular riquezas, poder e prestígio. Eclesiastes reflete sobre a realidade humana a partir da perspectiva de uma pessoa poderosa que vive um processo de mudança: do sucesso e orgulho à humilhação e paz interior.

3. Fascínio da riqueza e do poder

A partir de 1,12 entramos na seção mais autobiográfica de Eclesiastes. Ao proêmio, acentuadamente científico, se sucede um relato recheado de ressonâncias bíblicas em torno do protagonista (*Melek Eclesiastes*). O passado de Melek é examinado pelo presente de Eclesiastes. Um distanciamento crítico que permite analisar a vida de Melek.[6] "Eu, Eclesiastes, fui rei sobre Israel, em Jerusalém" (1,12).

As realizações materiais do rei dominam a descrição de experiências malsucedidas: Melek se deixou fascinar pelo conhecimento e pelas grandes obras (1,12-15), pelo aspecto

---

[5] Palavras derivadas da raiz *'ml*, cujo significado original é *trabalho*, aparecem com frequência no texto. O termo *'āmāl* pode ser encontrado 21x (por ex., 2,10; 2,18; 4,4; 5,15; 10,15) e significa o aspecto árduo do trabalho. Seu verbo equivalente *āmal* aparece 13x (por ex., 2,11.19; 3,13; 8,17).

[6] *Eclesiastes* e *Melek* são a mesma pessoa, com profissões diferenciadas. Eclesiastes, dedicado ao conhecimento da atividade humana, foi rei de Israel no passado. Os exegetas chamam a isso de *ficção salomônica* (1,12–2.26).

lúdico da vida (2,1-3) e pelo sucesso econômico e político (2,4-10). Todos os empreendimentos visavam a seu próprio enriquecimento e fama: casas construídas e vinhas plantadas (2,4), com jardins, parques e pomares (2,5), reservatórios (2,6), aumento de empregados e administradores para seus negócios, latifúndios e pecuária. Melek possuía mais bens que a soma de todos os seus antecessores (2,7). Acumulou poder e influência política como nenhum outro (2,8). E, consequentemente, desfrutava de todos os prazeres resultantes de tanta riqueza, poder e influência (2,8b). Seu juízo de valor o confirma.

O sucesso econômico (2,4-10) se presta muito bem para captar o quanto se orgulha Melek de todo seu êxito estrondoso, comparável às nações do mundo, por ter sido o único dos reis de Jerusalém a alcançar tamanho prestígio internacional (2,8) e de usufruir de tantos luxos possíveis e imagináveis (2,8b), ou seja, por ter atingido o mesmo nível de vida de um pagão bem-sucedido. Melek alcançou seu objetivo: tornou-se o rei mais poderoso, rico e famoso da história de Jerusalém (2,9).

Entretanto, o ciclo que regula a natureza (1,4-9) também regula a condição humana *debaixo do sol* (1,8). Melek vive um paradoxo terrível (1,3): tanto esforço, para terminar em tédio e aborrecimento (1,11). Uma crítica sutil ao modelo econômico subjacente. Ou seja, por mais que o ser humano se empenhe – especialmente os ricos e poderosos em manter-se no poder e acumular riquezas –, é uma ilusão buscar a felicidade unicamente com o próprio esforço.

4. O absurdo do esforço desmedido

Na segunda seção, Eclesiastes passa a avaliar os projetos de Melek (1,12–2,10). A descrição anterior permite mensurar o sucesso político-econômico alcançado por Melek e entender o enorme engano que esconde. O objetivo é avaliar os resultados (4-8): O tempo dispensado e o trabalho árduo exigido para sua realização (9-10) valeram a pena? A resposta é tragicamente negativa.

O engano desta falsa sabedoria já estava implícito (1,13.17-18). Tanta preocupação com o sucesso econômico acarreta um enorme grau de angústia e fadiga. A longa lista de projetos realizados não passa de um acúmulo de futilidades: "E eu voltei-me para todas as obras que minhas mãos fizeram e o trabalho duro que isso me custou. Pois bem, tudo isso é vaidade e perseguir vento; e não há proveito algum sob o sol" (2,11b).

Se tanto esforço era pura expressão de vaidade, não houve nenhum benefício real. O *homo oeconomicus* acredita que a riqueza material é o caminho para chegar à felicidade, ao conhecimento, ao poder, aos deliciosos prazeres, ao luxo. Mas tudo não passa de fugacidade: "quem ama dinheiro, nunca se fartará de dinheiro, nem de rendimentos quem ama o luxo. Isso também é vaidade" (5,9). O resultado final não poderia ser mais desolador: "nu saiu do seio materno, nu há de voltar, como veio; nada ganhou do seu trabalho que possa levar consigo. Isso também é um mal doloroso. Ele se vai como veio. Qual o proveito de ter trabalhado por vento?" (5,14-15).

Esta conclusão, na verdade, é uma censura ao modelo político-econômico da monarquia. Perguntar pelo herdeiro é o mesmo que perguntar pela finalidade histórica de todo este investimento de recursos humanos e materiais em função de garantir a sucessão hereditária, a quintessência da monarquia. Também os herdeiros, sejam eles sábios ou tolos, voltam a repetir o mesmo engano e desilusão. Ou seja, sua contribuição histórica é nula (2,16). Suas realizações sucumbem ao esquecimento.

É um aspecto essencial da vida humana, quando se considera a obsessão dos poderosos em perpetuar seu nome em grandes obras através da exploração de milhares de trabalhadores cujos nomes não aparecem nos livros de história. No final, todos têm o mesmo destino, morte e esquecimento (9,2), como todos os animais (3,19). Não há poder, riqueza ou prestígio que possa evitar esse destino. Eclesiastes profere uma sentença definitiva contra a monarquia de Israel assentada na concentração de poder, na riqueza e no luxo, sempre sobre o sangue e o suor e as mãos calejadas dos trabalhadores.[7]

A descoberta do engodo leva a uma rejeição frontal de um estilo de vida e de política marcado pela obsessão da riqueza, do poder e da fama (2,17-20). Uma rejeição radical da forma de vida centrada exclusivamente na ação econômica e a na manutenção do *status* (2,21-23). O engano se volta contra o seu agente, o pecado contra o pecador (2,26).

Esta experiência fracassada leva a refletir sobre os fins e os sentidos da existência humana e a rever as escolhas que

---

[7] Aqui, a tradição sapiencial está em perfeita sintonia com a tradição profética: "Ai daquele que constrói seu palácio desprezando a justiça, e amontoa seus andares a despeito do direito; que obrigam os outros a trabalhar de graça, sem pagar-lhes salário (...). Só tens olhos e coração para o lucro, para derramar sangue do inocente, para agir com brutalidade e selvageria" (Jr 22,13.17).

foram feitas sob a sedução de uma falsa sabedoria (2,12-17). Os homens lutam e se matam pelo poder; Eclesiastes, transfigurado em rei poderoso rico (1,12–2,10), denuncia: *tudo é vaidade e futilidade* (2,11).

5. A sabedoria do trabalho está na vida e na festa

A terceira seção aborda a mudança fundamental de atitude (2,20): "nada melhor para o homem que comer e beber e experimentar a felicidade no seu trabalho. Vi que também isso vem da mão de Deus" (2,24).

Ao especificar o tipo de artifício do qual pretende libertar-se, Eclesiastes não está refletindo sobre a vida humana em termos genéricos, mas sobre o absurdo de um estilo de vida baseado unicamente em interesses econômicos e políticos (2,26). Sua mudança de atitude leva a um novo estilo de vida completamente oposto ao de Melek. A vida deve ser reconstruída em outras bases que rompam com o mecanismo da lei trabalho-ganância-poder-prestígio. Pois esta é uma ideologia maldita (2,26b).

A vida é um dom. A criatura humana, um ser agraciado chamado a viver do seu trabalho com sabedoria, prazer e alegria, pois tudo vem de Deus (2,24). Esta lei está associada a uma convicção: o verdadeiro bem-estar é comer, beber e desfrutar dos frutos do trabalho (2,24). Há um contraste entre a obsessão pelo poder e a gratuidade, entre a lei dos poderosos e o dom de Deus.

A atividade humana não há de ter outra satisfação senão a de agradar a Deus (2,26b), único poderoso. Reis e governantes são mortais como qualquer criatura. Nesta direção, a Lei de Deus é modelo de liberdade diante da opressão exercida pelos poderes helenistas. Eclesiastes, portanto, é um legado contra os poderosos deste mundo.

6. Há um tempo para tudo

A experiência do sábio propõe um princípio de vida (3,10): "Deus fez todas as coisas a seu tempo" (3,11). Toda a centralidade do tempo é evidenciada no famoso hino (3,1-8). O tempo é a chave de leitura que harmoniza a vida humana *debaixo do sol*. Graças ao hino sobre o tempo e todas as afirmações posteriores (vv. 9-22), Eclesiastes fornece a base teórica que fundamenta sua crítica ao modelo representado por Melek: "Para tudo há momento, e tempo para cada coisa sob o céu" (3,1).[8]

O hino desmascara a divergência entre *homo oeconomicus* e *homo sapiens*. As políticas do primeiro se basearam exclusivamente em ações positivas (nascer, plantar, construir, rir, buscar, guardar etc.), desprezando os outros momentos da vida *debaixo do sol*: a vida é uma mescla de alegrias e angústias, vida e morte, destruição e construção. Assim, ao liquidar os fundamentos do *homo faber et oeconomicus*, o poema sobre o tempo torna-se uma denúncia contra os mecanismos econômicos e as estruturas políticas estabelecidas pela monarquia de Israel. Um canto à vida, dom de Deus, que tem seu próprio ritmo.

O *hino sobre o tempo* é uma fonte de inspiração para a reflexão teológica sobre a atividade humana no mundo. Se tudo tem seu tempo, *que proveito tira o operário do trabalho*

---

[8] Sobre o termo *tempo (ʽēt)*: suas 39 ocorrências se dão, precisamente, a partir do hino sobre o tempo (3,1-8). A lista de 28 infinitivos quer indicar que a realidade da existência humana está sujeita a um determinado tempo.

que faz? (3,9). Melek não é um trabalhador comum, mas alguém da mais alta aristocracia que não mede esforços em alcançar o que almeja (2,1-10). Alguém que buscou somente os elementos gratificantes da vida e ignorou os aspectos desagradáveis apontados no hino. Na verdade, um homem que não tinha como referencial a obra de Deus: "Ele fez todas as coisas a seu tempo" (3,11). Remete à teologia da criação.

O plano de fundo do pecado original aqui é apresentado como uma lei universal da qual ninguém escapa: a morte coloca todos os homens no seu verdadeiro lugar, *voltar ao pó de onde procedem* (Gn 3,18-20). É a negação dos princípios da diferenciação entre os homens estabelecidos por modelos políticos e econômicos, como era o caso da monarquia salomônica perpetuada por seus herdeiros e radicalizada pelos impérios invasores. Por esta razão, nada mais esclarecedor do que esta simples comparação do homem ao destino dos animais (3,19). Não obstante, em relação com a obra de Deus, as atividades humanas são como um sopro. É claro que o fim dos seres humanos é distinto ao dos animais, mas não necessariamente suas vidas.

A verdade divina prevalece sobre a lei do mais forte, rico e poderoso. Somente Deus pode julgar o que é justo e injusto (3,17). Tão pouco Melek pode escapar da justiça superior (3,11). O trabalho de Deus, descrito de modo muito claro, deve ser entendido como a realidade final de toda a criação (3,11).

7. Um convite ao êxodo da lógica da acumulação

A sabedoria não é propriedade de governantes ou das altas classes sociais. O povo é o grande beneficiado do conselho do sábio (12,9). Eclesiastes ensina a todos, não só a um grupo de abastados. Essa descrição de um personagem tão popular tem a ver com o eclipse, no final do livro, do poderoso e rico Melek. Essa função sapiencial de Eclesiastes (12,9-10) é o corolário desse processo de transformação. Toda assembleia é chamada a agir com sabedoria para não deixar-se iludir pela ideologia do sistema monárquico-aristocrático.

Esta reflexão sapiencial sobre o trabalho é de grande ajuda para não perder o verdadeiro significado. No trabalho, nem obsessão nem relaxamento, mas equilíbrio (4,4-6). Eclesiastes opõe dois estilos de vida: um focado exclusivamente no trabalho e, outro, *no ócio*.

A atividade febril do *homo faber* em busca de riqueza e prestígio oculta uma competitividade agressiva em que o outro se torna inimigo a derrotar. Isto também é um *sopro* e um sem sentido (4,4). Atitude igualmente reprovável é a *ociosidade* sem merecimento (4,5): quem cruza os braços, acaba sem ter nada para comer, exceto sua própria carne. Eclesiastes condena as duas atitudes e propõe o equilíbrio: "vale mais a palma da mão cheia de descanso do que duas mãos cheias de trabalho e de perseguir vento" (4,6).

Eclesiastes é um convite à renúncia de toda forma de competitividade e os excessos que ela acarreta (poder, riqueza, fama). Quem reclama poder absoluto, reivindica algum tipo de fundamento absoluto para si. Portanto, é preciso manter a consciência da própria autolimitação. Somos incapazes de prever nosso próprio futuro (8,7).

Eclesiastes considera o trabalho um dom de Deus (2,24; 3,13). É próprio do trabalho gerar felicidade e satisfação. Isso não significa que, por mais gratificante, o trabalho seja capaz de satisfazer plenamente, porque a felicidade humana não é o resultado do esforço humano, mas é um dom (2,24).

O trabalho é gerador de progresso material. Mas essa riqueza não pode ser o sentido da vida. Não se pode esperar que uma atividade humana seja geradora de sentido. Apenas dentro de um sentido maior da vida é possível dar significado ao trabalho. A existência humana está inserida em um sentido último que transcende o meramente humano. O trabalho deve ser incorporado neste sentido maior. Deus é único gerador de sentido: "Sei que tudo o que Deus faz durará para sempre; não há nada a lhe acrescentar, nada a lhe retirar" (3,14).

A existência humana *debaixo do sol* não se reduz ao trabalho, como pregam as visões materialistas. O trabalho que Deus quer para o homem é aquele que garante sua felicidade. Há um tempo propício para todas as atividades humanas. Fora deste equilíbrio as possibilidades de realização se esvaem. Trabalho e lazer fazem um par inseparável. Tudo a seu tempo: tempo de trabalhar, tempo de descansar, de desfrutar e contemplar a obra realizada com tanto esforço. O esforço desmedido não antecipa a felicidade desejada.

Somente o trabalho realizado com sabedoria pode garantir a harmonia entre as dimensões fundamentais da vida humana *debaixo do sol*: "Anda, come teu pão com alegria, e bebe contente teu vinho, porque Deus se agrada de tuas obras. Usa sempre vestes brancas, e não falte o óleo perfumado sobre tua cabeça! Goza tua vida com tua amada esposa, todos os dias da tua vã existência, porque é Deus quem te dá, debaixo do sol, todos os teus dias vãos. Pois esta é parte que te cabe na vida, e no trabalho com o qual te afadigas debaixo do sol" (9,7-9).

CAPÍTULO 9
JUSTIÇA DO REINO

1. Trabalhador em meio a trabalhadores (Mc 6,3)

A encarnação do Filho Unigênito foi o modo escolhido por Deus para revelar-se de maneira definitiva e realizar as expectativas messiânicas do povo de Israel. Confessado pela comunidade cristã como o *Senhor* (Jo 20,41), traz à humanidade aquilo que é o *último* da sua existência.

"Depois de ter, por muitas vezes e de muitos modos, falado outrora aos Pais, nos profetas, Deus, no período final em que estamos, falou-nos a nós num Filho, a quem estabeleceu herdeiro de tudo, por quem, outrossim, criou os mundos" (Hb 1,1-2).

Fora de dúvida, a encarnação é a primeira grande novidade da mensagem cristã.[1] A descrição bíblica do ser humano *como imagem e semelhança de Deus*, que participa através do seu trabalho na obra do Criador (Gn 1,26-28; 2,15.22-24), é revelada de modo perfeito e completo na pessoa de Jesus Cristo (2Cor 4,4; Cl 1,15). A criatura humana possui tal dignidade que Deus pode integrá-la em sua existência pessoal. Há uma presença de Deus mais profunda na criação.

---

[1] CASTILLO, J. M. *La humanización de Dios*. Ensayo de Cristología. Madrid: Trotta, 2010.

Se o sentido último da criação é a sua humanização, Cristo é o sentido último da humanidade e do cosmos.

A encarnação se realiza historicamente *sob a condição de servo* (cf. Fl 2,7), no abaixamento, *fazendo-se semelhante à raça humana*.[2] O trabalho faz parte desta *kenosis*.[3] Ao fazer-se semelhante a nós, dedicou a maior parte de sua vida terrena ao trabalho, como nós. O Verbo se faz trabalhador. Antes de começar sua vida pública, Jesus era conhecido por seus compatriotas pela sua profissão (cf. Mc 6,3). E, a exemplo do seu pai adotivo (cf. Mt 13,55), exerceu uma atividade laboral em Nazaré e proximidades. É um homem totalmente inserido em seu meio. O trabalho é uma exigência natural de sua condição social, e necessário para a subsistência de sua família, pois não é membro de nenhuma aristocracia, seja militar, política ou religiosa. É a *Palavra do Pai* (Jo 1,14) a encarnar-se na realidade de um trabalhador entre os trabalhadores de seu tempo, pobre e explorado pelo sistema econômico do Império Romano e pela religião.

O trabalho, que ocupava a centralidade na vida dos pobres, também o será na vida familiar de Jesus. A partir deles resgata a dignidade dos trabalhadores. Nele, o mundo do trabalho adquire uma dimensão cristológica, não somente social e econômica. Essa solidariedade radical do Redentor é a resposta mais contundente contra o desprezo que sofrem os trabalhadores de todas as épocas, sistemas e culturas.

---

[2] Jesus assumiu a condição humana, passou pelo mundo fazendo o bem (At 10,38; Mt 11,28ss), inseriu-se na história de seu povo ao descender dos patriarcas e de Davi (Rm 1,3); é nascido de mulher (Gl 4,4), sujeito à fome (Mt 4,2) e à fadiga (Jo 4,6; Mt 4,38).

[3] Agostinho Pretto, fundador da Pastoral Operária, insistia que "não podemos perder a história de Jesus de Nazaré, a história dos trabalhadores". A ele está dedicado este capítulo.

Este evento por si só já bastaria para expressar todo o valor do trabalho aos olhos de Deus. No entanto, seu sentido deve ser interpretado dentro do contexto mais amplo da missão confiada pelo Pai ao Filho. A vida de Jesus, como *téktōn*, atesta o trabalho como uma dimensão da realidade que também deverá ser redimensionada à luz do anúncio da irrupção do Reino de Deus.

2. As dimensões do Reino

A encarnação é inseparável de outra novidade: a aproximação do Reino do Pai no meio de nós.[4] Conceito que expressa a realidade dinâmica da atuação de Deus. Assim, a criação encontra seu sentido escatológico no Reino de Deus.[5] Se a Criação aparece como o *trabalho do Pai*, o Reino é *o trabalho do Filho*:[6] "Meu Pai até agora está trabalhando, e eu também estou trabalhando" (Jo 5,17=9,4).

A partir do momento em que o *trabalhador de Nazaré* (*téktōn*) assume o *Trabalho pelo Reino* (*érgon*), acontece o passo definitivo na vida de Jesus. O batismo recebido de João, no rio Jordão, é o ponto de ruptura. É quando Jesus assume sua atividade pública de forte acento ético e religioso. O núcleo dessa atividade se resume a anunciar uma boa notícia aos pobres, um *euangélion*: *basileía toû Theoû*: reinado de Deus (Mc 1,15; Mt 5,3-12). Um Reino presente e aberto à consumação futura. O *éschaton já* começou, mas *ainda não* se consumou. Está em processo de realização na história.

---

[4] Cf. CASTILLO, J. M. *El Reino de Dios*. Por la vida y dignidad de los seres humanos. Bilbao: Desclée de Brouwer, 1999.

[5] *Protologia* (fé na criação) e *escatologia* (esperança na consumação) são dois referenciais fundamentais da teologia bíblica do trabalho.

[6] Para o termo "trabalho", cf. KITTEL, G. érgon, érgázomai. In: *Grande lessico del Nuovo Testamento* – vol. III. Brescia: Paidea, 1967, p. 827-886.

O polo do *já do Reino* move para a ação no presente em vista do futuro que se espera. Esperar sua chegada significa deixar-se conduzir por seus valores e critérios, e também opor-se aos valores, critérios e comportamentos que impedem seu crescimento. Esperar é também acreditar que a morte, a violência e a injustiça *já* foram derrotadas pela cruz de Cristo. Portanto, não se deve sucumbir diante da força destas realidades atuantes, porém derrotadas (cf. 1Pd 3,11-12). Assim, o crescimento do Reino vai gestando uma nova humanidade. Neste sentido, o Evangelho projeta suas luzes sobre toda realidade humana.

O trabalho é ao mesmo tempo exaltado e ignorado como se fosse um dado sem importância. Parece que os evangelistas utilizam o conceito apenas para designar a atividade de proclamar o Reino. Não são dados contraditórios, mas dois aspectos de uma mesma atitude. Toda a realidade humana é relativa quando colocada em relação com o Reino. Não se desvaloriza o trabalho, mas se o coloca em seu devido lugar. Sua importância deve ser interpretada à luz do Reino.[7]

Em relação ao trabalho, nada especial ensinou Jesus. O imperativo *Eu, porém, vos digo* não se aplica ao trabalho. Não há um *lógion* ou exortação, como as dirigidas ao divórcio, à lei, aos alimentos, aos impostos, aos ricos e governantes.[8] Entretanto, se o anúncio de Jesus tem impacto sobre todos os aspectos da vida, também é para o trabalho. A normatividade do Reino de Deus se aplica ao trabalho humano. Se de uma

---

[7] Em sentido semelhante: PIANA, G. Trabajo humano: ¿bendición o maldición? *Concilium*, 180 (1982) p. 559-560.

[8] O trabalho como lei divina não aparece em nenhuma parte dos mandamentos, nem no Decálogo, nem nos Evangelhos. Cf. LEÓN-DUFOUR, X. Trabajo. In: *Vocabulario de Teología Bíblica*. Barcelona: Herder, 1967, p. 796.

parte, sua irrupção não anula os esforços e fadigas, de outra, as purificará das falsas perspectivas, interesses e práticas: o desejo de conquistar o mundo inteiro (Mc 8,36), de cair na idolatria do dinheiro (cf. Mt 6,24; Lc 16,13). O império do dinheiro é incompatível com o Reino de Deus. A sujeição ao dinheiro representa uma separação do verdadeiro Deus, uma idolatria. Sua libertação abre as portas à transcendência. Portanto, tais advertências não devem ser confundidas com o desprezo do trabalho e das coisas materiais. É aquela busca de equilíbrio ensinada por Eclesiastes.

3. A Justiça do Reino

É verdadeiro que Jesus não deixou uma instrução específica para o trabalho. Mas também é verdade que os evangelhos recolheram muitas alusões ao mundo do trabalho para ensinar sobre o Reino, em linguagem metafórica. Nas parábolas de Jesus aparecem tais referências: organização da produção agrícola (poda, arado, plantação, solo, sementes, vinha, colheita, celeiro, arbustos, seca etc.); pecuária (rebanho, ovelhas, lobos, pastor, báculo etc.); pesca (barcos, redes, peixes, pescadores); relações de trabalho (administrador, operário, camponês, servo, escravo, proprietário, comprador de imposto, desempregados, diarista, dona de casa etc.). Mas não é um discurso sobre o trabalho. Jesus se serve da realidade concreta dos pobres como uma forma privilegiada de proclamar o Reino de Deus. Não deixa de ser um aspecto importante da conexão entre o Reino de Deus e o trabalho humano.

Jesus descobre no trabalho uma realidade que favorece a compreensão do Reino. Mas também é verdade que a vinda do Reino é normativa para julgar os modelos de organização do trabalho. É importante enfatizar este aspecto, pois realidades concretas como o trabalho impedem uma espiritualização do Reino. Neste sentido, a parábola dos *trabalhadores da vinha* (Mt 20,1-15) é ilustrativa da forma como a lógica do Reino pode refletir-se no mundo do trabalho:

> O reino dos céus é comparável a um senhor de casa que saiu de manhã muito cedo, a fim de contratar operários para a vinha. Combinou com os operários uma moeda de prata por dia e enviou-os à sua vinha. Tendo saído pela terceira hora, viu outros postados na praça, sem trabalho, e lhes disse: "Ide vós, também, à minha vinha, e vos darei o que for justo". Eles foram. Tendo saído de novo pela sexta hora, depois pela nona, fez a mesma coisa. Pela undécima hora, saiu de novo, encontrou outros que ali estavam e lhes disse: "Por que ficastes aí o dia inteiro sem trabalho?" "É porque", disseram eles, "ninguém nos contratou". Ele disse-lhes: "Ide também vós para minha vinha". Tendo chegado a tarde, o dono da vinha disse ao seu administrador: "Chama os operários, e entrega a cada um deles o seu salário, começando pelos últimos para acabar nos primeiros. Vieram os da undécima hora e receberam uma moeda de prata. Vindo por sua vez os primeiros, pensaram que iam receber mais; mas receberam, também, eles, uma moeda de prata cada um. Ao recebê-la, murmuravam contra o senhor dizendo: "Estes chegaram por último, só trabalharam uma hora, e tu os tratas como nós, que suportamos o peso do dia e do calor intenso". Mas ele replicou a um deles: "Meu amigo, não estou te prejudicando. Não fizestes contrato comigo à base de uma moeda de prata? Toma o que é teu e vai embora. Eu quero dar a este último tanto quanto a ti. Não é lícito fazer o que eu quero do que é meu? Ou então teu olho é mau porque eu sou bom? Assim os últimos serão os primeiros, e os primeiros serão os últimos".

Sem pretender instrumentalizar, a parábola sugere elementos aplicados ao trabalho:

1. O objetivo primordial de Jesus, nesta parábola, não é a ética social, a crítica das relações de trabalho ou solucionar o problema do desemprego.[9] Não obstante, a estrutura dinâmica da narrativa reflete a realidade do reinado de Deus, que entra na história e modifica os parâmetros estabelecidos pelo *status* socioeconômico. Embora a parábola não vise especificamente os problemas do trabalho, como o desemprego e o salário, no entanto, não esconde essas realidades. Neste sentido, é instrutiva em duplo sentido: apresenta, ao mesmo tempo, a realidade do trabalho *como tal* e o trabalho como *deve ser*: de um lado, pelo fato de que é tomado da experiência vital, em um tempo dominado pelo fantasma do desemprego, é um texto profético, denuncia uma situação injusta; e, por outro, mostra como o Reino pode intervir no mundo do trabalho. Isto permite desenhar alguns aspectos específicos da sentença de Jesus, "buscai primeiro o Reino de Deus e sua justiça" (Mt 6,33), aplicada ao mundo do trabalho.

2. Jesus constata que os operários estão na praça à espera de alguém que os contrate. Mas não há empregadores contratando. A conclusão é óbvia: os trabalhadores estão desempregados, porque ninguém os contrata. Se não há quem contrate, não há trabalho.

3. Aparece um proprietário que contrata e combina o mesmo valor para todos os operários, independentemente do tempo de trabalho. Há dois princípios entrelaçados: a justiça, no cumprimento do contrato; a misericórdia, no gesto

---

[9] Para uma interpretação da parábola: LUZ, U. *El Evangelio según san Mateo* – vol. III. Salamanca: Sígueme, 2003, p. 187-211.

de pagar a todos o montante necessário para a subsistência, embora alguns tenham trabalhado muito menos tempo e, possivelmente, produzido menos. Temos, então, a justiça informada pela misericórdia. Ou seja, o trabalho oferecido pelo proprietário gerou a vida para todos os operários contratados. Assim, em uma linguagem moderna, sua propriedade cumpriu a função social de gerar trabalho.

4. A parábola evoca a dignidade do trabalhador: o desempregado é um ser humano, não uma ferramenta. É precisamente a afirmação do humano como valor fundamental na escala de prioridades. A dimensão atuante do reinado se manifesta, principalmente, em gerar vida e resgatar a dignidade a quem a tem ameaçada.

De acordo com a lógica do princípio da remuneração socialmente estabelecido, os contratados que trabalharam a jornada completa teriam motivos para murmurar. O ponto de partida para contestar a decisão do proprietário não é a inveja, nem mesmo o puro egoísmo, mas o princípio da correspondência entre desempenho e remuneração. Nisto se baseia o sistema economicista. É precisamente aqui onde se realiza a ruptura com o modelo socioeconômico. O proprietário da vinha não está agindo segundo o critério estabelecido, mas em conformidade com o do reconhecimento da dignidade humana e da misericórdia. Estes sim são princípios universais (v. 15).

5. O interesse do proprietário (*por que estão sem trabalhar?*) revela que o desemprego é um problema que afeta toda a sociedade, e não apenas os operários. Os últimos, que passaram todo o dia angustiados e próximos do desespero por não encontrarem trabalho e, por conseguinte, não poderem

garantir sua subsistência e de suas famílias, são tratados com prioridade. Uma práxis de justiça informada pelo clamor dos desfavorecidos, desamparados e descartados. O horizonte de uma justiça econômica informada pela misericórdia vai além das vantagens que se pode tirar do trabalho de homens desempregados. O proprietário trata os últimos como seres humanos e espera que os demais façam o mesmo.

6. Por último, o Reino nos revela não só como é Deus, mas também como pensamos e agimos. A radicalidade do Reino é tal que perturba o *status quo*. Neste caso, sua lógica é totalmente incompatível com a lógica trabalho-lucratividade do sistema monárquico-aristocrático. A justiça entendida como remuneração segundo a produtividade é *tonel velho que não suporta o vinho novo da justiça do Reino* (cf. Mc 2,22). É uma nova forma de compreender a economia. Assim, o Reino vai acontecendo aqui e agora (cf. Lc 17,20-21). A produtividade não pode ser a norma suprema da economia, mas sim a justiça informada pela misericórdia que visa ao bem-estar de toda a sociedade.

Os aspectos levantados aqui levam a perguntar sobre os sistemas de produção. Como a justiça do Reino ilustrada por esta parábola pode inspirar as relações de trabalho hoje? Quem são os últimos a serem contratados na praça da globalização capitalista? Que tipo de lei o sistema aplica a eles? Se o trabalho pode contribuir para o crescimento do Reino de Deus, pensar outras alternativas econômicas talvez exija começar pela dimensão antropológica. Nela, a dimensão teologal do humano tem muito a contribuir (Mt 7,12).

4. Não se esqueçam dos pobres (Gl 2,10)

Segundo a parábola, o Deus do Reino é misericórdia e justiça (cf. Mt 9,13; Lc 6,36; 1Jo 4,8.16). É seu princípio nuclear, em torno do qual todas as relações humanas deveriam ser orientadas. A exemplo do proprietário da vinha, o outro é sempre o meu próximo. A proximidade é condição para o desaparecimento das barreiras que afastam as pessoas por sua condição social, cor, religião ou gênero. O amor de Jesus rejeita todo escapismo e mostra que o Reino não é uma abstração ou uma utopia inalcançável. Amor como um princípio realizável na história que deve impregnar as relações sociais e econômicas.

Para ilustrar como o compromisso com a justiça do Reino influi na realidade do trabalho humano, vejamos a Tradição Paulina. Em Paulo, o apóstolo que mais se refere ao trabalho,[10] é possível identificar a conexão entre testemunho e evangelização no contexto da tensão entre o *hoje* e o *ainda não* do Reino.

O Apóstolo, apesar de sua intensa atividade missionária, não deixou de trabalhar em sua profissão (cf. At 18,3; 20,34). A fabricação de tendas era um trabalho árduo (cf. 1Cor 4,12; 2Cor 6,5; 11,23), começava de madrugada e se estendia até o início da noite (1Ts 2,9), e mal remunerado. Mal cobria as necessidades de subsistência (cf. 2Cor 11,8ss; Fl 4,10ss).[11]

---

[10] O termo *trabalho* na teologia paulina pode ter dois sentidos. trabalho manual e ministério apostólico (1Cor 15,58; Rm 16,6.12; 1Ts 5,12). Cf. KITTEL, G. érgon, ergázomai. In: *Grande Lessico del Nuovo Testamento* – vol. III. Brescia: Paidea, 1967, p. 827-886.

[11] Cf. SÁNCHEZ BOSCH, J. *Nacido a tiempo*. Una vida de Pablo el apóstol. Estella: Verbo Divino, 1994.

Além de ensinar com seu próprio exemplo, Paulo deixou uma mensagem muito valiosa sobre o trabalho. Para sua correta compreensão, suas palavras devem ser interpretadas em seu contexto histórico, a saber: ambiente pagão, economia pré-industrial, política do Império Romano, helenismo, divisão social do trabalho (cf. 1Tm 6,1-2). Para completar o quadro, perante a iminência de *parusia*, alguns cristãos consideravam certas atividades humanas, como o trabalho, uma preocupação inútil (cf. 1Ts 4,11).

Nas Cartas aos Tessalonicenses encontramos as mais conhecidas palavras do Apóstolo sobre o trabalho. Esse documento, o mais antigo da literatura neotestamentária, informa que a grande maioria dos membros da comunidade de Tessalônica vivia do seu próprio trabalho (1Ts 4,11-12).[12] Entretanto, alguns pensavam que a natureza escatológica do cristianismo anulava o valor das atividades seculares (cf. 1Ts 4,17; 2Ts 2,1-2). Inseridos na cultura helênica, consideravam o trabalho manual uma atividade inferior.

Em primeiro lugar, a recomendação do trabalho manual está enquadrada pelo preceito fundamental da fé cristã, o amor mútuo. Paulo, que já havia exortado ao trabalho em sua visita à comunidade, teve que recordá-lo em sua primeira carta: "Sobre o amor fraterno, não tendes necessidade de que vos escreva, pois vós mesmos aprendestes de Deus a vos amardes uns aos outros; aliás, é o que fazeis, a respeito de todos os irmãos, a que façais ainda novos progressos: tomai a peito

---

[12] A maioria dos cristãos das comunidades paulinas era de trabalhadores. Havia pouquíssimos membros da aristocracia (Rm 16,23; 1Cor 26ss). Diversas pessoas nomeadas são escravos ou libertos (Epeneto, Amplíato, Asíncrito, Flégon, Hermes, Patronas, Hermas, Julia, Tercia. Enésimo era um escravo [Cl 4,9], Alexandre, ferreiro [1Tm 4,14], Priscila e Áquila, fabricantes de tendas [At 18,2ss], Simão, curtidor [At 9,43; 10,6]).

viver uma vida tranquila, ocupar-vos em vossos negócios e trabalhar com vossas próprias mãos, como vos ordenamos, para que vossa conduta seja decorosa aos olhos dos estranhos, e não tenhais precisão de ninguém" (1Ts 4,9-11).

Na segunda carta volta a insistir (cf. 2Ts 3,6), agora com o seu próprio testemunho (v. 7-8): "não pedimos a ninguém que nos desse o pão que comemos, mas com esforço e fadiga trabalhamos, dia e noite, para não ser uma carga a nenhum de vós. Apesar de tudo, há entre vós quem leva uma vida desordenada, afanando-se sem fazer nada" (v. 11). A estes, o Apóstolo faz sua famosa advertência: "se alguém não quiser trabalhar, também deixe de comer" (2Ts 3,10). Paulo parte do princípio de que o trabalho é um meio de acesso à própria subsistência (2Ts 3,7-10). Portanto, que trabalhem com tranquilidade e comam o pão que eles mesmos ganharam (v. 12).

Dito isso, o Apóstolo retoma seu apelo fundamental: "que não canseis de fazer o bem" (v. 13), que envolve a recomendação do trabalho manual. O amor mútuo, como fundamento da comunidade cristã, requer relações fraternas, portanto, faz parte da justiça do Reino não ser peso para os outros (cf. 1Ts 2,9). A vivência fraterna é incompatível com o fato de alguns se aproveitarem do trabalho dos outros sem dar nenhuma contribuição à comunidade (cf. 1Ts 4,9-12; 2Ts 3,6-15).

Em terceiro lugar, por trás da reação contra aqueles que vivem desordenadamente causando perturbações aos cristãos de Tessalônica, está a preocupação do Apóstolo com algo mais importante que glorificar o trabalho: o cuidado com os mais pobres. Ora, se alguém não precisa trabalhar para comer, que trabalhe para que os pobres comam. Em outro lugar, apresenta uma práxis como exigência da *vida nova em Cristo*: "Aquele que roubava pare de roubar, antes, esforce-se por trabalhar honestamente com suas mãos, a fim de ter o que partilhar com quem está necessitado" (Ef 4,28). Na saudação de despedida aos representantes da comunidade, volta ao tema: "Estas mãos que aqui estão, vós próprios o sabeis, proveram as minhas necessidades e às de meus companheiros. Eu vos mostrei sempre que é penando assim que se devem socorrer os mais frágeis, e lembrar-se destas palavras que o próprio Senhor Jesus pronunciou: Há mais felicidade em dar do que em receber" (At 20,34-35).

O fruto do trabalho deve ser partilhado para que ninguém passe necessidade.[13] O amor cristão não é puro sentimentalismo, mas princípio da eficácia do Reino de Deus no mundo. Segundo Paulo, o trabalho é um meio privilegiado desta eficácia.

5. Dimensão escatológica

Ao procurar melhorar a realidade humana, também estamos preparando o *material do Reino de Deus* (cf. GS 38-39). O amor humano atuando na história remete ao amor eterno e à esperança na plenitude do Reino. O compromisso com o *hoje* traz implícito o anúncio da manifestação da soberania de Deus no futuro iminente, o *ainda não* (cf. Mt 26,29; Mc 14,15; Lc 22,18). O *hoje* nos põe a caminho da *nova criação, dos novos céus e nova terra* (Gl 6,15; 2Pd 3,13). Diante dessa perspectiva escatológica, toda a realidade é revestida de penultimidade; nada neste mundo é tão definitivo que permita

---

[13] Outros textos do NT sobre repartir o fruto do trabalho com os pobres: 1Ts 2,9; 4,9-12; Gl 6,2-6.

investir e apostar a vida. A última palavra, o sentido último da história pertence a Deus.

O testemunho do amor recíproco é uma manifestação dessa *humanidade nova* que *já está sofrendo dores do parto* (Rm 8,22). O mistério pascal de Cristo descortinou esse horizonte da compreensão da história, apontou a meta, a *nova humanidade* (2Cor 4,6; Rm 5,14; 1Cor 15,21.45).

6. Domingo: *memorial* da vida nova

Para os cristãos, o verdadeiro *sábado* é a pessoa de Cristo, celebrada no domingo. Considerando que o preceito do sábado depende essencialmente da memória das obras de Deus, e descobrindo a originalidade do novo tempo que foi inaugurado com o mistério pascal, os primeiros cristãos assumiram como festivo e santo o *primeiro dia da semana*, quando teve lugar a ressurreição do Senhor.

Assim como a observância do sábado israelita está intimamente ligada à obra da libertação realizada por Deus, também Cristo realizou uma nova e definitiva libertação. O *Senhor do sábado* (Mc 2,27) inaugurou o *sábado eterno* (Hb 4,10) prefigurado no *sétimo dia da criação* (Gn 2,1-3).

A expressão *primeiro dia da semana* evoca a ressurreição de Cristo (cf. Mt 28,1; Mc 16,2-9; Lc 24,1; Jo 20,19-26). As comunidades se reuniam nesse dia para a fração do pão (At 20,7; 1Cor 16,2); nesse dia se cumpriu a promessa de Jesus de enviar o Espírito Santo (cf. Lc 24,49; At 1,4-5). Esse dia começou a marcar todo o ritmo da semana dos cristãos. O livro do Apocalipse registra o hábito de chamar esse dia de *dia do Senhor* (Ap 1,10), *dies Domini*.

A tradição apostólica vincula a ressurreição ocorrida no primeiro dia da semana com o *primeiro dia da semana de criação* (Gn 1,1–2,4), quando *se fez a luz* (Gn 1,3-5), apontando em Cristo o *início da nova criação* (cf. Cl 1,15) e como a *Luz do mundo* (cf. Jo 1,4-5.9).

O domingo também é definido como o *oitavo dia* (Jo 20,26). Se o *primeiro dia* significa *nova criação*, o *oitavo*, por outro lado, significa sua plenitude: refere-se não somente ao Ressuscitado, mas ao *Senhor glorioso*, vencedor e resplandecente em sua glória. Como *oitavo dia*, o domingo aponta para o futuro, a vida eterna. Situado em uma posição transcendental no tempo, o domingo mantém viva e atuante a esperança cristã.

7. Um convite: descansar em Deus

O domingo revela a dimensão escatológica do trabalho. O descanso é identificado com a situação da criação de Deus (Gn 2, citado em Hb 4,4). Nesta mesma situação vive atualmente *Cristo glorioso* (cf. Hb 4,10; 12,24). O repouso do *sétimo dia*, que coroa a obra da criação, é uma promessa divina que encontrou cumprimento em Cristo (Hb 4,8-10). Nele, "todos os homens podem tomar parte da promessa (cf. 4,3; 12,2) no *hoje na história*". Em suma, o anúncio da boa notícia do Reino abriu a possibilidade de entrarmos todos no descanso de Deus.[14] Em Cristo, ambos os descansos, humano e divino, estão intimamente associados.

---

[14] MAZI, F. *Carta a los Hebreos*. Bilbao: Desclée de Brouwer, 2005, p. 71. O texto revela a promessa divina implícita no sétimo dia da criação, quando Deus repousa em suas obras. O AT também afirma que Jerusalém é cidade do descanso (Sl 132,8.14); Canaã é uma terra de descanso para o povo (cf. Dt 3,18-20; 12,9-12; Js 1,15; 1Rs 8,54-56). O descanso aparece como dom de Deus, prefigurado anteriormente pelo descanso sabático. Entretanto, a posse da terra, o sábado e Jerusalém não cumprem plenamente as promessas divinas.

O *repouso em Deus* é o destino futuro prometido que homens podem, já agora, de maneira imperfeita e transitória, participar no domingo. Nesse sentido, este dia é uma prefiguração do descanso do trabalhador que aspira ao descanso sem ocaso. Assim, o sábado, que havia sido esvaziado do seu sentido pelo rigorismo da lei, é resgatado por Jesus, o verdadeiro *Senhor do Sábado* (Mc 2,28).[15] Este resgate devolve ao *Sabbath* seu sentido original: "O sábado foi feito para o homem e não o homem para o sábado" (Mc 2,27).

Não é difícil constatar o impacto que o repouso dominical tem sobre o mundo do trabalho. Basta deixar-se iluminar por seu conteúdo teológico. O *memorial* recorda a natureza peregrina do gênero humano e alerta para a penultimidade de todas suas obras. O polo do *não ainda* do Reino, presente no domingo, nos mantém abertos à esperança, nos põe vigilantes contra as pretensões absolutistas das ideologias intra-históricas e seus projetos sociopolíticos e econômicos. Não permite cair no conformismo e nos alerta de que *hoje* é o tempo para o crescimento da justiça do Reino no seio da humanidade.

O descanso nos faz participar, no tempo humano, da alegria do *banquete eterno*. Devemos celebrar uma nova vida e o dom da plena liberdade inaugurada, doada por Cristo. O domingo é a elevação dos dias de trabalho para aquela festa messiânica da vida da qual o sábado de Israel é uma degustação. Para J. Moltmann, toda a vida deveria converter-se em

---

[15] Com Jesus – *autobasileia* – os cegos veem, os aleijados andam, os surdos ouvem, os mortos ressuscitam e se proclama o Reino aos pobres (Mt 10,7.8; 11,5.6). Jesus inaugura sua vida pública proclamando o sábado messiânico anunciado pelos profetas (Lc 4,18ss=Is 61,1-11). Os muitos sinais realizados no sábado (Mt 12,9-14; Mc 3,1-6; Lc 6,6-11; 13,10-17; 14,1-6) mostram Jesus como *Senhor do sábado*. Sua liberdade diante da lei é aquela liberdade do tempo messiânico.

uma *festa sabática*, festa da vida e da bênção divina sobre toda a criação e a história.[16] O trabalho, sob a dinâmica do domingo, torna-se um espaço de peregrinação rumo ao *sábado eterno*. Nele, o descanso converte-se naquela festa que todo trabalhador aspira após sua jornada na luta pela vida.[17]

Notas como síntese

1. A Bíblia não fala da importância do trabalho para o crescimento econômico ou o progresso da humanidade – está fora de sua perspectiva. O trabalho é visto como uma atividade que integra a existência da raça humana *debaixo do sol*. O tempo humano não se restringe a um *tempo para o trabalho*. Em nenhum lugar a Palavra de Deus impõe o trabalho como um valor supremo, não o canoniza ou faz dele um dogma existencial. Contrariamente ao que alguns intérpretes modernos defendem, não há indicações da glorificação do trabalho em nome de Deus. O que se afirma é o protagonismo do ser humano diante de suas atividades. Apesar de não oferecer um conceito fechado de trabalho, a Sagrada Escritura contém uma perspectiva mais ampla que a hodierna civilização ocidental. Essa sim canonizou o trabalho e o reduziu ao sentido econômico.

---

[16] Cf. MOLTMANN, J. *Deus na criação*: doutrina ecológica da criação. Petrópolis: Vozes, 1992, p. 394-395.

[17] O autor da carta aos Hebreus, ao fundir ambas as tradições (Gênesis e Deuteronômio), evidencia a promessa de entrar no descanso em que Deus está desde o princípio. Ao fazê-lo, estabelece um primeiro paralelismo entre Deus que descansa de seus trabalhos e o homem que também descansa de seus trabalhos. Há um segundo paralelismo, estabelecido entre o descanso temporal conseguido pelo povo de Israel sob a direção de Josué, e o descanso definitivo reservado ao novo povo de Deus reunido em Cristo. Desta forma, a carta interpreta o "hoje" da *nova terra e novo tempo* inaugurados por Cristo como o cumprimento da grande promessa escondida desde o início dos tempos. A promessa está implícita no fato de que o Espírito Santo (Hb 3,7) faz um convite para que, se o povo quer realmente entrar no descanso divino, não deve agir como o antigo Israel, mas escutar a voz de Deus (cf. 4,3).

2. A relação da criatura humana com Deus é a perspectiva que diferencia o pensamento bíblico sobre o trabalho. Porém, toda atividade sofre as sequelas da ambiguidade humana, mas dois perigos principais ameaçam o trabalho: *oprimir o semelhante e adorar outros deuses construídos por mãos humanas*. O homem não pode ser escravo de ninguém, nem do outro, nem dos ídolos. Somente o trabalho livre permite ao homem expressar-se como imagem de Deus. O descanso bíblico-teológico não é simplesmente uma pausa do trabalho. Na verdade, é momento privilegiado de atribuição de sentido. A absolutização do trabalho sobre a vida e sobre o tempo leva ao esgotamento do homem e da natureza.

3. A autorrealização alcançada no trabalho sempre é penúltima. A vida tem que ser construída em bases mais consistentes. Somente a partir de um sólido fundamento antropológico, que expresse toda a dignidade inviolável presente em cada ser humano, é possível enfrentar a problemática do mundo do trabalho. A antropologia bíblico-teológica alcança toda sua plenitude no acontecimento histórico da *encarnação do Verbo e na irrupção do Reino*. O próprio Deus, ao assumir a condição humana, redimensiona o sentido do trabalho como um momento importante de preparação dos *novos céus e da nova terra* que há de vir.

Parte III
Descanso e trabalho

Parte III.
Descanso y trabajo

CAPÍTULO 10
DIA DO SENHOR

1. Buscando novas perspectivas

Desafiados pela necessidade de abrir novos caminhos de sentido no mundo do trabalho, a herança bíblica judaico-cristã é uma mensagem de vida e liberdade. Em meio a uma realidade complexa como a vivida no início do século XXI, se faz necessário dar as razões da esperança também no mundo do trabalho (cf. 1Pd 3,15).

Até o momento, os textos de Gênesis, os exemplos de Jesus e as exortações do apóstolo Paulo serviram de fundamentação bíblico-teológica ao trabalho. No entanto, *o sétimo dia*, quando Deus repousa, o *sábado judaico e o domingo cristão* foram solenemente relegados. O acento desproporcional dado ao trabalho e a irrelevância do descanso reforçaram a obsessão e a glorificação do trabalho a partir da modernidade. Entretanto, a palavra mais valiosa da Sagrada Escritura sobre o trabalho é, sem dúvida, a instituição do sábado ressignificado à luz do Mistério pascal. "O ápice do ensinamento bíblico sobre o trabalho é o mandamento do repouso sabático. Para o homem, ligado à necessidade do trabalho, o repouso abre a perspectiva de uma liberdade mais plena, a do sábado (cf. Hb 4,9-10). O repouso permite aos homens recordar e reviver as obras de Deus, da Criação à Redenção, e reconhecerem a si próprios como obra Sua (cf.

Ef 2,10), darem-Lhe graças pela própria vida e subsistência a Ele, que é seu autor".[1]

No que se refere à tradição de Israel, o cristão também considera o *Dia do Senhor* como um dia de descanso do trabalho: "A memória e a experiência do sábado constituem um baluarte contra a escravização do homem ao trabalho, voluntário ou imposto, contra toda forma de exploração, oculta ou manifesta. O repouso sabático, de fato, mais que permitir a participação no culto a Deus, foi instituído em defesa do pobre; tem também uma função libertadora das degenerações antissociais do trabalho humano".[2] O trabalho é para o homem e não o homem para o trabalho.

Primeiramente são apresentados os principais elementos que fazem do *sábado/domingo* um paradigma teológico de sustentação para um novo sentido do trabalho. É na liturgia do *Dia do Senhor*, o mistério da fé por excelência, onde o homem compreende o sentido de sua vida e onde começa toda a reflexão teológica: *lex orandi, lex credendi*. O *memorial* da salvação expressado na ação litúrgica expressa a vinculação do sábado judaico e do domingo cristão, cujo sinal sacramental é fruto do trabalho humano e é dom divino. Nele, a redenção aparece como categoria fundamental, sintetizada na cruz do Ressuscitado. A liberdade, um dos seus aspectos mais explícitos, é a chave de leitura de uma teologia do trabalho carregada de implicações éticas.

---

[1] PONTIFÍCIO CONSELHO JUSTIÇA E PAZ. *Compêndio da Doutrina Social da Igreja*, n. 258.
[2] PONTIFÍCIO CONSELHO JUSTIÇA E PAZ. *Compêndio da Doutrina Social da Igreja*, n. 258.

2. Uma fonte: a liturgia

O *Compêndio* não fala sobre o dia de descanso em si; em vez disso, confere-lhe um sentido religioso: *Dia do Senhor*. Em outras palavras, as razões teológicas complementam as motivações sociológicas. É um dia consagrado ao Senhor, em que o homem realiza uma ação que expressa tal consagração, e que, por conseguinte, faz com que este dia de descanso seja realmente santificado. A ação de "recordar e reviver as obras de Deus, da criação à redenção, e reconhecer-se a si próprio como obra Sua e dar graças por *sua* vida ao Senhor" são ações que evocam a liturgia. O *trabalho* desse dia é a liturgia. Na liturgia encontra-se o conteúdo mais peculiar do cristianismo à teologia do trabalho. Não se entende o *depositum fidei* sem a liturgia. A liturgia é um lugar teológico imprescindível, inclusive para o próprio magistério. "A liturgia é o *órgão* do magistério *ordinário*, a *Didascália* da Igreja" (Pio XI). É o órgão mais importante do magistério ordinário e da teologia.

O termo *liturgia* derivado do grego *leitourgía* (*láos*: povo + *ergon*: obra) significa uma obra assumida por um indivíduo ou uma coletividade em favor da comunidade. Na Grécia antiga designava uma obrigação que a *pólis* impunha aos cidadãos mais abastados de prover uma série de contribuições sociais onerosas, como a organização de jogos e a compra de alimentos.[3] O termo será retomado tanto pelo judaísmo quanto pelo cristianismo. Na tradução grega dos LXX, *leitourgía* significa o serviço religioso (*seret*) dos levitas (Nm 8,22) para indicar o culto na tenda do Senhor. A

---

[3] Cf. ARISTÓTELES, *A Política* (1309a 18-21). Bauru: Edipro, 2009.

eleição de Israel como povo de Deus constitui-o na função litúrgica e santifica-o enquanto nação (Ex 23,20; Dt 7,6).

No Novo Testamento (com exceção de At 13,2) o termo não designa o culto cristão devido ao cuidado de distingui--lo do culto dos levitas, distinto do culto do povo. Já no Oriente, *liturgia* designará a celebração da Eucaristia. Com este sentido aparece na *Didakhé*.[4] Na carta aos Hebreus há toda uma teologia do sacerdócio messiânico de Cristo. Não somente sua ação salvadora é apresentada como *liturgia*, mas Ele como o sumo sacerdote de um sacrifício em que o sacrificante sacrifica a si mesmo (Hb 8,2–10,14). Cristo é a liturgia perfeita, absoluta e definitiva (*hapax*).

A teologia procura compreender esse mistério da salvação em Jesus Cristo, cuja ação se perpetua na liturgia da Igreja, pois a mesma perpetua a ação do Cristo de forma sacramental. O principal destes sacramentos é a Eucaristia, "mistério da fé por excelência, compêndio e suma de nossa fé".[5] A liturgia "contribui de modo mais excelente para que os fiéis exprimam em suas vidas e aos outros manifestem o mistério de Cristo".[6] É expressão privilegiada da identidade cristã e da comunidade eclesial.

A liturgia não é ornamentação ritual recheada de rubricas, mas é fonte da qual emana a força do *ser cristão*.[7] Seu conteúdo a faz fonte da teologia e, consequentemente, da reflexão teológica do trabalho. Essa vinculação entre reflexão

---

[4] Cf. MARSILI, S. Liturgia. In: SARTORE, D.; TRIACCA, A. M. (org.). *Dicionário de Liturgia*. São Paulo: Paulinas, 1992, p. 639ss.

[5] CATECISMO DA IGREJA CATÓLICA, n. 1327.

[6] CONCÍLIO VATICANO II. *Sacrossantum Concilium*, n. 2.

[7] Cf. CONCÍLIO VATICANO II. *Sacrossantum Concilium*, n. 10.

e ação litúrgica pertence à tradição:[8] A inseparabilidade entre teologia e oração – *lex orandi–lex credendi* normativa na teologia Patrística[9] – é confirmada pelo magistério.[10] "A norma da oração da Igreja (*lex orandi*) responde a norma perene da fé" (*lex credendi*)".[11]

Em segundo lugar, o nexo entre a *lex orandi* e *lex credendi* sublinha o primado da ação litúrgica sobre a reflexão teológica: "a liturgia, sendo obra de Cristo Sacerdote e de seu Corpo, que é a Igreja, é ação sagrada por excelência, cuja eficácia, com o mesmo título e no mesmo grau, não se iguala a nenhuma outra ação da Igreja".[12] Portanto, a liturgia

---

[8] HESS, J. Servicio (*latreúō-leiturgéō*). In: COENEN, L.; BEYREUTHER, E.; BIETENHARD, H. *Diccionario Teológico del Nuevo Testamento* – vol. II. Salamanca: Sígueme, 1980, p. 216-219. O termo grego *leitourgía*, composto de *laós* (povo) e *érgon* (obra), significa desempenhar um serviço ao povo. A versão grega dos LXX do AT utiliza o termo quase exclusivamente para designar o serviço cultual dos sacerdotes e levitas no templo (cf. Ex 28,39; Ez 40–46). No NT, *leitourgía* significa culto comunitário cristão (At 13,2). Nas Igrejas orientais de língua grega, *leitourgía* designa a celebração eucarística.

[9] Cf. PRÓSPERO DE AQUITÂNIA, *De gratia Dei et libero voluntatis arbitrio*, n. 8. A expressão se encontra originalmente no opúsculo conhecido como *Indiculus de gratia Dei* ou *Capitula de gratia*, por muito tempo atribuído a Celestino V, mas considerado de autoria de Próspero de Aquitânia. Trata-se de uma coleção de textos apologéticos do século V contra os semipelagianos. O argumento parte da afirmação: *ut legem credendi lex statuat suplicandi*, quer dizer que a norma da oração estabeleça a norma da fé. Além de Próspero de Aquitânia, outros Padres da Igreja também conferiam à oração da Igreja o critério da fé, por exemplo: Santo Agostinho (*De dono perseverantiae*, 23, 63); Cipriano de Cartago (*De oratione Dominica*, 8). In: GIRAUDO, C. *Num só Corpo*: tratado mistagógico sobre a Eucaristia. São Paulo: Loyola, 2003, p. 13-19.

[10] Pio XI a emprega na encíclica *Quas primas* para instituir a festa de Cristo Rei (1928); Pio XII utiliza nas encíclicas *Divino afflante Spiritu* e *Mediador Dei*.

[11] INSTRUÇÃO GERAL SOBRE O MISSAL ROMANO, n. 2.

[12] CONCÍLIO VATICANO II. *Sacrossantum Concilium*, n. 7. O uso do termo *ação litúrgica* visa distinguir entre as ações litúrgicas e o que se conhece por exercícios de piedade, ou práticas. *Litúrgico* é o que pertence ao corpo eclesial e o expressa (n. 26). Por isso são ações litúrgicas unicamente as celebrações que expressam o mistério de Cristo e a natureza sacramental da Igreja (cf. n. 2; 7; 41; 26). Tudo mais são ações de piedade, comunitárias ou individuais. Aqui se utiliza a palavra *liturgia* para indicar a celebração eucarística.

é a *lex orandi* por excelência. Por isso Bento XVI afirma que o *"intellectus fidei* está originalmente sempre em relação à ação litúrgica da Igreja. A reflexão teológica nunca pode prescindir da ordem sacramental instituída pelo próprio Cristo. Por outro lado, a ação litúrgica nunca pode ser considerada genericamente, independentemente do mistério da fé".[13]

Em terceiro lugar, a origem da teologia está na fé da Igreja, não somente a fé explicitada em dogmas e outras expressões, mas a fé vivida, em particular a ação litúrgica. A práxis e a oração constituem a *teologia primeira*; o trabalho dos teólogos e do Magistério é a *teologia segunda* (Schillebeeckx). A segunda, desvinculada da primeira, perde o contato experiencial com o mistério da fé. A liturgia é a celebração do *mistério da fé* em todas as partes e todas as épocas, enquanto a teologia, por sua vez, aprofunda o *mistério da fé* no contexto de uma cultura específica, de uma época histórica específica, com as ferramentas e categorias culturais de onde está inserida.[14]

Há outra razão importante: a ação litúrgica contém uma antropologia subjacente. Entendida como uma práxis de toda a Igreja que contempla, recapitula e vive o mistério de Cristo, a liturgia contém uma visão de pessoa humana, de mundo e da história. O mistério do homem do concreto, histórico, só se esclarece a partir do Verbo encarnado, já afirmava o Concílio.[15]

---

[13] BENTO XVI. *Sacramentum Caritatis*, n. 34.

[14] Cf. TABORDA, F. *O Memorial da Páscoa do Senhor*: ensaios litúrgico-teológicos sobre a Eucaristia. São Paulo: Loyola, 2009, p. 33.

[15] CONCÍLIO VATICANO II. *Gaudium et spes*, n. 22.

Finalmente, em referência direta ao trabalho, a vinculação da teologia à ação litúrgica evoca, de certa maneira, a tradição monástica do *ora et labora*. A integração entre a vida de oração e o trabalho aparece na encíclica social *Laborem exercens*: "O cristão que está em atitude de escuta da Palavra de Deus vivo, unindo o trabalho à oração, sabe que lugar ocupa seu trabalho não só no progresso terreno, mas também no desenvolvimento do Reino de Deus, ao que todos somos chamados, com a força do Espírito Santo e com a palavra do Evangelho".[16] A oração que fala o pontífice possui um forte acento social, cujo centro é o Reino de Deus.

A revalorização do dia de descanso como paradigma para a compreensão do trabalho tem sentido vinculado à teologia condensada na liturgia. Nesse movimento, a experiência de fé vivida na liturgia é ato primeiro do pensar teologicamente o trabalho. Ela faz do descanso dominical um espaço de atribuição de sentido.

3. *Memorial* da salvação

O mistério pascal ocupa o centro da história da salvação.[17] O rito litúrgico é contemplado a partir da ação salvadora de Deus na história. A revelação da identidade última do ser humano e do sentido do trabalho, no Antigo Testamento, acontece no interior da história viva de um povo. A mensagem é dada no contexto de uma Aliança de Deus na situação concreta de um povo.[18] Este povo atualiza o evento decisivo da libertação e deixa-se impregnar pela soberania

---

[16] JOÃO PAULO II. *Laborem exercens*, n. 27.

[17] CONCÍLIO VATICANO II. *Sacrossantum Concilium*, n. 5, n. 102-107.

[18] ANTONCICH, R. *Trabalho e liberdade*: a Teologia da Libertação e a *Laborem exercens*. São Paulo: Loyola, 1989, p. 200.

de Deus que o tirou da escravidão e o levou à liberdade. Por esta razão, a fé de Israel concentra-se na ação cultual que celebra este evento.

A ceia de Páscoa é, acima de tudo, *memorial* festivo da libertação da *casa da escravidão* (cf. Ex 12,14). Fazer *memória* do êxodo é esperar a vinda do grande dia da libertação definitiva. Esta experiência da libertação da escravidão do Egito é fundamental para o entendimento da salvação e estará na memória cristã como fato histórico que antecipa a plenitude da redenção pela morte e ressurreição de Jesus Cristo. Estas raízes judaicas são plenificadas pela novidade cristológica.[19]

A celebração da Eucaristia é o ponto de partida e a essência da liturgia. Nela aparecem de forma privilegiada o enraizamento no ritual judaico e a novidade que procede de Jesus. A liturgia cristã é o *memorial da morte e ressurreição do Senhor até que ele volte*. O conceito de *memorial* exprime o conteúdo da Eucaristia em relação ao mistério pascal.[20] O termo vem do grego *anámnēsis*, que aparece nas palavras de Jesus durante a última ceia com seus seguidores: "Fazei isso em minha memória" (cf. Mc 14,22-25; Mt 26,26-29; Lc 22,15-20). A palavra grega, por sua vez, é tradução do hebraico *zikkārōn* (cf. Ex 12,14; 13,3; Dt 16,5), da ceia pascal judaica.[21] *Fazer* e *recordar* são ações do *Memorial*.

---

[19] Cf. PORTO, H. *Liturgia judaica e liturgia cristã*. São Paulo: Paulinas, 1977; DI SANTE, C. *Israel em oração*: as origens da liturgia cristã. São Paulo: Paulus, 1989.

[20] A *Instrução Geral sobre o Missal Romano* afirma que a "Missa consta, em certo modo, de duas partes, a saber, a Liturgia da Palavra e a Liturgia Eucarística, as quais estão tão estreitamente unidas entre si, e constituem um só ato de culto (cf. cap. II – estrutura, elementos e partes da Missa, n. 28).

[21] Cf. BARTELS, K. H. *Memorial* (*anámnēsis*). In: COENEN, L.; BEYREUTHER, E.; BIETENHARD, H. Op. cit., p. 49-53; SCHOTTROFF, W. Recordar (*zkr*). In:

Jesus as disse em seu contexto existencial, mas no horizonte da sua tradição religiosa, ou seja, a ceia da Páscoa judaica. O passado *memorizado* se torna atuante no presente e chave de interpretação para o futuro. Participar deste *memorial* é deixar-se impregnar por ele. Neste sentido, a *anámnēsis* contém um dinamismo permanente. Portanto, sem a tradição judaica não se entenderia o sentido da Ceia do Senhor como *memorial* de uma grande gesta libertadora realizada por Deus.

Esta ceia ritual, relacionada com a imolação *dos cordeiros* (Ex 12,1-28.43-51), é também *memorial* profético, ou seja, anúncio de uma libertação iminente. De fato, o povo de Israel havia experimentado que aquela libertação não foi definitiva e que sua trajetória histórica estava marcada por opressões. O *memorial* mantinha viva a esperança de uma libertação mais profunda. Esse é o contexto no qual Jesus introduz sua Boa-Nova. As raízes judaicas do *memorial* iluminam a liturgia de Páscoa dos cristãos.[22]

4. Economia da salvação

O objetivo central da instituição do *sábado* é lembrar a liberdade dada por Deus. Neste sentido, o sábado fecunda a liberdade como dom e sinal da soberania de Deus em defesa da liberdade dos oprimidos. Já o objetivo central do *dia do Senhor*, o *domingo*, é a comemoração do *memorial* do mistério pascal de Cristo, o dom da libertação plena, do

---

JENNI, E. (ed.); WESTERMANN, C. (colab.). *Diccionario teológico manual del Antiguo Testamento* – vol. I. Madrid: Cristiandad, 1978, p. 710-724; NEUNHEUSER, B. Memorial. In: SARTORE, D. (ed.); TRIACCA, A. M. (org.). *Dicionário de Liturgia*. São Paulo: Paulinas, 1992, p. 723-736.

[22] Cf. ALDAZÁBAL, J. La eucaristía. In: BOROBIO, D. (org.). *La celebración en la Iglesia* – vol. II. Salamanca: Sígueme, 1990, p. 203-208.

cumprimento das promessas de Deus (cf. Mc 1,15; Gl 4,4; Ef 1,10; Hb 1,2; 1 Pd 1,20) e da irrupção do Reino (cf. Mc 1,15; Mt 3,2).

Na Bíblia não se encontra o conceito de "história da salvação" e economia da salvação. O que oferece é uma mera descrição de como Deus realiza a salvação de Israel na história. Em um sentido amplo, pode-se considerar toda a história da humanidade como história da salvação, quando se a entende como conduzida por Deus e orientada para a salvação do gênero humano. A Bíblia narra a Deus agindo em acontecimentos históricos, em pessoas, ideias e movimentos, no direito, nos costumes e nas instituições. A *tradição* que proporciona o conhecimento dos fatos da história da salvação se forma dentro de uma comunidade que se identifica com o *povo de Deus*. A Bíblia quer instruir o leitor, por meio da interpretação dos fatos histórico-salvíficos, sobre sua situação atual e sobre os possíveis caminhos rumo a um futuro bom.

A economia da salvação do NT é justamente a revelação da vitória escatológica da graça de Deus em Jesus Cristo: "Abraão viu meu dia e se alegrou" (Jo 8,56). Esta afirmação expressa as etapas dos fatos histórico-salvíficos, o processo da economia da salvação. O AT prepara a Cristo, é a palavra prévia de Deus sobre a salvação do gênero humano. Precisamente por isso conduz a Israel e a humanidade inteira ao encontro com Cristo.

Nos dois Testamentos, Deus leva a cabo a salvação da humanidade através de sua *palavra* (Hb 1,1), que em Cristo alcança a plenitude. A Sagrada Escritura conforma um grandioso plano de salvação que a teologia denomina *economia da salvação*.

Toda a economia da salvação, tal como descrito na antiga e na nova aliança, é uma obra do seu Espírito. Os eventos do AT encontraram seu cumprimento no NT, no sentido de que nele chegou a consumação que aqueles preparavam.

Esta economia salvífica foi conduzida por um e mesmo Espírito, desde o evento libertador da antiga aliança (êxodo de Israel do Egito e o estabelecimento na terra prometida [Is 63,7-14], até a ação libertadora da nova aliança [Hb 9,14]). No plano de Deus o ponto de chegada é Cristo (Rm 10,4). O tempo da Igreja também é o tempo do Espírito que revela os mistérios da salvação antes ocultos (Ef 3,10). Toda a fé da Igreja acontece *no Espírito*.

Assim como a observância do sábado aparece vinculada à obra da libertação, também Cristo veio fazer uma libertação plena. Com efeito, devido a sua radicalidade, a Páscoa de Jesus evoca e supera a Páscoa judaica, pois a pessoa é libertada das raízes da escravidão, de onde nascem todas as opressões. Ao ensinamento do Concílio de que "Deus nos reconciliou consigo e conosco e nos libertou da escravidão do diabo e do pecado",[23] acrescenta-se a rica reflexão de Gustavo Gutiérrez. A Páscoa de Cristo liberta do pecado e de suas consequências, "pois a comunhão com Deus e com os demais supõe a abolição de toda injustiça e exploração".[24]

Ainda mais. Em dinâmica semelhante ao *memorial* da Páscoa judaica, a comunidade cristã, quando celebra a Eucaristia, recorda a Páscoa de Cristo como o evento que constitui a libertação de toda a humanidade, e não apenas

---

[23] CONCÍLIO VATICANO II. *Gaudium et spes*, n. 22.
[24] GUTIÉRREZ, G. *Teologia da Libertação*: perspectivas. São Paulo: Loyola, 2000, p. 321-322.

de uma nação. Neste sentido, *o memorial* do mistério pascal revela a sua novidade no processo de conscientização da identidade de todo homem como *imagem de Deus*.[25] Aqui, o relato do Gênesis recebe a luz de Cristo, o homem perfeito que devolveu a semelhança divina à descendência de Adão (Rm 5,14). Nele, a humanidade foi promovida à dignidade incomparável.

Pode parecer que existem dois paradigmas na teologia do trabalho – o paradigma do êxodo e o paradigma cristológico. Não obstante, a liturgia manifesta que as duas Páscoas fazem parte de uma única história da salvação. Considerando que a instituição do *sábado* depende essencialmente do *memorial* das obras de Deus, no cristianismo é ressignificado no domingo, quando os cristãos fazem *memória* de Jesus como o *Senhor do sábado* (Mc 2,28). As ações libertadoras de Deus acontecem sempre em convergência na Comunidade de Pessoas – Trindade – e marca a unidade da economia da salvação.

Assim, o núcleo da teologia do trabalho encontra-se na unidade da tradição judaico-cristã do *sábado/domingo*. Portanto, se a fé cristã encontra no mistério pascal de Cristo sua compreensão do trabalho, o *memorial* realizado na liturgia é o ponto mais elevado do significado teológico do trabalho. É momento de perguntar: O que a liturgia do *Dia do Senhor* pode trazer de novo para a realidade do trabalho humano? Contudo, há outro aspecto da liturgia que não pode ser relevado.

---

[25] Cf. ANTONCICH, R. Op. cit., p. 205.

5. Pão e vinho

Os símbolos da liturgia são sinais da fé da Igreja. A comunidade aparece desde o primeiro momento servindo-se dos gestos e sinais recebidos do Senhor (cf. At 2,41-42).[26] Embora a liturgia contenha uma grande variedade de símbolos,[27] aqui interessa especialmente o gesto da *preparação das oferendas*. Nele, o presidente da assembleia dirige a Deus uma oração de bênção e de súplica sobre o pão e o vinho, *frutos da terra, da videira e do trabalho humano*. O *memorial* aparece duplamente como um dom de Deus: natureza criada e transformada pelo trabalho.

Portanto, a conjunção da criação e a história humana são a origem do alimento e da bebida transformados símbolos de salvação. Não são coisas estranhas, muito pelo contrário, fazem parte da história e da cultura da humanidade. Símbolos da civilização aproximando realidade humana e o mistério da fé. Esses dois elementos que representam a obra da Criação e o trabalho humano explicitam a articulação entre o humano e o divino. Portanto, "expressam a inserção da comunidade na obra da salvação e a promessa que o fruto do trabalho permanece, embora transformado quando chegarem 'novos céus e nova terra onde habitará Justiça' (cf. 2Pd 3,13)".[28] Ou seja, os mesmos sinais eucarísticos são como a síntese de

---

[26] Sobre os elementos do sacramento eucarístico, cf. ALDAZÁBAL, J. Op. cit., p. 342-347.

[27] Catalogam-se como segue: *pessoas*: assembleia, ministros que presidem; *gestos corporais*: inclinação, dar a paz, fazer o sinal da cruz, comungar etc.; *objetos*: cruz, candelabros, Evangeliário, vasos sagrados, toalhas etc.; *elementos naturais*: água, pão, vinho, luz, fogo, cinza, flores etc.; *lugares*: nave, cátedra, ambão, altar, sede, fonte batismal etc.; *tempo*: vigília, vésperas, domingo, Semana Santa, Quaresma, Advento, ordinário etc.

[28] CONCÍLIO VATICANO II. *Gaudium et spes*, n. 39.

criação cósmica, agora transformada na nova realidade do corpo e do sangue do Ressuscitado.[29]

Em síntese, o gesto litúrgico dá sentido ao trabalho para que o trabalho se torne litúrgico, ou seja, obra em prol da expansão pública do Reino. A formulação desta ligação entre a liturgia e o trabalho pode ser lida no *Documento de Puebla*: "Cristo hoje, principalmente com sua atividade Pascal, nos leva à participação do mistério de Deus. Por sua solidariedade conosco, nos torna capazes de revitalizar a nossa atividade com amor e transformar o nosso trabalho e nossa história num gesto litúrgico, ou seja, de ser protagonistas com Ele da construção da coexistência e da dinâmica humana que refletem o mistério de Deus e constituem sua glória vivente".[30]

6. Uma categoria central: Redenção

Conforme as Escrituras, a criação está orientada para a salvação, desde as origens, orientada para o *sétimo dia* como prefiguração do mundo que há de vir. Israel comemora esta prefiguração a cada semana, apontando para o *Ano Sabático*, quando devem ser restauradas as relações sociais pautadas pela Aliança, em *honra do Senhor* (cf. Lv 25,1-7). A este *Ano Sabático* corresponde o *Ano Jubilar*, quando é restaurada a *Justiça da Aliança de Deus no meio de seu povo* (cf. Lv 25,8-55), o *Ano da Graça do Senhor*. Assim, o *sábado, o Ano Sabático e o Ano Jubilar* apontam para além

---

[29] Além deste simbolismo escatológico, o pão e o vinho, na Eucaristia, adquirem um sentido oblativo: são assumidas pelo Senhor ressuscitado e doados à humanidade como sua própria pessoa, seu corpo martirizado na cruz. Oferecidos, atualizam o gesto pelo qual Jesus quis significar sua entrega radical a favor dos seus. *Beber e comer deste pão e deste vinho* é comprometer-se com este gesto do Jesus.

[30] CELAM. *Documento de Puebla*, n. 213.

entre criação e redenção: "não é possível dissociar o plano da criação do plano de redenção, um e outro abrangem situações de injustiça e exploração que devem ser combatidas, e da fraternidade e justiça a ser restaurada".[35]

Ou seja, a libertação da escravidão do pecado reivindica a libertação das escravidões históricas de ordem cultural, socioeconômica e política, que são obstáculos que impedem à pessoa viver de acordo com sua dignidade enraizada na imagem e semelhança de Deus. Em suma, a luz da fé às questões do mundo do trabalho deve ser buscada à luz da Redenção, categoria fundamental da história da salvação.

7. Possíveis desvios de interpretação

Na relação entre o mundo do trabalho e a categoria da Redenção é preciso abordar um problema que acompanha a *teologia moderna do trabalho* desde suas origens com Chenu. Embora o próprio Cristo tenha convertido o trabalho em um lugar da manifestação de um mundo renovado, há uma tendência de privatizar a Redenção iniciada na encíclica *Rerum novarum*, acentuada com Pio XII e que se mantém em diversos ambientes eclesiais. *Laborem exercens*, por exemplo, faz referência à Redenção, mas apoia toda sua reflexão sobre o sentido *subjetivo* do trabalho no livro do Gênesis (especificamente Gn 1,27-28).[36] A categoria de Redenção aparece como um elemento da espiritualidade do trabalho no final da citada encíclica.[37] Mas, além da dimensão espiritual, que relação existe entre a Redenção em Cristo e o trabalho?

---

[35] PAULO VI. *Evangelii nuntianti*, n. 29.
[36] Cf. JOÃO PAULO *Laborem exercens*, n. 4.
[37] Cf. JOÃO PAULO *Laborem exercens*, n. 27.

Esta categoria não é patrimônio exclusivo da espiritualidade. A obra redentora de Cristo, "apesar de, por si só, referir-se à salvação dos homens, também propõe o restabelecimento da ordem temporal... o que Deus quer é fazer de todo mundo uma nova criação em Cristo, aqui na terra, e plenamente no último dia".[38]

Esta opção traz consequências imediatas na interpretação das Escrituras. A privatização da Redenção pode levar a uma compreensão individualista que resulta na instrumentalização de alguns textos. Continuando com o exemplo de *Laborem exercens*, *Cristo, o homem do trabalho*, aparece antes do *trabalho humano à luz da cruz e ressurreição de Cristo*.[39] No entanto, de acordo com a teologia, toda a vida de Jesus Cristo deve ser lida à luz da sua cruz e ressurreição; também sua atividade laboral em Nazaré e suas palavras sobre o trabalho.

Ora, a cruz de Jesus seria "outro aspecto do trabalho humano [...] em que a espiritualidade fundada no Evangelho penetra profundamente", como afirma João Paulo II no documento citado (n. 27) (espiritualidade, não a teologia!). Esse "outro aspecto" refere-se à fadiga presente em todo o trabalho, consequência da "maldição que o pecado traz consigo". Em outras palavras, aqui a cruz redentora de Cristo recebe uma interpretação ascética e individual, pois ela se incorpora o cansaço do trabalho.

Com efeito, esta interpretação é adotada pela Igreja como doutrina: "Suportando a pena do trabalho (cf. Gn 3,14-19) unido a Jesus, o artesão de Nazaré crucificado

---

[38] CONCÍLIO VATICANO II. *Apostolicam actuositate*
[39] JOÃO PAULO II. *Laborem exercens*, n. 26-27.

uma humanidade que sofre. Neste sentido, a cruz não pode ser reduzida a satisfação vicária.

A dimensão *soteriológica* contém um componente ético de suma relevância. A partir da fé no mistério pascal de Cristo, toda pessoa humana é chamada a somar-se à dinâmica deste amor como princípio da eficácia do Reino. A cruz de Jesus exige o compromisso contra o antirreino que impõe cruzes aos inocentes. O Reino torna-se eficaz neste amor que transforma a realidade dos cansados, dos sofredores e oprimidos em nova vida, uma *nova criação em Cristo* (Gl 6,15). Como exortava Paulo, ao recomendar o trabalho manual aos tessalonicenses.

Assim, o Reino é a principal barreira contra as tentativas de privatização da espiritualidade do trabalho. Como um espaço de expressão do Reino (Lc 12,13-21; Mt 6,19-21), o trabalho humano é também um lugar de construção da fraternidade dos filhos de Deus, o *novo céu e a nova terra* (Rm 8,19-22). Este novo sentido abre uma nova fase na história do trabalho.

Em conclusão, nem toda fadiga do trabalho tem a ver com o Reino, com a fidelidade ao Pai, nem muito menos com amor pela humanidade. Esta categoria é fundamental para avaliar as formas objetivas de organização dos sistemas de produção, dado que Jesus fez do trabalho uma via de compreensão e de efetivação de sua mensagem. Se o mundo do trabalho – chave da questão social – é lugar para que aconteça o Reino, o centro da mensagem de Jesus – o *Reino de Deus e sua justiça* (Mt 6,33) – deve ser procurado no mundo do trabalho. Nesta direção situa-se a famosa advertência aos ricos: "Vede o salário dos operários que fizeram a colheita em vossos campos: roubados por vós, eles gritam, e os clamores dos ceifeiros chegaram aos ouvidos do Senhor todo-poderoso" (Tg 5,4).

Definitivamente, não se pode construir uma teologia do trabalho e uma ética do trabalho prescindindo do Reino e dos focos de resistência originados da idolatria.

CAPÍTULO 11
SEDUÇÃO DA IDOLATRIA E HUMANISMO

1. Trabalho humano e fabricação de ídolos

A afirmação da dignidade humana, da liberdade e da justiça do Reino experimentada no *sábado/domingo* traz implícito o reconhecimento de forças desumanizadoras, opressores e injustas atuantes na realidade. A teologia do trabalho tem uma dimensão crítica diante das formas de absolutização que cultivam estes antivalores que impedem que o trabalho seja vivido com sentido.

Em sua forma negativa, o conteúdo do descanso cristão revela que o trabalho não pode ser absolutizado nem seus frutos adorados.[1] A liturgia determina que os *frutos da terra e trabalho humano* sejam oferecidos a Deus. Logo, quem celebra a Eucaristia está impedido de idolatrar os frutos do trabalho. Também expressa Ricardo Antoncich: "A antítese da adoração a Deus é a adoração de ídolos. A idolatria substitui o verdadeiro Deus por ídolos que, por sua vez, exigem adoração e sacrifício".[2]

A idolatria aparece como uma questão crítica da teologia bíblica.[3] O desprezo dos ídolos atravessa todo o

---

[1] Cf. ANTONCICH, R. *Trabalho e liberdade*: a Teologia da Libertação e a *Laborem exercens*. São Paulo: Loyola, 1989, p. 211-212.

[2] Ibid., p. 217.

[3] Para uma análise dos textos bíblicos sobre a idolatria, veja-se o excelente estudo de Pablo RICHARD, Nossa luta é contra os ídolos. In: VV.AA. *A luta dos deuses*: os ídolos da opressão e a busca do Deus Libertador. São Paulo: Paulinas, 1985, p. 9-38.

AT. A religião de Israel exige uma rejeição radical de *outros deuses* (cf. Ex 20,3-4; 34,13; Dt 5,7-8; 27,15). A idolatria cerra o homem na realidade deste mundo, como se ela fosse capaz de salvá-lo, como é o caso do *bezerro de ouro* (cf. Ex 32,1-7). Os ídolos personificam a atividade laborativa do homem que quer endeusar os objetos fabricados por suas mãos. A idolatria brota desta capacidade humana de absolutizar sua obra. Na Bíblia, era aquele objeto, fruto das mãos humanas, incapaz de dar vida e ao qual se sacrificavam vidas humanas: "E deixaram todos os mandamentos do Senhor seu Deus, e fizeram imagens de fundição, dois bezerros; e fizeram um ídolo do bosque, e adoraram perante todo o exército do céu, e serviram a Baal. Fizeram passar pelo fogo a seus filhos e suas filhas, e deram-se a adivinhações, e criam em agouros; e venderam-se para fazer o que era mau aos olhos do Senhor" (2Rs 17,16-17).

A tradição profética é incisiva nesta rejeição. O maior pecado do povo de Israel consiste em cair em idolatria (cf. Is 10,11; Jr 9,13ss; Ez 8,17ss). É uma estupidez entregar-se inteiramente a algo impotente e inanimado (cf. Os 8,4ss; 13,2; Jr 14,22; Is 40,12ss etc.). A tradição sapiencial também instrui que a ambivalência do trabalho pode levar a substituir o verdadeiro Deus por falsos ídolos (cf. Sb 13,1-19; 15,7-13). Nesse caso, a antítese da adoração do Deus verdadeiro configura uma adoração de objeto material produzido pelo trabalho.

Para Jesus, o ídolo é uma realidade concreta gerada pelo trabalho, próprio ou alheio: *dinheiro e riqueza* (cf. Mt 6,24; Lc 16,13).[4] Converter a riqueza material em critério

---

[4] Cf. *Mamōn*. In: JASTROW, M. *A dictionary of the targumin, the Talmud Babli and Yerushalmi, and the midrashic literature.* Jerusalém: Horev, s.d. p. 794.

supremo da existência é negar a Deus e desprezar o próximo (cf. Cl 3,5). O dinheiro é um falso deus não porque seja ineficaz, mas porque é gerador de violência, injustiça e mentira.

A Tradição Paulina reflete como a idolatria se oculta na opressão da verdade e na injustiça, cujas consequências desembocam em atitudes externas que desumanizam o próximo: perversidade, injustiça, ganância, maldade, assassinato (Rm 1,18ss). Contudo, a mais perigosa das práticas é a avareza, uma vez que "a raiz de todo mal é a busca do dinheiro" (1Tm 6,10), pois leva a investir todas as forças na acumulação de riqueza material (cf. Ef 5,5; Gl 5,20; Cl 3,5). As agressões mais frequentes e cruéis contra a dignidade humana vêm do poder e do dinheiro. A busca e a acumulação de ambos consistem em reter o que pertence ao outro por direito.

O *serviço a Mamóm* requer exclusividade. O amor a Deus e ao próximo exige a rejeição do culto ao dinheiro (cf. 1Ts 1,9; Ap 9,20). Para crer em Deus, é preciso descrer dos deuses produzidos por mãos humanas. Em suma, a mensagem bíblica está condensada na exigência da rejeição da idolatria, concretamente, a do dinheiro. Os cristãos são alertados a guardar-se dela constantemente (cf. 1Cor 5,10s), porque se apresenta como obstáculo para a experiência de Deus e a humanização.

2. Uma realidade histórica

A palavra da Sagrada Escritura mantém sua atualidade. O contexto histórico do século XXI é diferente da situação bíblica, mas o sentido da fé continua o mesmo. A idolatria não é coisa do passado, tão pouco se restringe ao âmbito religioso. É uma realidade que pode configurar toda uma sociedade e determinar a vida dos indivíduos.

A partir do Concílio Vaticano II há uma redescoberta da importância desta problemática: "Em nossos dias, não poucos, confiando além do necessário no progresso das ciências naturais e na tecnologia, incorrem em uma idolatria dos bens materiais e se tornam servos antes que senhores deles".[5] *Gaudium et spes* define a idolatria como "opção para servir a criatura ao invés do criador".[6] O *documento de Puebla* compreende a idolatria como sujeição às instâncias humanas que prometem garantir esta vida e o futuro, representando assim uma separação de Deus.[7]

De acordo com João Paulo II, "a absolutização de atitudes humanas, que favorece a introdução de estruturas de pecado, oculta verdadeiras formas de idolatria: dinheiro, ideologia, classe social e tecnologia".[8] Neste sentido, "é correto falar de luta contra um sistema econômico, visto como método que assegura a prevalência absoluta do capital, da posse dos meios de produção e da terra, relativamente à livre subjetividade do trabalho do homem".[9] O *Documento de Aparecida* denuncia a idolatria do dinheiro como causa primeira da deterioração da vida social e da violência na América Latina e no Caribe.[10] O problema central não é o

---

[5] CONCÍLIO VATICANO II. *Apostolicam actuositatem*, n. 7.
[6] CONCÍLIO VATICANO II. *Gaudium et spes*, n. 13.
[7] CELAM. *Documento de Puebla*, n. 491. Qualquer realidade histórica pode converter-se em ídolo: "a riqueza, o poder, o Estado, o sexo, o prazer ou qualquer criação de Deus". A riqueza e o poder são as realidades mais idolatradas.
[8] JOÃO PAULO II. *Sollicitudo rei socialis*, n. 37.
[9] Cf. JOÃO PAULO II. *Laborem exercens*, 7.
[10] CELAM. *Documento de Aparecida*, n. 78.

ateísmo, a existência ou não existência de Deus ligada ao secularismo e à crise própria da modernidade europeia. O capitalismo contém uma forte tendência à idolatria do capital. Mais trágico que o ateísmo é depositar toda a confiança e a esperança nos falsos deuses do sistema.[11]

As consequências da idolatria se concretizam na adaptação ao imediatismo, à privação da liberdade dos outros em nome de convicções políticas, econômicas e de individualismo radical. Levantar altares para falsos deuses significa esconder o verdadeiro Deus para que os ídolos dominem. Esta opção antropológica é um problema teológico, pois está em jogo a ação de Deus na história e é semente de sociedades autoritárias e excludentes.

A idolatria não pode ser ignorada pela teologia, porque "a riqueza absolutizada é obstáculo à verdadeira liberdade".[12] Portanto, a *questão operária* não pode ser entendida apenas como um dano colateral do sistema produtivo, ou um problema político, a idolatria a converte em *questão religiosa*. Aquilo que deveria ser ofertado a Deus, pode rebelar-se contra o homem, porque, ao se tornar objeto de adoração, seu fruto pode confundir tal fim, em uma palavra: *o senhor do sábado* é substituído por *outros senhores*. De fato, o mundo do trabalho, como fator de produção de riqueza, é um vasto campo para a avareza.[13]

---

[11] Cf. HINKELAMMERT, F. J. *La de Abraham y el Edipo Occidental*. San José, Costa Rica: DEI (Departamento Ecumênico de Investigações), 1989.

[12] CELAM. *Documento de Puebla*, n. 494. Referindo-se à realidade da América Latina, o documento constata que "os cruéis contrastes de luxo e extrema pobreza, agravados pela corrupção que invade a vida pública e profissional, manifestam até que ponto nossos países se encontram sob o domínio do ídolo da riqueza".

[13] CELAM. *Documento de Puebla*, n. 493.

A insegurança, a precariedade e a obsessão da competitividade estão acompanhadas da estratégia como a abolição do sentido religioso do domingo. O documento de Puebla assevera: "Deus é a fonte de libertação radical de todas as formas de idolatria, porque a adoração do não adorável e a absolutização do relativo levam à violação do mais íntimo da pessoa humana: seu relacionamento com Deus e a sua realização pessoal. Eis a palavra libertadora por excelência: 'Ao Senhor Deus adorarás e só a Ele darás culto' (Mt 4,10)".[14] Como resultado, um sistema de produção baseado na exploração do trabalhador não pode tolerar formas de expressão cultual a Deus. Não deixa de configurar-se como uma antiteologia do trabalho, cuja doutrina exige dedicação total para a atividade produtiva.[15]

Francisco, Bispo de Roma, foi categórico e contundente a esse respeito: "A idolatria é uma fórmula que nunca perde atualidade e contém uma raiz bíblica. Quando Moisés sobe ao monte para receber a lei de Deus, o povo peca de idolatria fabricando o bezerro de ouro. O atual imperialismo do dinheiro também mostra um inequívoco rosto idolátrico (…). A economia especulativa não precisa mais nem do trabalho, não sabe o que fazer do trabalho. Ela persegue o ídolo do dinheiro que se produz por si mesmo. Por isso, não se tem remorso em transformar milhões de trabalhadores em desempregados".[16] Na *Exortação Apostólica Evangelii*

---

[14] CELAM. *Documento de Puebla*, n. 491.

[15] Neste sentido, a estratégia de negar o descanso aos trabalhadores não se resume a uma grave violação da dignidade humana, mas é uma desumanização fruto de uma idolatria (expulsar Deus da realidade).

[16] Trecho do livro *Francesco, un Papa dalla fine del mondo* [Francisco, um papa do fim do mundo] (Ed. EMI), escrito por Gianni Valente e publicado em: *La Repubblica*, 18.03.2013.

Gaudium declara que "onde há idolatria, apagam-se Deus e a dignidade do ser humano. A obsessão de explorar tudo ao máximo leva a coisificação do outro".[17]

As palavras do Pontífice jesuíta levam a concluir que a civilização do século XXI tem forte acento idolátrico. Logo, não há como refletir sobre a experiência de Deus sem confrontar o poder do capital. Neste sentido, a teologia do trabalho, informada pela categoria da Redenção, é convocada a desmascarar as novas formas de idolatria que afetam diretamente o mundo do trabalho. Este é um passo crucial para a rejeição dos valores e projetos históricos desumanizantes: "a queda dos ídolos restitui ao homem seu campo essencial de liberdade. Deus, livre por excelência, quer dialogar com criaturas igualmente livres, responsáveis e iguais entre si".[18]

Se o capitalismo fosse ateu, talvez a fé cristã não tivesse tanta força subversiva. A teologia do trabalho, portanto, é uma teologia essencialmente anti-idolátrica, no sentido de que consiste em rejeição frontal dos ídolos do capital e da teologia perversa que os sustenta. O discurso sobre a experiência de Deus revelado em Jesus Cristo é o ponto de apoio mais eficaz na luta contra a idolatria e suas consequências sobre a vida humana e planetária. Na profissão de fé em Deus está implícito o ateísmo diante dos ídolos (cf. Mt 6,24=Lc 16,13). É tempo de acentuar a crítica teológica do capitalismo e seus mecanismos.[19]

---

[17] Cf. PAPA FRANCISCO. Exortação Apostólica *Evangelii Gaudium*, n. 57.

[18] CELAM. *Documento de Puebla*, n. 491.

[19] Obras teológicas sobre a economia capitalista: SANTA ANA, J. *O amor e as paixões*: crítica teológica à economia política. Aparecida: Santuário, 1989; ASSMANN, H. *Clamor dos pobres e racionalidade econômica*. São Paulo: Paulinas, 1990. ASSMAN, H.; HINKELAMMERT, F. J. *A idolatria do mercado*. Petrópolis: Vozes, 1989. As obras de SUNG, J. M. *A idolatria do mercado e a morte dos pobres*: uma

3. Exploração desumanizadora

Partindo do pressuposto de que todo sistema alicerçado na exploração do trabalhador contém elementos idolátricos, deduz-se que sua fadiga não pode ser confundida com uma pena imposta por Deus. Ao contrário, significa a total negação de sua vontade.[20] Além disso, diante da reação de Deus ante a situação de exploração no Egito, é preciso descartar qualquer forma de resignação diante de sistemas e práticas de opressão do homem pelo homem.

Em sua oposição aos sistemas de natureza materialista, a visão antropológica que emana da liturgia adquire forte acento profético. Os impactos sobre os trabalhadores causados pela reestruturação do sistema produtivo oferecem razões abundantes para que o pobre esteja no centro do descanso judaico-cristão. Conforme o Compêndio da DSI, "o repouso sabático, de fato, mais que permitir a participação no culto a Deus, foi instituído em defesa do pobre".[21]

Com a *Revolução Industrial*, a realidade dos pobres e o mundo do trabalho estão interconectados. Ao glorificar o trabalho humano e transformá-lo em instrumento de produção, o capitalismo reproduz trabalhadores pobres. É um modelo que está se expandindo, se intensificando e promovendo formas

---

reflexão teológica a partir da dívida externa. São Paulo: Paulinas, 1992; *Deus numa economia sem coração: pobreza e neoliberalismo.* Um desafio à evangelização. São Paulo: Paulinas, 1992; *Teologia e economia*: repensando a Teologia da Libertação e utopias. São Paulo: Fonte editorial, 2008.

[20] Tal característica do caráter idolátrico está evidenciada nos sistemas econômicos da modernidade. Cf. CELAM, *Documento de Puebla*: a) o liberalismo capitalista leva à idolatria da riqueza em sua forma individual (542); b) o coletivismo marxista por seus pressupostos materialistas leva igualmente à idolatria da riqueza em sua forma coletiva (543).

[21] PONTIFÍCIO CONSELHO JUSTIÇA E PAZ. *Compêndio da Doutrina Social da Igreja*, n. 258.

de exploração cada vez mais sofisticadas. Neste contexto, entender o sofrimento involuntário dos trabalhadores como ideal evangélico de espiritualidade significa resignar-se às estruturas humanas responsáveis por esta situação.

A teologia não pode desentender-se dos flagelos humanos ocorridos no trabalho, mas deve assumi-los sob uma perspectiva mais realista e comprometida, a exemplo dos profetas: "Ai daquele que constrói seu palácio desprezando a justiça, e amontoa seus andares a despeito do direito; que obriga os outros a trabalhar de graça, sem pagar-lhes salário (...). Só tens olhos e coração para o lucro, para derramar sangue do inocente, para agir com brutalidade e selvageria" (Jr 22,13.17).

Em primeiro lugar, mais do que um castigo divino imposto ao trabalhador deduzido do *pecado original*, o sofrimento aparece como lugar onde se pode conhecer algo do mistério de Deus. O sofrimento humano chega ao coração de Deus. A atitude ante o sofrimento deve ser descoberta na cruz de Cristo diante do pecado causador de tanta maldade, mas também diante da resposta de Deus. Ela não é apenas um símbolo de conforto. A cruz é, também, um símbolo de protesto contra o sofrimento provocado pela maldade humana. A essa visão corresponde uma forma de entender a cruz de Jesus nas cruzes impostas aos trabalhadores.

Em segundo lugar, além de parecer palavreado, todo discurso sobre o sofrimento do outro tem seus riscos. Mais que tentar teorizar a cruz de Jesus e buscar um sentido expiatório para as fadigas intermináveis dos trabalhadores, talvez seja mais prudente voltar para a Galileia e redescobrir no *carpinteiro de Nazaré* o Redentor solidário com os trabalhadores. Sem dúvida, a melhor atitude diante da dor alheia é a de Jesus. Por um lado, tenta eliminá-la, pois o sofrimento do outro é intolerável e a dureza do coração ante ela causa-lhe profunda tristeza (cf. Lc 13,10-16). Por outro lado, sua paixão não é centrada em si mesma, pois, ao assumir a figura do *Servo sofredor* (cf. Mt 8,17), assume a dor de seu povo como sua própria dor (cf. Mt 11,28; 25,31-46). Portanto, a estratégia para acabar com o sofrimento consiste em deixar-se afetar pela dor do outro, compadecer-se.

A compaixão é a primeira etapa da solidariedade, um protesto contra o sofrimento. A dor não é a última palavra da história. O Evangelho não é mensagem de resignação. A função libertadora do *sábado-domingo* é eficaz se houver compaixão. É o ponto de partida para que as degenerações dos sistemas de produção não triunfem sobre os trabalhadores.

Nestes tempos de indiferença e individualismo, o cristianismo tem a tarefa de mostrar ao mundo que o sofrimento existe e que solidarizar-se com quem sofre é uma das expressões de humanismo. Os desafortunados, os tristes, os sofredores são considerados os primeiros. A cruz dos indefesos, dos famintos, dos doentes, dos explorados, dos escravizados, do trabalhador é seu selo de identificação a Cristo, o Redentor dos pobres da terra (cf. Mt 25,31-46). O amor a eles é o sinal de incorporação ao Crucificado (cf. Jo 13,34).

Deste ponto de vista, longe de reduzir-se a um sentido ascético, a realidade do sofrimento arrasta ao compromisso ético com quem sofre para libertá-lo da dor. "O discurso sobre Deus somente pode ser universal, isto é, significativo para todos os seres humanos, se expressa em seu núcleo um discurso sobre um Deus sensível e misericordioso diante do sofrimento do outro", afirma Metz.[22] O sofrimento é um dos lugares teológicos da teologia do trabalho a fim de superá-lo. A verdade da dor manifestada no rosto cansado e nas mãos calejadas dos trabalhadores clama por sua erradicação (cf. Ex 2,23; 3,7). É uma característica essencial da fé cristã.

4. Dimensão libertadora

A graça é, em primeiro lugar, a passagem do homem da escravidão para a liberdade para a qual Cristo nos chamou (cf. Gl 5,1). Desde o início, este estudo tem insistido na vinculação do trabalho à liberdade. Não é possível pensar um sentido ao trabalho independente da liberdade humana. Uma vez que a idolatria anula a liberdade do trabalhador, pretender fazê-lo livre sem enfrentá-la é uma demagogia, ou mesmo cinismo. É contraditório impor uma ética a uma sociedade coagida. A condição da moralidade e da responsabilidade é a liberdade.

Karl Rahner escreveu que "neste mundo a Igreja deve ser um bastião da liberdade; ela ensina, vive e protege a dignidade e, por extensão, a inviolabilidade do indivíduo: seu caráter de pessoa, seu destino eterno, sua liberdade".[23] A Igreja reconhece a liberdade como um *sinal dos tempos*, mas não compartilha o sentido liberal nem seus princípios de ordem capitalista. João XXIII alertava que "se o funcionamento e as estruturas econômicas de um sistema de produção ameaçam a dignidade do trabalhador, ou enfraquecem o seu

---

[22] METZ, J. B. La compasión. Un programa universal del cristianismo en la época de pluralismo cultural y religioso. *Revista Latinoamericana de Teología*, 19/55, 2002, p. 27.

[23] RAHNER, K. Dignidad y libertad del hombre. In: *Escritos de Teología* – vol. II, Madrid: Taurus, p. 278.

sentido de responsabilidade ou impedem a livre expressão de sua iniciativa, é preciso dizer que essa ordem econômica é injusta, mesmo que, por hipótese, a riqueza produzida em um nível elevado seja distribuída segundo critérios de justiça e equidade".[24]

Em suma, quando a ideia de progresso técnico-científico do desenvolvimento econômico-produtivo ou a competitividade se impõem como paradigmas da liberdade, o caminho está aberto para a dominação dos fortes sobre os indefesos, dos ricos sobre os pobres, de liberdade para os primeiros e de opressão para os últimos.

João Paulo insistia que a medida da liberdade reside na verdade última da pessoa humana. A encíclica *Centesimus annus* afirma que "a ruptura do nexo da liberdade e da verdade leva à autodestruição do primeiro, e também à eliminação do outro, e equivale à negação do fundamento último de sua dignidade, que é sua semelhança com Deus: quando a verdade não é reconhecida como um guia para a liberdade, triunfa a força do poder, e cada um tende a usar ao extremo os meios para fazer valer seu próprio interesse ou opinião, sem respeitar os direitos dos outros".[25]

Por esta razão, a Encíclica *Veritatis splendor* sublinha o primado da verdade fazendo a liberdade depender dela.[26] A verdade baseia-se na verdade do homem e tende à comunhão. Ou seja, na liberdade está em jogo a identidade da pessoa humana e não se realiza na escolha entre objetos, mas como

---

[24] JOÃO XXIII. *Mater et magistra*, n. 82-83.
[25] JOÃO PAULO II. *Centesimus annus*, n. 44.
[26] Cf. JOÃO PAULO II. *Veritatis Splendor*, n. 34.

autorrealização.[27] Portanto, a liberdade não é simplesmente um dos atributos do ser humano: é a sua própria razão de ser. Deus cria o homem para que ele seja livre e possa agir com liberdade.[28] É uma liberdade compartilhada e em coexistência com outras liberdades.

5. Ética do Reino

A ética do Reino é uma ética humanista. O Papa Francisco tem sido categórico no resgate da ética como instrumento de humanização: "Ao relativizar o dinheiro e o poder, a ética é vista como uma ameaça, pois condena a manipulação e a degradação da pessoa".[29]

Manipular e degradar alguém é vilipendiar sua liberdade, um aspecto nuclear da Redenção determinada pela relação entre Deus e o ser humano.[30] O evangelho pode ser resumido em uma palavra: liberdade. Recordando a força libertadora que ele mesmo experimentou, o apóstolo Paulo entende a liberdade como resultado da ação salvadora de Jesus, o mistério pascal: cruz e ressurreição inauguram um novo tempo, o tempo da verdadeira liberdade, de todos os homens, do homem todo e para toda a criação.

A liberdade de Jesus transforma tudo, todas as relações humanas, a ponto de anunciar: "já não há judeu ou grego, nem escravo nem livre, nem homem ou mulher, todos sois

---

[27] Cf. BÖCKLE, F. Liberados para la libertad. In: FEINER, J.; LÖHRER, M. (dir.), *Mysterium Salutis* – vol. V. Madrid: Cristiandad, 1984, p. 40.

[28] Cf. SEGUNDO, J. L. *¿Qué mundo? ¿Qué hombre? ¿Qué Dios?* Santander: Sal Terrae, 1993. O autor dedica todo um capítulo ao tema: *O Deus criador e o homem livre*, p. 385-404. A liberdade deriva do amor de Deus, pois Deus é amor. Que Deus é amor e que a vocação humana é a liberdade, são duas vertentes de uma mesma realidade.

[29] Cf. PAPA FRANCISCO. Exortação Apostólica *Evangelii Gaudium*, n. 57.

[30] BÖCKLE, F. Op. cit., p. 35.

um em Cristo Jesus" (Gl 3,28). Todos são chamados a esta liberdade que toca o mais íntimo do coração humano: Cristo liberta a liberdade humana das liberdades falsas e a reintroduz na liberdade dos filhos de Deus; em outras palavras, no dom da liberdade.[31]

A partir da experiência e do pensamento de Paulo, pode-se concluir com Bento XVI: "Jesus Cristo é a verdade em pessoa, que atrai o mundo em sua direção: sem ele perde sua orientação, posto que, sem o conhecimento da verdade, a liberdade se desnaturaliza, se isola e reduz a arbítrio estéril. Com ele, a liberdade se reencontra".[32] Desta consciência que brota da ação litúrgica, "nasce a vontade de transformar as estruturas injustas para restabelecer o respeito pela dignidade humana".[33]

A Eucaristia é um *memorial* que transforma a ordem estabelecida e encoraja os indivíduos a serem sujeitos ativos dos processos e práticas libertadoras.[34] Nela, o homem descobre o verdadeiro significado da sua liberdade, pois libertação é isso: restituição da liberdade e seu sentido fundamental.[35] Evidentemente, este sentido cristão da liberdade exige "a libertação de muitas escravidões, de ordem cultural, econômica, social e política... e outros tantos obstáculos que impedem o homem de viver segundo a própria dignidade".[36]

---

[31] JOÃO PAULO II. *Redemptor hominis*, n. 12.
[32] BENTO XVI. *Sacramentum caritatis*, n. 2.
[33] BENTO XVI. *Sacramentum caritatis*, n. 89.
[34] CELAM. *Documento de Medellín. Documento Justiça*, n. 3.
[35] CONGREGAÇÃO PARA DOUTRINA DA FÉ. *Libertatis conscientia*, n. 23.
[36] CONGREGAÇÃO PARA DOUTRINA DA FÉ. *Libertatis nuntius*, Proêmio.

Em suma, não há nenhuma contradição entre a liberdade cristã e os distintos processos de autêntica libertação na história. A ação libertadora de Cristo não suprime a responsabilidade humana, que é sempre concreta, contextual, histórica. A liturgia o confirma: o ponto de partida é a iniciativa divina; o amor de Deus é um dom cujo acolhimento leva ao compromisso com Ele. Portanto, todo autêntico processo de libertação é um sinal incompleto, no tempo, da libertação plena oferecida em Cristo.

A dimensão soteriológica contém uma dimensão ética.[37] O pecado, ruptura de amizade com Deus e com o próximo, está na origem da injustiça e da violência. Dado teológico que não esconde as causas estruturais e os condicionamentos objetivos dessas situações. Efetivamente, por trás de toda estrutura injusta, existe uma responsabilidade pessoal ou coletiva, uma vontade de rejeitar e substituir o Deus verdadeiro por falsos ídolos.

Na ética do Reino, a responsabilidade ocupa um posto central. Quanto mais liberdade, maior a responsabilidade. Como resposta ética à verdade do ser humano e sua dignidade, a responsabilidade deve estar na raiz dos processos de libertação das desumanizações. Precisamente neste ponto, no enraizamento da liberdade na verdade da dignidade humana e da criação, é imprescindível escutar e sentir-se responsável por aquele que a liberdade foi roubada.

Diante da existência de tantas concretizações históricas do pecado, a dimensão ética da redenção é extremamente significativa. A Eucaristia insere a pessoa no gesto libertador de Jesus e na dinâmica da sua entrega pela salvação de

---

[37] CONGREGAÇÃO PARA DOUTRINA DA FÉ. *Libertatis conscientia*, n. 23.

todos.³⁸ É uma ética sustentada pela dimensão soteriológica da libertação. Portanto, não se trata de uma ética qualquer, mas daquela que promove a verdadeira libertação, que restaura a imagem divina nas criaturas, que devolve a dignidade violada. Aquela inspirada pelo Reino.

Está explícita toda a densidade ética presente no conteúdo do *dia de descanso judaico-cristão*. A liturgia não é relegada a um ato privado e a um tempo isolado da vida do indivíduo, mas, por sua natureza, perpassa cada aspecto da realidade humana.³⁹ Aparece, aqui, o valor antropológico da novidade radical da libertação trazida por Cristo ao trabalho celebrado na liturgia: "Desde este dia brota o sentido cristão da existência e uma nova forma de viver o tempo, as relações, o trabalho, a vida e morte".⁴⁰ O dia de descanso do trabalho é o dia do Senhor. Não faltam razões para que a teologia se deixe inspirar por ele. Relegá-lo significaria a perda do sentido da existência.

6. Liberdade com dignidade

O conceito de trabalho e de liberdade depende, em grande parte, da ideia de homem que a fundamenta. A liberdade humana, segundo a fé cristã, está fundada na dignidade.⁴¹ A antropologia teológica compreende o homem,

---

[38] Cf. BENTO XVI. *Deus caritas est*, n. 13.

[39] BENTO XVI. *Sacramentum caritatis*, n. 71.

[40] BENTO XVI. *Sacramentum caritatis*, n. 73.

[41] Na declaração conciliar *Liberdade religiosa*, o conceito de liberdade está estreitamente vinculado à dignidade humana e adquire matizes novos, como imunidade de toda coação exterior ante os poderes humanos; imunidade que brota precisamente da dignidade humana enquanto dotada de inteligência e vontade livre, com responsabilidade pessoal, respeito a sua vida moral, individual e social. Cf. CONCÍLIO VATICANO II. *Declaración Dignitatis humanae*.

em sua realidade singular de ser livre e responsável, de ser comunitário e social, aberto à transcendência e à comunhão. Dessa antropologia irrompe a reflexão sobre o sentido do trabalho. É a primazia da pessoa como princípio, sujeito e fim da vida social.[42]

Todos os homens são dotados de razão e liberdade, ou seja, são pessoas.[43] No entanto, se a dignidade humana está fundada na imagem e semelhança de Deus, a pessoa é inseparável da liberdade: "a verdadeira liberdade é sinal da eminente imagem divina no homem".[44] A proximidade de Deus ao homem, no mistério pascal de Cristo, mostra que quanto mais o ser humano é visto à luz da redenção, tanto mais revela sua verdadeira identidade e eminente dignidade. Na liturgia, "tantos obstáculos, o Senhor vai ao encontro do homem, criado à imagem e semelhança de Deus (cf. Gn 1,27), acompanhando-o em seu caminho".[45] Com efeito, continua Bento XVI, "neste sacramento o Senhor se torna alimento para o homem faminto de verdade e liberdade. Posto que somente a verdade nos torna verdadeiramente livres (cf. Jo 8,36), Cristo torna-se para nós o alimento da verdade".[46]

Portanto, não basta dizer que cada pessoa é criada à *imagem de Deus*. É preciso afirmar que Cristo é Jesus e que Deus se manifestou em Jesus, e a realidade última do que significa ser humano se esclarece em Jesus. Nele, o *homem novo* (Cl 1,15) realiza perfeitamente o plano do Criador. A

---

[42] CONCÍLIO VATICANO II. *Gaudium et spes*, n. 25.
[43] Cf. RAHNER, K. Dignidad y libertad del hombre. In: *Escritos de Teología* – vol. II. Madrid: Taurus, p. 254.
[44] CONCÍLIO VATICANO II. *Gaudium et spes*, n. 17.
[45] BENTO XVI. *Sacramentum caritatis*, n. 2
[46] BENTO XVI. *Sacramentum caritatis*, n. 2.

criatura humana participa da obra de Deus segundo a imagem do Filho encarnado. A *teologia do trabalho* encontra Nele o fundamento da dignidade e da liberdade humana.

A aproximação a este tema a partir do *sábado-domingo* ajuda a repensar algumas interpretações antropológicas. João XXIII já havia adiantado esta relação entre a dignidade e a *instituição do sábado*: "Para defender a dignidade do homem como sendo criado por Deus e dotado de alma para sua imagem divina, a Igreja Católica tem impulsionado sempre fiel observância do terceiro mandamento do Decálogo".[47] Se a verdade fundamental que sustenta toda a antropologia cristã do trabalho é a ideia de que o ser humano é feito à imagem de Deus, presume-se que o trabalho deve pautar-se, em sua semelhança, pela atividade divina. Nessa antropologia bíblica encontram-se os elementos de uma teologia do trabalho.

7. Humanização das condições de trabalho

As anotações anteriores permitem uma série de considerações sobre a relação entre dignidade humana e a liberdade no mundo do trabalho. Em primeiro lugar, todos os membros do gênero humano são chamados à liberdade. Longe de ser uma invenção da modernidade, a liberdade tem sua origem no Criador. A afirmação de que a liberdade humana toma seu sentido de Deus, vai unida à ideia de que a dignidade da pessoa humana é inseparável do seu reconhecimento como ser livre. Logo, violar a liberdade de uma pessoa significa violar sua dignidade.

Em segundo lugar, afirma-se o primado da pessoa sobre sua atividade. O trabalho é uma ação onde deve se

---

[47] JOÃO XXIII. *Mater et magistra*, n. 249.

expressar a liberdade de quem o executa. O *ser pessoa* transcende seu *fazer algo*. O ser humano é alguém com capacidade de operar livremente através do trabalho e que, no final do processo, pode contemplar e admirar-se do que fez. A ação e seus resultados estão subordinados ao seu executor. Este primado torna o trabalho uma fonte privilegiada dos direitos humanos.

Em terceiro lugar, a pessoa não é *seu* trabalho. O *ser* não se esgota em sua ação. Ainda que no trabalho transpareça o espírito humano, nem todos os atos do espírito humano são trabalho. Trabalho é ato segundo. A autoconsciência de ser pessoa feita *à imagem e semelhança de Deus* e a liberdade estão na origem do trabalho, são anteriores a ele. Neste sentido, o trabalho é uma forma de expressão da liberdade, mas não de *toda* liberdade; não pode ser caracterizado apenas através da produção, embora a inclua, já que é também meio para expressar a liberdade. É importante manter as devidas distâncias ante o mundo da produção, a fim de não perder essa consciência. Por estas razões, o descanso é um sinal da autonomia ante a atividade produtiva. O trabalhador é mais valioso que sua atividade, razão pela qual tem o direito inalienável de interrompê-lo para descansar. A suspensão temporária do trabalho é um indicador da liberdade intrínseca e inviolável daquele que o executa.

O Concílio Vaticano II indica que a liberdade, condição essencial para a dignidade humana, é "sinal proeminente da imagem divina no homem".[48] Defender a liberdade é, ao mesmo tempo, defender a dignidade humana. E esta não se limita à atribuição de alguns direitos laborais. A necessidade

---

[48] CONCÍLIO VATICANO II. *Gaudium et spes*, n. 17.

e o direito ao trabalho estão vinculados a esta perspectiva desta liberdade mais ampla que reflete a imagem divina. Esta é a razão pela qual "o valor da liberdade, como expressão da singularidade de cada pessoa, é respeitado e honrado na medida em que permite que cada membro da sociedade realize sua vocação; [...] decidir seu estado de vida e, na medida do possível, do próprio trabalho; tomar iniciativas econômicas, sociais e políticas".[49]

O *fazer* (trabalho) de Jesus revela seu *ser*, ou seja, um homem plenamente livre, libertador, defensor da vida e da criação. Aprendeu de seu Pai. Isso caracteriza a prática de Jesus de curar os doentes em *dia de sábado*. No mesmo sentido, a experiência do *êxodo* é inspiradora na busca de novas possibilidades de compreender o trabalho como via de manifestação da liberdade. O Egito era *uma casa da escravidão*, e sair dela era um imperativo ético. O Deus de Moisés é absolutamente incompatível com o sistema social e econômico do Faraó. O trabalho, naquelas condições, não era uma atividade humana, apesar de construir grandes e majestosos edifícios. "No Egito o trabalho estava alienado e longe de edificar uma sociedade justa; contribuiu para aumentar a injustiça e para tornar maior a distância entre exploradores e explorados".[50] O êxodo contém uma libertação histórica significativa e paradigmática: o trabalho só adquire sentido humano fora de sistemas opressores. A saída da *casa da escravidão* deriva um compromisso de fidelidade não só ao Deus libertador, mas também para as relações fraternas e libertadoras.

---

[49] PONTIFÍCIO CONSELHO JUSTIÇA E PAZ. *Compêndio da Doutrina Social da Igreja*, n. 200.

[50] GUTIERREZ, G. Op. cit., p. 213.

Nesta Tradição bíblica inspira-se o Magistério Pontifício: "no mundo do trabalho deve ser efetuada, prioritariamente, uma ação libertadora na liberdade; dado que a relação entre a pessoa e trabalho é vital e radical, as formas e modalidades segundo a qual essa relação é regulamentada exercerá uma influência positiva para a solução do conjunto de problemas sociais e políticos".[51] A superação das relações de exploração é a via para restaurar o sentido humano do trabalho e, portanto, organizar a sociedade sobre bases justas.

Mais ainda. A experiência bíblica do *êxodo* examinada em capítulos anteriores revela que as condições objetivas da fadiga e exaustão não são causadas apenas por forças naturais ainda não controladas, pois existem estruturas econômicas controladas por interesses ideológicos. É um mal que não é cósmico, mas humano, circunstancial, identificado pela teologia como *pecado social encarnado nas estruturas humanas.*[52] Neste contexto, a libertação expressa, na verdade, uma inevitável ruptura com tudo quanto limita aos homens sua autorrealização. Portanto, se a liberdade é uma condição para o trabalho com sentido humano, somar-se ao *fazer* de Jesus no mundo do trabalho dominado por relações de exploração significa também atuar na erradicação de tais mecanismos desumanizadores. "Trabalhar, transformar este mundo é fazer-se humano e forjar a comunidade humana, é também salvar", escreve G. Gutiérrez.[53]

Além de seu caráter transformador, numa situação objetiva de exploração do trabalho, o conteúdo do lazer

---

[51] CONGREGAÇÃO PARA DOUTRINA DA FÉ. Instrução *Libertatis conscientia*, n. 83.
[52] JOÃO PAULO II. *Sollicitudo rei socialis*, n. 36.
[53] GUTIERREZ, G. Op. cit., p. 214.

expressado no *sábado-domingo* também aparece como a confissão de uma esperança: o *descanso escatológico*, prometido ao homem que, exaurido pelo peso do trabalho, almeja nada mais que isso, descanso.

CAPÍTULO 12
OBRA DIVINA E TRABALHO HUMANO

1. Memorial da criação

Ao fazer do fruto do trabalho uma oferenda a Deus, o conteúdo teológico do *sábado-domingo* leva a considerar como Sua toda a criação. O fiel, ao dar graças através da Eucaristia, o faz junto com toda a criação, aspirando assim a santificação do mundo e de sua atividade nele.

O Deus que dá a liberdade e o dom do trabalho é o mesmo Deus criador de todas as coisas. Na instituição do *sábado*, o *memorial* da criação enriquece notavelmente o conteúdo do descanso. Como obra de Deus, a natureza sobre a qual a pessoa executa seu trabalho aparece como um dom. Ambos, criação e trabalho, são dons divinos, pois "o pão vem de Deus e do trabalho humano, não obstante, tudo é dom. A obra da criação inclui a história e, por conseguinte, também o trabalho humano".[1] Por conseguinte, a liturgia integra simultaneamente a transformação do mundo e sua contemplação, o cosmos como dom e como lugar de humanização, a produção de bens e a busca de mais vida. Verdade graficamente sintetizada por Paulo: a criação participa na

---

[1] TABORDA, F. *O Memorial da Páscoa do Senhor*: ensaios litúrgico-teológicos sobre a Eucaristia. São Paulo: Loyola, 2009, p. 143.

liberdade dos filhos de Deus (cf. Rm 8,19-23). O destino do mundo está em estreita conexão com o destino humano.[2]

A teologia encontra sua compreensão da relação entre o trabalho e natureza na fórmula litúrgica das oferendas. Pão e vinho – dom e oferta – são produto do trabalho divino e trabalho humano. Neste encontro das duas obras não há destruição, mas uma transformação redentora. O trabalho humano (dom divino), obviamente, não pode existir se não houver uma natureza (dom divino) que fornece os elementos para que ocorra o processo de transformação do pão em trigo e da uva em vinho. Ou seja, a atividade humana aparece como uma continuação, uma extensão da ação criadora de Deus que é transformada. Essa intervenção é humana, mas à *semelhança* do Criador. É uma *intervenção participada*.

Essa ideia de participação humana na obra divina aparece desde o início da teologia moderna do trabalho. Reforçada principalmente por Chenu, foi fundamental para a superação do *deísmo* que defendia a tese de que Deus, ao terminar a criação, retirou-se para seu descanso *ad aeternum*. Ao contrário, afirma Chenu, "Deus cria hoje. E seu ato criativo acontece na mesma ação humana". Logo, "quanto mais eu trabalho, mais Deus é criador".[3] Nesta dinâmica, a pessoa colabora e prolonga o ato criador de Deus usando os recursos oferecidos pelo próprio Deus: razão, liberdade, criatividade, vontade, natureza. Tal intervenção humana é possível quando se entende que a obra de Deus não se resume ao *princípio*,

---

[2] Cf. BÖCKLE, F. Liberados para la libertad. In: FEINER, J.; LÖHRER, M. (dir.). *Mysterium Salutis* – vol. V. Madrid: Cristiandad, 1984, p. 59.

[3] CHENU, M.-D. Cristianismo e mondo del lavoro. *Cultura e política*, 4 (1967), p. 13.

como se poderia inferir do Gênesis, mas Deus permanece ativo e atuante. O mundo continua a existir em sua palavra.

À luz desta perspectiva, Chenu compreende o trabalho humano "como um encontro do homem com a natureza, um ato autêntico à sua situação original".[4] Logo, a criação revela o objetivo último da dupla dimensão do trabalho indicada em *Laborem exercens*: *objetiva*, humanizar a natureza; *subjetiva*, fazer-se cada vez mais humano através da transformação da natureza. O trabalho aparece como um compromisso de conferir à criação um significado humano e um espaço vital. As duas dimensões se complementam.

Se a criação é aberta ao futuro, a teologia não tem por que limitar-se a refletir apenas sobre seu início, mas também sobre toda a dinâmica do processo criador na história e seu destino final. Em outras palavras, uma teologia com uma mirada em todo o processo do plano da salvação. A criação abrange o ato de criar no *início*, o criar *histórico* e o tempo *final* (escatológica consumação). A redução do conceito de criação *no início* resultou em uma ruptura entre criação e redenção, ou melhor, entre a *primeira* e a *segunda, ou nova* criação. Ao contrário, a criação aponta para a história da salvação e ambas levam à consumação, ao Reino.

2. Aprender do Pai, a exemplo do Filho

Para evitar sua instrumentalização, o entendimento teológico do trabalho como uma participação na obra divina recebe seu complemento na orientação cristológica. Bento XVI explicita que "a relação entre a liturgia e a criação

---

[4] CHENU, M.-D. Trabajo. In: RAHNER, K. (dir.). *Sacramentum Mundi* – vol. VI. Barcelona: Herder, 1974, p. 678.

manifesta a unidade do plano de Deus, e leva a descobrir a relação profunda entre a criação e a nova criação, inaugurada com a ressurreição de Cristo, novo Adão".[5] Com efeito, a comunidade reunida na liturgia do *Dia do Senhor* tem em Cristo a recapitulação de toda a criação (cf. Cl 1,15). Afirmou-se, anteriormente, que o núcleo desta coparticipação está na antropologia do ser humano como *imagem e semelhança* de Deus; e, como tal, atua no mundo segundo sua essência. Essa verdade de fé se realiza de forma plena na pessoa de Jesus, modelo de uma correta relação da humanidade com o mundo criado.

O conceito de *imagem* é essencial porque "significa que o homem, ao voltar-se a seu próprio ser, encontra dentro a explicação de quem é. Mas essa explicação não se esgota em seu próprio ser, mas está referida imediatamente a outro de quem é imagem".[6] A pessoa que se compreende imagem de Deus Criador e Libertador responde com uma atividade que a faz colaboradora à maneira do Filho.

Em primeiro lugar, isso significa que não se trata de que *toda* a ação humana seja participação na obra redentora, mas aquela ação executada à luz do *Novo Adão*, não do velho. Por conseguinte, como disse Chenu, "a encarnação transforma as relações entre homem e natureza e a história".[7] Também o confirma João Paulo II: "No Redentor do mundo, foi revelado de uma forma nova e mais admirável a verdade fundamental sobre criação testemunhada no livro de Gênesis, quando repete várias vezes: E viu Deus que era bom. Em Jesus Cristo,

---

[5] BENTO XVI. *Sacramentum caritatis*, n. 92.
[6] ANTONCICH, R. Op. cit., p. 204.
[7] CHENU, M.-D. Trabajo. In: RAHNER, K. (dir.), op. cit., p. 675.

o mundo visível criado por Deus – o mundo que, entrado o pecado, está sujeito à vaidade – recebe novamente o vínculo original com a fonte divina da Sabedoria e do Amor".[8]

Em segundo lugar, a partir do *evento Cristo*, todos estão chamados a participar na construção da fraternidade dos filhos de Deus, o *novo céu e a nova terra*. Por um lado, por sua relação com a criatura humana, toda a criação participa desta economia salvífica (cf. Rm 8,19-22). Por outro lado, a criação encontra seu sentido escatológico no Reino. A expressão "Meu Pai está trabalhando até agora e eu também trabalho" (Jo 5,17) destaca este conceito de trabalho como extensão da criação à luz do mistério pascal, caracterizada como uma colaboração inspirada pela irrupção do Reino na pessoa e no trabalho de Jesus.

Deus Pai não cessa de *trabalhar* pela humanidade e continua ativo na história. O homem é chamado a aprender de Deus. Todo pai deseja que seus filhos aprendam seu ofício. Os filhos o assimilam quando veem seu Pai trabalhando. Foi assim que Jesus aprendeu de seu Pai o ofício de gerar vida trabalhando pelo Reino (cf. Jo 5,19-20). Jesus se une ao trabalho criador do Pai. Quando o homem confere este mesmo sentido ao trabalho, já não se poderá distinguir exatamente onde acaba o trabalho humano e começa o trabalho de Deus.

Em terceiro lugar, a categoria de *domínio* assume novo significado. A partir da encarnação do Filho, o imperativo *dominai* (Gn 1,28) é reinterpretado a partir da categoria *servir*. Cristo, o homem perfeito *à imagem de Deus na terra,* não veio ao mundo para *dominar* e servir-se do mundo, mas para *servir* (Mc 10,45). De fato, sua vida terrena foi toda feita

---

[8] JOÃO PAULO II. *Redemptor hominis*, n. 8.

de *serviço libertador* e de reconciliação da criatura com seu Criador e das criaturas entre si. Portanto, Gn 1,28 recebe uma nova interpretação: a *dominação* significa *libertação* da criação e da humanidade para a comunhão, "pois toda a criação espera ser libertada da escravidão da corrupção para participar na gloriosa liberdade dos filhos de Deus" (Rm 8,21).

À luz do *evento Cristo*, a pessoa deixa de ser compreendida como aquela *imagem de Deus* chamada a submeter a natureza, explorando-a segundo seus interesses. Sua vontade de poder e domínio se transformam em serviço que busca a *reconciliação*, grande promessa do *sétimo dia*. Em síntese, a fé na criação (*protologia*) e a fé na consumação, "venha o teu Reino!" (*escatologia*), são dois referentes obrigatórios de toda a teologia. O caráter paradoxal do Reino irrompe como norma para o *estar* e o *atuar* humano no meio da criação. Logo, o trabalho, como uma das formas de *estar* e *atuar*, recebe sua normatividade do *já* do Reino, e tem no *ainda não* seu objetivo final.

3. Participação humana

O sentido teológico do *trabalho* como participação no prolongamento da obra divina à luz do Reino suscita um exame sobre os limites da racionalidade econômica que pauta a relação do capitalismo com a natureza. Aliás, as discussões sobre a relação do progresso com o meio ambiente acompanham a civilização do trabalho desde sua gênese. A subordinação da sociedade à economia capitalista, isto é, atividade econômica como meio e fim em si mesma, é o foco de convergência da crítica.

O Magistério da Igreja constata que a irrupção dos problemas ecológicos na *Terceira Revolução Industrial* está conectada à glorificação do trabalho: "Por traz da preocupante questão ecológica está um erro antropológico muito difundido em nosso tempo. O homem, que descobre sua capacidade para transformar e, em certo sentido, *criar* o mundo com o seu trabalho, ignora que isso se desenvolve sempre à base da primeira e originária doação das coisas por parte de Deus".[9]

A partir desta constatação, pode-se definir o homem contemporâneo como *homo creator*, surgido a partir de um processo de radicalização do *homo faber*. Com a modernidade, a primazia do *produzir* manifesta um comportamento de domínio sobre a natureza subordinado ao critério do utilitarismo.

Para Hannah Arendt, o *homo faber* da *civilização industrial* se comporta como o mestre de toda a terra. Uma vez que sua atividade foi representada pela imagem de um Deus criador, "a produtividade humana destinava-se a aparecer como uma rebeldia prometeica, que poderia construir um mundo feito por seres humanos somente após ter destruído parte da natureza criada por Deus".[10] Atualmente, o *homo faber* criticado por Arendt foi empoderado pela evolução das tecnologias que não se restringem a transformar a natureza, ou fazer alterações em elementos já dados pelo Criador, mas desenvolvem a capacidade de introduzir elementos que alteram as leis da evolução.[11]

---

[9] JOÃO PAULO II. *Centesimus annus*, n. 37.
[10] Cf. ARENDT, H. *La condición humana*. Barcelona: Paidós, 2005, p. 168.
[11] GESCHÉ, A. El hombre: creado-creador. *Selecciones de Teología*, 127 (1993), p. 201-216: Publicação original: *Stimm der Ziet*, 194 (1976), p. 111-127.

Na verdade, o homem deixa-se guiar pelo imperativo segundo o qual *tudo o que pode ser feito, deve ser feito*. Desvinculado da dimensão ética, sente-se constantemente ameaçado exatamente por aquilo que produz e transforma. Em palavras de João Paulo II: "O homem teme que seus produtos possam converte-se em meios e instrumentos de uma inimaginável autodestruição".[12] Neste contexto, em que a dimensão *objetiva* da atividade humana começa a ser o centro das preocupações políticas, a teologia é chamada a lidar com os limites da atividade humana no mundo.[13]

4. Cultivar e preservar

Não só a humanidade, mas toda a criação requer cuidados. A consciência da vulnerabilidade inclui o fato de que a natureza é frágil e, portanto, pode desaparecer. Essa consciência é a condição de possibilidade da assim denominada *responsabilidade ecológica* que está na origem da *ecoética*. Em seu âmago ecoa a mensagem bíblica do *cuidado e cultivo do jardim* (cf. Gn 2,15). Segundo exposto no capítulo 7, o encargo de *dominar a terra* (Gn 1,28) está estreitamente ligado à ordem de *cultivar e guardar o solo* (Gn 2,15).

O Magistério Social da Igreja insiste neste vínculo entre os dois textos.[14] Entretanto, sua dissociação tem sido corrente na tradição cristã sobre o trabalho. A ambiguidade

---

[12] JOÃO PAULO II. *Redemptor hominis*, n. 15.

[13] Além da obra conhecida de J. MOLTMANN, *Deus na criação: doutrina ecológica da criação*, outros autores refletem este tema a partir da teologia: BIRCH, C. Supervivencia en la tierra, civilización técnica y teología de la creación. *Selecciones de Teología*, 66 (1978), p. 114-126: publicação original: *The ecumenical Review*, 28 (1976), p. 66-79.

[14] PONTÍFICIO CONSELHO JUSTIÇA E PAZ. *Compêndio da Doutrina Social da Igreja*, n. 255.

presente na natureza humana traz consigo o não reconhecimento da criação como obra divina. Por extensão, houve uma desconexão entre *cultivar* e *cuidar*. Tal dissociação implica tanto a destruição dos recursos da natureza, muitas vezes com consequências irreversíveis, como a falta de solidariedade para com a geração contemporânea e, de forma ainda mais irresponsável, para com as gerações futuras.

O trabalho entendido como *cuidado e cultivo* permite a reprodução da vida humana sem esgotar os recursos naturais de forma irreversível. Por um lado, *cultivar e cuidar* a terra e prolongar a criação não tem sentido se não for para a preservação da vida humana. Portanto, "quando se afirma que a pessoa humana se realiza prolongando a obra da criação por meio do trabalho, estamos dizendo que se situa, por este fato, no interior de um processo salvífico englobante".[15] Logo, a visão cristã não sustenta, mas se contrapõe radicalmente à visão capitalista do trabalho e seu espírito individualista com fins de acumulação material.

A intenção primeira do trabalho é colaborar no projeto de humanização do mundo. Gênesis 2,15 confere conteúdo ético muito específico à categoria de *domínio*: "o significado deste *domínio* sobre o mundo visível, que lhe são atribuídos como confirmada pelo mesmo criador, significa a prioridade de ética sobre a técnica, no primado da pessoa sobre as coisas, da superioridade do Espírito sobre a matéria".[16] A consciência ecológica encontra motivos de sobra de apoio na fé cristã.

---

[15] GUTIÉRREZ, G. Op. cit., p. 214.
[16] JOÃO PAULO II. *Redemptor hominis*, n. 16.

5. Preservação da espécie e progresso econômico

Preocupada, a civilização do século XXI acompanha a intensificação da descaracterização da relação humana com a natureza. A crise ecológica contemporânea não é nova. Muitas sociedades do passado tiveram que lidar com limites impostos por sua base natural de recursos vitais. Presentemente uma civilização global enfrenta seus limites ecológicos. Além de planetária, é, também, uma crise acelerada. As mudanças climáticas, fenômeno mais conhecido, é apenas um elemento da crise. Há outros, como a extinção da biodiversidade e a crise energética.

Salvar o planeta ou a espécie humana? Não é a terra que está correndo perigo em razão dos problemas ambientais. É a raça humana que corre o risco de extinção. Stephen Jay Gould chamou a atenção para a impotência de o homem destruir o planeta.[17] O que está em jogo é a conservação dos meios ecossistêmicos. Caso a espécie humana desapareça, o planeta continuará a existir.

Contudo, mesmo que a economia atual tenha ultrapassado o ponto da sustentabilidade, ela continua apostando na ideia de que somente o crescimento torna possível o progresso e a superação da pobreza. O refluxo do crescimento mergulharia os trabalhadores no desemprego e no fim das proteções. Uma civilização do trabalho sem trabalho seria

---

[17] GOULD, S. J. The Golden rule: a proper scale for our environmental crisis. *Natural History*, setembro, 1990. Mesmo o mais radical dos cenários de aquecimento global seria mais frio que muitas épocas de um passado pré-humano. É possível que a espécie humana se destrua e leve muitas outras espécies com ela, mas não que acabe com a vida na terra. O planeta sobreviveria a uma catástrofe nuclear, porém as culturas humanas pereceriam junto com a espécie.

o caos. O consumo e o trabalho são o motor da economia contemporânea.

Na questão do crescimento há um embate entre iniciativas de desenvolvimento econômico e defesa do patrimônio ambiental. A lei de Bell (1976), de que "o que os ricos fazem hoje, os pobres farão amanhã", aplica-se aos países emergentes que se lançam a conquistar mercados como via para vencer a pobreza. Os ricos, porém, permanecem ricos, mantendo a vantagem conquistada.[18] Lamentavelmente, o crescimento econômico como único antídoto contra a pobreza não compromete os ganhos dos ricos.

Apoiado nesta ideia de progresso, o PIB (produto interno bruto) fomenta a obsessão pelo crescimento. Acredita-se que o aumento no nível da produção material significaria melhoria das condições de vida. Sua avaliação do crescimento se dá em função do aumento do produto, independentemente da natureza do mesmo (acidentes de trânsito e desastres ambientais). O aumento do PIB corresponde, em grande parte, ao crescimento de gigantescas estruturas. Levar o meio ambiente realmente a sério inviabilizaria muitas atividades econômicas. O crescimento, no entanto, tem sido reivindicado sem que se perceba que o PIB não esclarece o que cresceu, como cresceu e quem foram os principais beneficiados. Pode haver crescimento com diminuição de riqueza se esse crescimento ocorrer à custa da extinção de florestas inteiras ou da contaminação irreversível de rios e mananciais?

---

[18] Celso Furtado alertava que o projeto de desenvolvimento perseguido pelos países periféricos não passa de um simples mito. O custo deste processo, em termos de depredação do meio ambiente, é tão elevado que toda tentativa de generalizá-lo levaria ao colapso da civilização. Cf. FURTADO, Celso. *O mito do desenvolvimento econômico*. Rio de Janeiro: Paz e Terra, 1974.

6. Progresso econômico com ampliação das liberdades?

Se todo crescimento tem elevados custos ecológicos, as políticas de emprego e renda podem conviver com políticas ambientais? Levando em conta as três dimensões da sustentabilidade (econômica, ambiental, social), a *Carta da Terra* e a *Agenda 21* levantaram a necessidade de criação de indicadores capazes de medir mais criteriosamente o desenvolvimento. Segundo a ONU, é possível consumir menos recursos naturais sem limitar o direito ao trabalho. Como aumentar os níveis críticos de emprego destruindo menos? A economia cresce dentro de um planeta que não cresce. Sustentabilidade ambiental, trabalho e justiça social são compatíveis na agenda do capitalismo?

Entre as pessoas que vivem hoje pesam diferenças de poder, de renda e acesso aos recursos: aqueles que usufruem não são de fato os mesmos que sofrem desvantagens, e esta divisão influencia o ritmo da degradação ambiental. Amartya Sen mostra que o desenvolvimento deve visar à remoção das principais fontes de privação de liberdade: pobreza, carência de oportunidades, negligência de serviços públicos, intolerância etc. O desenvolvimento é um processo de ampliação das liberdades humanas, ou seja, de expansão das escolhas que as pessoas têm para viver criativa e plenamente.[19] O sistema econômico é um meio nesse processo, não um fim.

A questão, portanto, está relacionada à possibilidade de que as gerações futuras continuem o processo de expansão das liberdades defendida por Sen. Pois bem, se isso exige expansão

---

[19] SEN, A. K. *Desenvolvimento como liberdade*. São Paulo: Companhia das Letras, 1999.

da produção econômica, a expressão *desenvolvimento sustentável* é uma contradição em termos, uma vez que a expansão da escala da economia provoca processos irreversíveis de degradação do meio ambiente. Ao mesmo tempo em que se pede mais crescimento para acabar com a pobreza, se pede também salvar o planeta e se pede mais liberdade!

Existe um dilema sobre a obrigatoriedade moral de se deixar um capital natural em quantidades suficientes para as próximas gerações. As sociedades têm de fazer escolhas de consumir menos para que as próximas gerações tenham acesso ao capital natural. A questão da relação entre a qualidade de vida e as liberdades de uma geração com as das gerações seguintes extrapola o horizonte temporal de um indivíduo. O indivíduo perece, mas a sociedade a que pertence não perece com ele. É necessário um sentimento altruísta que induza a comportamentos de solidariedade com os futuros membros da sua comunidade.

A justiça intergeracional é o impasse ético do momento. Há grandes obstáculos para que a mudança de atitudes com relação às gerações futuras ocorra de maneira semelhante às mudanças do mundo do trabalho. Os trabalhadores de fins do século XIX e inícios do XX se empenharam em conquistar os direitos que a geração atual se beneficia. Neste sentido, a sociedade sustentável exigiria um aumento considerável da consciência dos indivíduos do presente. Dificilmente a geração atual dará importância para qualquer restrição ao conforto material. A mudança na maneira de se encarar a relação entre crescimento econômico e desenvolvimento vai além da visão do meio ambiente como um conjunto de limites para o crescimento. Como obter um desenvolvimento sustentável sem superar a pobreza? O trabalho é a chave nesta busca de uma harmonia entre a produção e o meio ambiente.

7. Fontes de energia e proteção ambiental

Mais de dois séculos já se passaram depois da *Primeira Revolução Industrial*. A partir dela, o sistema de produção caracterizou-se pelo uso de fontes de energia, pelas máquinas, pela divisão e especialização do trabalho, pelo transporte, pela comunicação e aplicação da ciência na indústria. Os novos modos de produção, marcados pela passagem da manufatura à indústria mecânica, se espalharam pelo mundo. A novidade que transformou o planeta está vinculada à energia que está no centro do processo de desenvolvimento, progresso, crescimento econômico.

Na *Primeira Revolução Industrial*, a máquina a vapor introduziu uma nova representação da relação com a natureza. A energia movida a vapor foi usada na extração de minério, na indústria têxtil e na fabricação de uma grande variedade de bens que, antes, eram feitos à mão. O navio substituiu a escuna e a locomotiva a vapor substituiu os vagões puxados a cavalo. O trabalho manual transformava-se em força mecânica. O primeiro instrumento universal de comunicação quase instantânea era uma revolução. Na *Segunda Revolução Industrial* sobressaiu-se a eletricidade e a química, resultando em novos tipos de motores (elétricos e à explosão), em novos produtos e na substituição do ferro pelo aço. As *duas revoluções* geraram emprego, novas profissões e prosperidade material.

Na *atual Revolução Industrial*[20] a descarbonização dos sistemas econômicos pode garantir o direito ao trabalho e prosperidade sem dilapidar a natureza? Propostas existem:

---

[20] RIFKIN, J. *A Terceira Revolução Industrial*: como o poder lateral está transformando a energia, a economia e o mundo. São Paulo: M. Books do Brasil Editora, 2012.

o mercado de energias renováveis vem crescendo e exigindo mão de obra especializada na agricultura, nos institutos de pesquisa, na produção de equipamentos, na logística, em universidades e consultorias. É possível consumir menos energia e recursos naturais sem limitar o direito ao trabalho e reduzir a oferta de bens de consumo e serviços.

Apesar da intenção de garantir o emprego reduzindo riscos ecológicos, o processo de globalização continua a trajetória inaugurada há quase trezentos anos. As *tecnologias verdes* incutem uma imensa pressão sobre territórios não explorados. Há uma corrida por metais preciosos (gálio, índio, rênio, cobalto etc.). A curto e médio prazo a pilhagem deixará o solo exaurido. As ciências econômicas ainda não encontraram a fórmula para lidar com necessidades múltiplas e recursos limitados?[21] A cobiça insaciável e a psicose do enriquecimento rápido personificam o incurável antiecologismo do capitalismo.

Pensar outro modelo de desenvolvimento econômico, social e político requer transformações de hábitos adquiridos há séculos e intensificados no século XXI. É um equívoco desconectar o tema econômico da questão ecológica.[22] Impossível solucionar problemas ambientais aumentando a produção material, cujo motor é o acúmulo do capital. O crescimento econômico e o progresso material não são o único motor do processo civilizatório. É possível ser feliz com austeridade e simplicidade de vida. Mas, enquanto não

---

[21] ROBBINS, L. *An essay on the nature and significance of economic science*. Londres: Macmillan, 1984.

[22] CECHIN, A. *A natureza como limite da economia*: a contribuição de Nicholas Gergescu-Roegen. São Paulo: Edusp, 2010.

é possível colocar em prática tal teoria, que ela sirva de base para refletir sobre o modo de vida atual.[23]

Embora alguns passos importantes tenham sido efetuados no aspecto ambiental, a questão da redistribuição das riquezas é mantida fechada dentro dos limites nacionais. De imediato, o caminho de saída proposto depende da árdua construção de pactos de justiça social e ecológica entre governos dos países ricos e países em desenvolvimento e entre empresas e sociedades civis para definir os vínculos para as atividades econômicas globais, nas quais a tutela do humano e da natureza tenha prioridade sobre as finanças.

8. Ecoteologia do trabalho?

Uma visão de natureza desconectada de qualquer referência à transcendência é uma inquietação tipicamente teológica. O trabalho potencializado pelas novas tecnologias deveria humanizar a natureza ao invés de causar desequilíbrios irreversíveis, contrastando com a ideia da prolongação da criação. As tecnologias, orientadas pelo capital, escondem a dimensão da transcendência.

Como superar a estreiteza disciplinar que impede uma visão de conjunto da problemática socioambiental? Como incluir a dimensão transcendental neste debate? Nenhuma disciplina possui precedência intelectual sobre qualquer outra em matéria de responsabilidade pelo planeta. A economia é um subsistema do todo maior que é a vida humana e o cosmos. Não existe economia sem sociedade e sem sistema ecológico. Mas pode haver meio ambiente sem economia.

---

[23] SEMPERE, J. *Mejor con menos*: necesidades, explosión consumista y crisis ecológica. Barcelona: Crítica, 2009.

Pensa-se no ecossistema como um elemento periférico da economia ou como um depósito de onde se retira o que se quer e se amontoa o que foi inutilizado. O modelo atual assemelha-se ao modelo europeu do século XIX. Essa determinação do hoje pelo passado, e do futuro pelo hoje, funciona a partir de uma interpretação determinista perversa de que a história, necessariamente, segue uma única direção.[24] Tudo continuará ocorrendo da mesma maneira se os indivíduos do futuro consumirem a mesma quantidade de bens e serviços que a geração atual, respirando um ar poluído, suportando temperaturas mais elevadas e pagando mais caro por alimentos.

A *teologia* não pode abdicar de oferecer sua contribuição na reflexão a respeito de estabelecimento de fronteiras à atividade humana (cf. Gn 3,3).[25] A instituição do *sábado/domingo* proporciona uma base para esta tarefa: a natureza também precisa descansar. O *sétimo dia* representa um limite ao poder humano, ao recordar que o poder do qual dispomos somente é humano quando entendido como serviço, proteção e cultivo da vida. Há que se manter uma distância prudencial da excessiva valorização do trabalho e sua ameaça diante da natureza.

Enfim, urge renovar a consciência da fragilidade presente em todas as criaturas, inclusive no ser humano, que restaure o significado exato desta referência. A relação ambígua entre o poder de Deus Criador e as potencialidades da criatura humana é superada na medida em que a segunda

---

[24] Cf. JARRIGE, F. *Face au monstre mécanique*. Une histoire des résistence à la technique. Paris: Radicaux Libres, 2009; MUNFORD, L. *Technics and civilization*. Chicago: Chicago Un. Press, 2010.

[25] Cf. GESCHÉ, A. Op. cit., p. 201-216.

atua com a consciência de ser a imagem do primeiro.[26] No trabalho, a pessoa descobre-se criadora, mas também como criatura frágil e mortal. A humanidade, irmanada em sua capacidade de trabalho, também está irmanada em sua debilidade e nos limites da natureza.

---

[26] Cf. ANTONCICH, R. Op. cit., p. 204.

CAPÍTULO 13
DIMENSÃO SOCIAL

1. Memorial comunitário

A tradição cristã fala da Eucaristia como alimento, comida e bebida espiritual que *sustenta para a vida eterna* (cf. Jo 6,50-51). O conceito de *alimento*, desprovido de seu devido complemento, pode ser ambíguo e não apropriado para designar a Eucaristia. A mesma corre o risco de ser entendida de forma individualista, do tipo *fast-food* – refeição rápida e privada. Nada mais contrário à ação litúrgica que valoriza a refeição em comum como um elemento antropológico imprescindível. O alimento partilhado significa mais que uma satisfação puramente física. Pelo contrário, como momento de alimentar o corpo, a alma, as relações, é uma expressão de unidade.[1]

Bento XVI, falando do sacramento da Eucaristia, afirma que o culto agradável a Deus nunca é um ato puramente privado sem consequências sociais, pois "a mística do Sacramento é de caráter social".[2] O mistério eucarístico

---

[1] Cf. INSTRUÇÃO GERAL DO MISSAL ROMANO, n. 48. Este é um dos gestos mais despercebidos pela assembleia na ação litúrgica. O costume das formas pequenas (o missal) só as justifica quando assim o exige o grande número dos comungantes e outras razões pastorais (cf. n. 283). Mas, sobretudo, o individualismo em torno da comunhão faz com que muitos presbíteros relevem o gesto. A direção horizontal fica perdida.

[2] BENTO XVI. *Sacramentum caritatis*, n. 89.

é social devido a seu próprio conteúdo. "O memorial do mistério pascal de Cristo reforça a comunhão entre irmãos e, em particular, estimula os que estão em conflito a acelerarem a sua reconciliação, abrindo o diálogo e o compromisso com a justiça."[3] Comunhão, diálogo, reconciliação, compromisso, palavras-chave da mesa eucarística. Nada mais longe do individualismo.

Para comer o pão é preciso reparti-lo. A liturgia dá a razão de existir da comunidade reunida: comer juntos é gesto de amor. Nesse sentido, o apóstolo Paulo enfatiza o nexo entre participação na liturgia e compartilhar com os outros (cf. 1Cor 11,17-34). Esta vinculação é uma constante na tradição eclesial. De acordo com o Concílio, "em seus inícios, a Igreja, unindo o *ágape* à ceia eucarística, se manifestava toda inteira em torno de Cristo pelo vínculo do amor".[4] Portanto, em Cristo, o homem é libertado do amor a si mesmo – razão do não reconhecimento do outro como irmão – e conduzido ao amor fraterno.

O acento comunitário da liturgia manifesta duas realidades estreitamente relacionadas. A primeira, e a mais evidente: é *ato comunitário*, onde fé, oração e partilha tipificam uma forma de relação social (cf. At 2,42-46). É *fração do pão*, onde todos comem do mesmo alimento (Mt 26,26; Mc 14,22; Lc 23,10; 1Cor 11,24). A experiência dos discípulos ligada à comensalidade (cf. Lc 24,30.35.41-42; Jo 21,12-13; At 10,41) mostra que esta é a melhor maneira de expressar a reunião de Cristo com os seus em comunhão com Ele.

---

[3] BENTO XVI. *Sacramentum caritatis*, n. 89.
[4] CONCÍLIO VATICANO II. *Apostolicam actuositatem*, n. 8.

A segunda realidade, compreensível aos olhos da fé, é a condição de possibilidade da anterior. A comunidade reunida é convocada *em nome do Pai, do Filho e do Espírito Santo*. O Deus que a convoca é perfeita comunhão de amor de Pessoas divinas. O mistério da fé do encontro litúrgico é mistério de comunhão trinitária.[5] Em outras palavras, é obra da Trindade:[6] "a graça do Senhor Jesus Cristo, o amor do Pai e a comunhão do Espírito Santo esteja convosco" (2Cor 13,13; Ap 22,17-20).[7] O modelo e o princípio do mistério da unidade da comunidade é a comunhão trinitária. Portanto, o *memorial* do mistério Pascal revela a Trindade, em que a imagem de Deus não é de uma individualidade isolada, mas comunhão.

2. Dimensão social das relações de trabalho

O mistério de Deus expresso no *memorial* permite refletir sobre o aspecto da sociabilidade humana. Primeiramente, o homem é *imagem* de Deus não na individualidade fechada da sua pessoa, mas em relação com outros, à *semelhança das pessoas divinas*. Se a liberdade se expressa, em primeiro lugar, em relação com o outro, é então inseparável da sociabilidade. Em segundo lugar, à condição da individualidade humana pertence essencialmente a sociabilidade. Nela, a pessoa manifesta a sua dignidade e liberdade em relação à outra pessoa, seu semelhante. As duas se objetivam em estruturas e relações que organizam a vida comum.

---

[5] BENTO XVI. *Sacramentum caritatis*, n. 8
[6] CONCÍLIO VATICANO II. *Lumen gentium*, n. 4.
[7] O papel do Espírito na liturgia revela o sentido da comunhão da Trindade na economia da salvação. O Espírito enviado pelo Pai, que esteve presente em toda a vida do Filho encarnado (cf. Mt 1,18; 3,16; Lc 10,21; Jo 16,7), é agora invocado sobre os dons do pão e do vinho, e reúne os fiéis em um só corpo.

O trabalho é uma relação social. Como parte do vasto campo das relações humanas, no trabalho pode-se verificar o exercício da liberdade e o reconhecimento da dignidade humana. Assim como a obra da criação de Deus não tem um fim em si mesmo, seu termo final não pode ser restrito ao seu produto, pois até mesmo o produto está destinado a outro. Ou seja, a criação não faz sentido sem a presença desse *outro* para o Criador, que é a pessoa humana.

No Gênesis, a obra divina aparece como uma palavra proferida na direção da criatura humana, como invocação do seu reconhecimento, e que por isso aguarda uma resposta de reconhecimento. Se o trabalho é uma relação social, também envolve o crescimento da consciência social daquele que o executa. Tal consciência é fundamental, porque o trabalho e a liberdade são dimensões sociais. Sua ocultação favorece o individualismo.

A imagem apropriada de Deus no homem não se restringe ao sucesso de sua capacidade individual, na autorrealização profissional ou coisas do tipo. Pelo contrário, o trabalho como parte vital da socialização humana visa ao bem do outro. Neste sentido, deve ser considerado na mesma categoria que define a pessoa como ser no mundo em relação com o outro, seu semelhante: *minha relação no trabalho diz quem eu sou para o outro*. Esta categoria faz do indivíduo um sujeito que se entende como ser para a relação. Ela manifesta a autêntica dimensão humana que faz da pessoa não alguém ocupado em defender-se da hostilidade exterior, mas alguém que gera comunidade. Assim compreendido, o trabalho pode constituir-se em articulador da sociedade e de relações mais humanas fundadas no respeito.

Isso leva a abordar as duas formas possíveis de relação no trabalho: *reconhecimento* e *negação*. Se o trabalho é uma relação social de liberdades reconhecidas como iguais, seu sentido não provém unicamente de sua produtividade, mas da forma como a relação se realiza. Na medida em que se insere na comunidade de pessoas estabelecida sob uma relação de *reconhecimento*, o trabalho se mostra atividade eminentemente humana. Caso contrário, a opção pelo não reconhecimento do outro resulta na negação de sua liberdade e dignidade, ou, usando um conceito teológico, *pecado*.

A opção pelo não reconhecimento transforma o outro em coisa, objeto que pode ser utilizado segundo interesses individuais. Por conseguinte, o trabalho, de gerador de relações sociais, torna-se fonte de desumanização de si mesmo e do mundo. Portanto, a caracterização do trabalho como uma relação entre livres e iguais em dignidade é imperativo ético. Nos relacionamentos é onde a ambiguidade se expressa com toda violência. Nela se objetivam as piores formas de instrumentalização do outro.

Esta não é uma questão periférica. João Paulo II já a tinha claro quando afirmou que o trabalho é uma "chave da questão social".[8] As relações laborais definem as outras relações sociais como família, educação, cidadania e a política. A correção das relações perversas no mundo do trabalho é um imperativo ético. A mudança social passa pela mudança nas relações de trabalho.

---

[8] JOÃO PAULO II. *Laborem exercens*, n. 2.

3. Irmandade

Em teologia já é um tópico afirmar que o trabalho, para ser verdadeiramente humano, deve refletir a *imagem e semelhança* de Deus na pessoa. Pois bem, o Deus confessado pelo cristianismo é trinitário. Em Jesus Cristo, o conceito foi totalmente esclarecido, e o mistério foi manifestado em forma de comunhão de pessoas que convida a humanidade à comunhão. A irmandade humana está enraizada na comunhão das pessoas divinas.

Assim como não se pode entender a Eucaristia sem referir-se à última ceia de Jesus com seus discípulos, tão pouco é possível entender todo o alcance desta última sem vinculá-la ao contexto geral das refeições de Jesus. O fato de Jesus instituir a Eucaristia em uma refeição vinculada à sua prática é algo significativo. Tal prática (Mt 9,11; 11,18-19; 12,1; 14,16-21; 15,2.32-37) está revestida de profundo caráter teológico. Jesus as converteu em momentos privilegiados de sua mensagem: *figura do banquete do Reino* (cf. Mt 22,1-14; Mc 2,15-16; Lc 19,2ss; Mc 6,30-44). Ressalte-se, de maneira especial, o gesto da multiplicação dos pães e peixes (cf. Mc 6,31-44; 8,1-10; Mt 14,14-20; 15,32-39; Lc 9,11-17; Jo 6,1-15). A partir delas, ninguém mais pode duvidar de que o Reino não é apenas promessa futura, mas uma realidade. Sem dúvida, o gesto da partilha simbolizado na liturgia é sinal visível desta antecipação do Reino de Deus.

Compartilhar da mesma mesa é, antes de tudo, reconhecerem-se iguais em dignidade. A refeição é, especialmente para os judeus, sinal de amizade (cf. Gn 14,8; Ne 5,15). Não é surpreendente que Jesus sentasse à mesa com todos os tipos de pessoas, sem excluir ninguém, nem mesmo os pecadores notórios e rejeitados.

Essas refeições, informadas pelo espírito da fraternidade e liberdade, indicam um novo modelo de humanidade onde as relações sociais estão enraizadas no reconhecimento da dignidade dos comensais. A citação de Lucas é um paradigma: "Quando deres um banquete convida os pobres, os mutilados, os coxos e cegos; e serás feliz, porque eles não podem corresponder. Serás recompensado na ressurreição dos justos" (Lc 14,13-14).

Portanto, a Eucaristia é o Reino agindo, e a ação litúrgica é prolongação destes sinais visíveis do Reino. Pão e vinho partilhados, corpo e sangue sacramental de Cristo, transformam os comensais em comunidade solidária, especialmente com os mais pobres (cf. 1Cor 16,1ss).

De fato, o reconhecimento do outro como meu *semelhante*, na irmandade, é o sinal mais visível do impacto da liturgia sobre a dimensão social do trabalho. O trabalho caracteriza-se como lugar de reconhecimento do outro; a liturgia, por sua vez, como sinal da fraternidade, ilumina seu fim social como o vasto campo onde as relações humanas sejam constituídas fraternalmente. A possibilidade de um trabalho não alienado e não alienante ocorre somente em uma sociedade que prioriza o respeito pela dignidade do outro sobre a obsessão da acumulação.

À luz da revisão da reconfiguração do capitalismo global, este sentido social da liturgia tem enorme acento profético. A *civilização do trabalho* tirou todas as dúvidas de que as relações laborais são lugar da manifestação de todo o caráter desumanizador de estruturas sociais fundadas no não reconhecimento da dignidade do trabalhador. Nela, o trabalho, ao deixar de ser um mediador, está impossibilitado de fundar uma sociedade verdadeiramente humana. A superação deste paradigma civilizatório se impõe como tarefa ética.

4. Relações de solidariedade

A ação litúrgica não é um acontecimento alheio à história. É sacramento da presença de Deus no *hoje*. Descobrir sua novidade libertadora cabe a cada geração de cristãos que a celebram. A missão daqueles reunidos em torno da mesa da Palavra e do Pão se concretiza onde inextrincavelmente coincidem *Ceia do Senhor* e criação de relações de irmandade. Não se trata de uma preocupação menor ou secundária da teologia, pois a dignidade humana está intimamente ligada à solidariedade. O crescimento humano integral não pode dar-se sem um desenvolvimento solidário de toda a humanidade.

O Magistério observa que "a solidariedade é uma exigência direta da fraternidade humana e sobrenatural. Os graves problemas socioeconômicos hodiernos não podem ser resolvidos se não criar novas frentes de solidariedade: solidariedade dos pobres e entre eles, solidariedade com os pobres a que os ricos estão chamados e solidariedade dos trabalhadores entre si".[9] É momento de se buscar uma compreensão mais ampla do trabalho, para além do seu sentido como transformação do mundo e de progresso econômico.

O pão e o vinho são em si mesmos muito significativos, pois, como os elementos básicos da Eucaristia, recordam simbolicamente a proximidade com o mundo e a história das lutas pela sobrevivência. A teologia descobre na liturgia que o sentido solidário do trabalho recebe sua complementaridade no mistério de Deus, que é comunhão e comunicação das

---

[9] CONGREGAÇÃO PARA A DOUTRINA DA FÉ. *Libertatis conscientia*, n. 89.

pessoas. Nele, a solidariedade tem uma dupla raiz: a unidade de todos os homens como filhos do mesmo Pai que deu a criação como uma herança comum, e o mistério pascal de Cristo que entrega sua vida por toda a humanidade. Sobreviver juntos, como esforço coletivo!

Desta segunda raiz, afirma-se que "o mistério pascal é mistério de solidariedade na medida em que abarca a morte e glorificação de Jesus, e de alguma forma toda sua vida, pois sua morte, historicamente, é resultado de sua existência Pascoal: uma existência em função do outro".[10] Em suma, a solidariedade é uma exigência direta da fraternidade humana e está enraizada em Deus (cf. Mt 5,45; Rm 8,14-17; Gl 3, 23-27; Ef 2,19-20; 5,1-2; 1Jo 3,1).

Em segundo lugar, a teologia descobre que a solidariedade não é um conceito atemporal, pois ela acompanha a história. Uma análise do que foi a solidariedade fez João Paulo II em *Laborem exercens*.[11] Sua irrupção na modernidade coincide com a *questão operária*, pois esta "deu origem a uma justa reação social: fez surgir e quase irromper um grande impulso de solidariedade entre os homens do trabalho, e, principalmente, entre os trabalhadores da indústria".[12] Por causa disso, Leão XIII, no primeiro parágrafo da *Rerum novarum*, apontava para a solidariedade como uma forma de superação do capitalismo da primeira Revolução Industrial: "a maior autoconfiança dos trabalhadores e coesão mais estreita entre eles".

---

[10] Cf. TABORDA, F. *O Memorial da Páscoa do Senhor*: ensaios litúrgico-teológicos sobre a Eucaristia. São Paulo: Loyola, 2009, p. 256-257.

[11] Cf. GASDA, E. O trabalho aos olhos de Deus: *Laborem exercens* faz 30 anos. Revista *Pistis Praxis Teologia Pastoral*, v. 3, n. 2, p. 653-669, 2011.

[12] JOÃO PAULO II. *Laborem exercens*, n. 8.

A solidariedade surge como resposta gradual à tomada de consciência da imoralidade da situação vivida por esta "gente de condição humilde, porque a maioria se debate indecorosamente em uma situação miserável e calamitosa... isolados e impotentes, a desumanidade dos empresários e a cobiça desenfreada dos competidores".[13]

Tal reação é positiva: "a chamada à solidariedade e ação comum – continua *Laborem exercens* n. 8 –, lançada aos trabalhadores, tinha uma perspectiva ética social importante: foi a reação contra a exploração sem precedentes e concomitante no campo dos rendimentos do trabalho e as condições da ordem para a pessoa do trabalhador". Ou seja, além de justa, é uma reação necessária, cujo resultado "reuniu o mundo do trabalho em uma comunidade caracterizada pela grande solidariedade".

A declaração a seguir não tem nada a ver com conformismo ao sistema econômico: "Desde então, a solidariedade dos homens do trabalho e, simultaneamente, uma tomada de consciência mais clara e mais compromissória pelo que respeita aos direitos dos trabalhadores da parte dos outros, produziu em muitos casos mudanças profundas. Foram excogitados diversos sistemas novos. Desenvolveram-se diversas formas de neocapitalismo ou de coletivismo".[14] A solidariedade é concebida como um dinamismo lúcido e humanista contra qualquer renúncia às anomalias do sistema.

O profundo significado da solidariedade no mundo do trabalho[15] se aprofunda na *Sollicitudo rei socialis*, documento

---

[13] LEÃO XIII. *Rerum novarum*, n. 1.
[14] JOÃO PAULO II. *Laborem exercens*, n. 8.
[15] Cf. GASDA, E. *Fe cristiana y sentido del trabajo*. San Pablo: Madrid, 2011, p. 213-235.

imediatamente posterior a *Laborem exercens*. Nela, a solidariedade é caracterizada como um conceito que brota precisamente em contraste com o economicismo e o individualismo. Ambas são formas de existir na sociedade. Uma entende o trabalho como ser e outra como ter. Na solidariedade, o outro aparece como centro, pois a mesma "não é um sentimento de compaixão vaga ou de enternecimento superficial pelos males sofridos por tantas pessoas próximas ou distantes". Pelo contrário, é a *determinação firme e perseverante* de se empenhar pelo *bem comum*, ou seja, pelo bem de todos e de cada um, porque *todos* somos verdadeiramente responsáveis *por todos*.

"Esta determinação está fundada na *firme* convicção de que as causas que entravam o desenvolvimento integral são aquela avidez do lucro e aquela sede do poder de que se falou. Estas atitudes e estas 'estruturas de pecado' só poderão ser vencidas – pressupondo o auxílio da graça divina – com uma *atitude diametralmente oposta*: a aplicação em prol do bem do próximo, com a disponibilidade, em sentido evangélico, para 'perder-se' em benefício do próximo em vez de explorá-lo, e para 'servi-lo' em vez de o oprimir para proveito próprio."[16]

Não estamos diante de um paradigma circunstancial ou de uma atitude mais compassiva com os trabalhadores, mas algo mais consistente, permanente, uma verdadeira tradução do dinamismo transformador do amor evangélico. O valor da solidariedade, entendida como o pleno reconhecimento da

---

[16] *Sollicitudo rei socialis*, n. 38. O texto foi retomado no *Compêndio*, n. 193. João Paulo II foi um dos primeiros a conferir estatuto de virtude à solidariedade. Cf. *Redemptor hominis*, 16; *Sollicitudo rei socialis*, 21-23.26.33.36.38.40.45-47; *Centesimus annus* 10.16.22.26.29.41.60.61.

humanidade do outro, "é a imagem viva de Deus resgatada pelo sangue de Jesus Cristo e colocados sob ação permanente do Espírito".[17]

Uma opção ética que não só modifica as relações laborais como abre novas alternativas para toda a sociedade. Se, por um lado, o individualismo econômico desfigura a imagem e semelhança de Deus presente em cada pessoa, a solidariedade, por sua vez, a restaura: "a solidariedade deve estar presente lá onde requer a degradação social do trabalhador, a exploração dos trabalhadores e as áreas crescentes de miséria e fome".[18]

A solidariedade aqui analisada tem como base a própria essência do trabalho como uma tarefa coletiva que vincula intimamente os homens.[19] Já na primeira nota no prefácio da *Laborem exercens* se afirma que esta solidariedade é estendida para todas as categorias de trabalhadores, independentemente de sua confissão religiosa, filiação sindical ou conotação cultural.

Esta perspectiva responde à nova morfologia da *classe que vive do trabalho* (Ricardo Antunes), mais fragmentada, heterogênea e complexa: "Movimentos de solidariedade no campo do trabalho – de uma solidariedade que não deve nunca ser fechamento para o diálogo e para a colaboração com os demais – podem ser necessários, mesmo pelo que se refere às condições de grupos sociais que anteriormente não se achavam compreendidos entre estes movimentos, mas que vão sofrendo no meio dos sistemas sociais e das condições de

---

[17] JOÃO PAULO II. *Sollicitudo rei socialis*, n. 40.
[18] JOÃO PAULO II. *Laborem exercens*, n. 8.
[19] JOÃO PAULO II. *Laborem exercens*, n. 12.

vida que mudam uma efetiva *proletarização*, ou mesmo que se encontram realmente já numa condição de proletariado que, embora não seja chamada ainda com este nome, de fato é tal que o merece".[20]

Como se pode ver, tanto a ideia de solidariedade, cerne da *Sollicitudo rei socialis*, como o *economicismo individualista*, criticado duramente em *Laborem exercens*, adquire grande atualidade. Se por um lado a perspectiva da *Sollicitudo rei socialis* é global, *Laborem exercens* confere ao mundo do trabalho um lugar privilegiado desta solidariedade global. Ainda que sejam muitos e diversos os espaços de organização onde transparecem experiências da solidariedade, o trabalho aparece como o mais decisivo para as mudanças sociais e políticas. A partir da organização do proletariado por seus direitos, se entende melhor o sentido transformador da solidariedade. A humanização do trabalho é uma porta de saída da *casa da injustiça*.

E, assim, chega-se ao que se configura a ideia do trabalho como lugar privilegiado de solidariedade. As diversas iniciativas de libertação das ataduras do individualismo economicista deveriam ser encontradas no mundo do trabalho. A solidariedade e suas possibilidades no mundo contemporâneo são, em primeiro lugar, responsabilidade dos trabalhadores. Eles podem continuar reproduzindo um sistema produtivo que provoca sua própria precarização e deterioração social, ou representar a vanguarda de um êxodo que conduza a uma sociedade decente e solidária.[21]

---

[20] JOÃO PAULO II. *Laborem exercens*, n. 8.
[21] SILVA, J. P. *Trabalho, cidadania e reconhecimento*. São Paulo: Annablume, 2008.

5. Dinamismo do Reino

Muitos são os desafios impostos pelo capitalismo global à aplicação da solidariedade no mundo do trabalho. Mas há uma questão central: até que ponto é possível falar do trabalho no âmbito da solidariedade dentro de uma sociedade em que o sistema é orientado pelo eixo da competitividade e pelo motor da acumulação, onde tudo tem origem e fim no individualismo, em que os trabalhadores são levados a salvar-se individualmente, independentemente de sua classe. Neste contexto devemos reafirmar três elementos fundamentais da mensagem cristã.

Em primeiro lugar, a dimensão social do homem *imago Dei* é um elemento urgente a restaurar para superar o individualismo e o princípio da acumulação ilimitada própria do capitalismo. A sociabilidade é uma dimensão essencial da pessoa. A expressão litúrgica dessa dimensão humana tem seu momento de maior importância quando *os frutos da terra e do trabalho humano* são oferecidos como ação de graças a Deus. Então, verdadeiramente, dá-se a confluência mais completa do Deus que trabalha em comunhão de pessoas e o ser humano, que também trabalha socialmente.

A reafirmação do fator *unidade*. A solidariedade representa uma forma de dinamismo do Reino no mundo do trabalho. O destino último das ofertas – *dons de Deus e do trabalho humano* – inspira utopias sociais resultantes do esforço humano movidas pelo espírito de comunhão com o Reino inaugurado por Jesus e herdado pelos cristãos como uma tarefa histórica. Através do trabalho, "o homem sustenta de ordinário a própria vida e a dos seus; por meio dele se une e serve aos seus irmãos, pode exercitar uma caridade autêntica e colaborar no acabamento da criação divina".[22]

Ou seja, na base da solidariedade está a fraternidade, uma aspiração profunda do espírito humano. Isso é determinante, especialmente quando se considera que a sociedade é não só o lugar em que se trabalha, mas um espaço que deve ser aproveitado para a vivência com sentido fraterno. Este espaço deve ser conquistado, porque foi invadido pela ditadura do capital que impede qualquer possibilidade de assumir o espírito de solidariedade.

A reafirmação da *opção preferencial pela classe que vive do seu trabalho*. Viver o trabalho como espaço de irmandade é configurá-lo como humano, e sua dimensão social evoca o destino comum de bens produzidos: alimentar os famintos, saciar os sedentos, vestir os nus, acolher os forasteiros e desterrados. Somente assim é possível afirmar que a solidariedade é o nome civil da caridade cristã. Desta forma, a comunidade dos cristãos será verdadeiramente uma *Igreja dos pobres*. "Os pobres aparecem, em muitos casos, como resultado da violação da dignidade do trabalho humano."[23]

Em conclusão, a natureza comunitária e igualitária do descanso cristão refletido na ação litúrgica do *memorial* da *ceia do Senhor* amplia consideravelmente o horizonte da compreensão da sociabilidade implícita no trabalho.

---

[22] CONCÍLIO VATICANO II. *Gaudium et spes*, n. 67.
[23] JOÃO PAULO II. *Laborem exercens*, n. 8.

CAPÍTULO 14
TEMPO E FESTA

1. Memorial da santificação do tempo

A categoria de tempo (*chronos*), relegada pela teologia do trabalho, não pode ser tratada de maneira periférica. Todo ato humano se realiza no tempo e no espaço. Em primeiro lugar, o cristianismo é uma religião do tempo, ou seja, que prioriza a santificação do tempo. Devido à intervenção de Deus, o tempo humano é também histórico-salvífico. Dentro de sua dimensão o mundo é criado, redimido e salvo.[1]

Em segundo lugar, o tempo está diretamente relacionado a Cristo, seu centro e plenitude (cf. Ap 1,8; 21,26; 22,13). O Verbo se fez carne e habitou no meio da humanidade dentro de um determinado momento histórico (cf. Hb 1,1-2). Os acontecimentos salvíficos são sempre presença atual do evento Cristo (cf. Hb 13,8; Ap 21,6). Nele, a história está carregada de novo significado (cf. Ef 1,9-10).

Em terceiro lugar, a liturgia, como *memorial* da Páscoa do Senhor, atualiza a obra divina no tempo humano. Toda liturgia realiza-se no tempo como memória de um fato histórico lido à luz da fé: a vida-morte-ressurreição de Jesus Cristo. Os tempos significativos do ponto de vista humano

---

[1] KUNZLER, M. La santificación del tiempo – vol. 2. La celebración del año del Señor. In: *La liturgia de la Iglesia*. Valencia: EDICEP, 1999, p. 567-669.

são assumidos na liturgia como sinais visíveis para simbolizar a realidade nova, o novo tempo inaugurado por Cristo.[2]

A liturgia é a celebração dos acontecimentos que manifestam a salvação. Nela, os cristãos celebram o *Dia do Senhor* como acontecimento presente que toca o passado e alcança o futuro. Neste sentido, não é apenas recordação de eventos acontecidos. Todo o traçado da história da salvação é vivido na liturgia. Nela, estamos em busca do tempo de Deus e tomamos parte na liturgia celestial.[3] A ação litúrgica do *memorial* da Páscoa do Senhor é um momento de significação fundamentalmente religioso que dá sentido ao desenvolvimento do tempo humano.

2. Temporalidade do trabalho humano

Na história da humanidade o tempo é uma sucessão de eventos que transcorrem na vida de cada pessoa. Segundo a perspectiva dos *sinais dos tempos* do Concílio Vaticano II, Deus continua se manifestando na história. Nela, ocorrem as angústias e as esperanças do mundo do trabalho. Esta autocomunicação de Deus possibilita a teologização de realidades humanas como o trabalho e a convertem em um momento da práxis do Reino.

O domingo é o embrião do tempo litúrgico, sinal sensível da dinâmica da história da salvação.[4] Este dia carrega dentro de si a mística do sábado judaico, como tempo de descanso e de liberdade, levando a pleno cumprimento o dia

---

[2] TRIACCA, A. M. Tempo e liturgia. In: SARTORE, D.; TRIACCA, A. M. *Dicionário de liturgia*. São Paulo: Paulinas, 1992, p. 1163-1174.

[3] CONCÍLIO VATICANO II. *Sacrossantum concilium*, n. 8.

[4] SILVA, J. O. *O Domingo, páscoa semanal dos cristãos*. São Paulo: Paulus, 1998.

da *nova criação*, o *sábado eterno*. Este recorda que "foi para sermos livres que Cristo nos libertou" (Gl 5,1).

Como paradigma para a teologia do trabalho, o conteúdo cristão do *dia de descanso* destaca a relação do trabalho com o tempo. A dimensão temporal revela a finitude e a contingência da existência humana. Nela, também o trabalho tem um caráter de contingência, ambiguidade e imperfeição. É inconcebível como atividade humana com um fim em si mesmo, pois se realiza no tempo de vida de quem o executa. De fato, nenhuma atividade, sistema econômico ou modelo de organização social pode ter pretensões absolutas e totalizadoras da vida humana.[5] Neste sentido, o descanso revela toda a limitação e circunstancialidade de qualquer atividade humana.

Se, por um lado, o tempo de trabalho termina com o trabalho, o conteúdo da liturgia do *Dia do Senhor* remete o tempo de descanso para além dele, para a eternidade fora do tempo humano. Nela, a historicidade da salvação confere sentido pleno ao existir humano na terra. Esta interpretação da fé ilumina o sentido moderno do trabalho em seu aspecto de evolução e de progresso social. Em cada ação litúrgica, o fiel volta a contemplar a ação de Deus na sua história, a identifica no presente e o faz olhar para um futuro que transcende o *hoje*. O presente é uma etapa transitória que aponta ao futuro. Não se trata, primeiramente, de uma evolução cronológica, mas de apostar em um horizonte, em uma perspectiva e em

---

[5] A reflexão de Joseph PIEPER, conhecido por sua crítica radical ao ativismo moderno, vai na mesma direção. O autor alemão contrapõe a instituição do descanso sabático ao trabalho. Em sua obra *Otium et cultum* (Brescia: Morcelliana, 1952), denomina a civilização industrial de "mundo totalitário do trabalho".

um ideal que possa pautar e sustentar o hoje da história (*nova terra, sábado eterno*).

Ora, se a fé diz que a humanidade está peregrinando rumo ao *telos*, o sentido último do trabalho não pode estar no imediatismo do *hoje*. Mas, por outro lado, o futuro esperado não anula o sentido do presente. Ao contrário, é a esperança *neste* futuro que justifica as opções do presente. Portanto, o sentido do trabalho desvelado pela fé é incompatível com todas as formas de materialismo histórico, sejam eles de orientação marxista ou capitalista.

3. Tudo a seu tempo

Há outro aspecto da vinculação do tempo de trabalho ao descanso deduzido da liturgia, a saber. O fluir da existência é marcado pelo ritmo dos dias de trabalho e de descanso. Especificamente, o sábado para o israelita e o domingo para o cristão são dias santificados, e também livres do trabalho. Por um lado, esta interrupção do trabalho favorece a santificação do dia de descanso. Por outro lado, a santificação do descanso favorece a humanização do trabalho.

Trabalho sem descanso é sinônimo de opressão e desumanização, bestialização do operário, diria Marx. Por isso, trabalho e descanso têm uma relação mútua e necessária. O tempo de trabalho totalizante e absoluto, que impossibilita o descanso, leva à autodestruição. Logo, o tempo de trabalho com sentido está vinculado ao tempo de descanso com sentido. Restaurando o descanso com sentido é possível encontrar sentido no trabalho.

O trabalhador começa sua jornada laboral na certeza de que a seu final encontrará o merecido descanso; começa a semana de trabalho ansioso para que chegue o final de semana; inicia sua vida profissional, na juventude, na esperança de um dia se aposentar. Pode parecer paradoxal, mas uma das principais alegrias do trabalho é seu término, que não é eterno, e que logo virá o descanso. E descanso é descanso.

É inegável que o trabalho traz satisfação. Nele, há uma mescla de dois sentimentos: cansaço-fadiga; satisfação-descanso. Acertadamente Chenu definiu o descanso "como um estado de intensa satisfação que coroa toda a atividade laboral".[6] Se todo trabalho concluído deve gerar alguma satisfação, duas coisas podem ser deduzidas: o principal valor humano do trabalho não é o financeiro; a pessoa trabalha para fins que não podem ser calculados economicamente. A alegria pelo resultado alcançado e pelo descanso após a fadiga é uma prova de humanidade e de transcendência do ser humano sobre a matéria trabalhada, os instrumentos de trabalho, a tecnologia e o produto.

Nos dias atuais esta satisfação nem sempre é uma realidade na vida dos trabalhadores. A fadiga gerada pelas condições objetivas de trabalho impede o autêntico descanso. Portanto, a satisfação é um sentimento que hoje, mais do que antes, urge garantir ao trabalhador. É dimensão humana sufocada pela ditadura do capital representada pela *sociedade salarial*: o salário não substitui essa satisfação primária e eminentemente humana.

Finalmente, a busca da satisfação pessoal é um dos fenômenos sociais que caracterizam a sociedade contemporânea. No entanto, o indivíduo provoca um grande equívoco

---

[6] CHENU, M.-D. Trabajo. In: RAHNER, K. (dir.). *Sacramentum Mundi* – vol. VI, Barcelona: Herder, 1974, p. 675.

quando a busca unicamente no trabalho, no salário ou no entretenimento. Para a sabedoria bíblica do Eclesiastes, vista no capítulo 8, é cair na mais cruel das ilusões, pois desemboca no materialismo e no hedonismo. O trabalho possibilita apenas satisfações contingentes e circunstanciais. Hoje se pode estar satisfeito com a profissão, com o salário, o bem-estar e as proteções sociais que o trabalho garante. Mas qual será o grau de satisfação no próximo mês, no próximo ano? Quando as apologistas da *sociedade do trabalho* prometem felicidade infinita aos trabalhadores, estão propagando uma mentira que leva à mais cruel das decepções.

A alegria proporcionada pelo trabalho não pode confundir-se com a busca da verdadeira e plena felicidade, tão própria da natureza humana. É ingenuidade apostar na felicidade depositada, exclusivamente, sobre os bens conquistados pelo trabalho. No entanto, quando o trabalho se realiza em um ambiente propício e a pessoa pode expandir suas capacidades e concluir uma tarefa, a satisfação aparece de forma natural. Quando a jornada de trabalho leva à satisfação, merece uma comemoração. Embora a felicidade completa da existência humana não esteja aqui, a satisfação pode apontar para ela.

4. Memorial festivo

Além de um tempo de repouso das atividades produtivas e do sentimento de satisfação, o conteúdo judaico-cristão do descanso também fala de festa.[7] Para João Paulo II, "o *Dia do Senhor* deve ser vivido como o dia da libertação e como

---

[7] SOUZA, M. B. Festejar aqui e agora o ano da libertação. In: *Celebrar o Deus da vida*: tradição litúrgica e inculturação. São Paulo: Loyola, 1992, p. 109-131.

uma antecipação da festa da Páscoa celestial definitiva".[8] O *memorial* da libertação plena é essencialmente festivo. Também o Concílio Vaticano II afirma que "o domingo é um dia de festa, dia de alegria e descanso do trabalho".[9]

Assim como a vida, a liturgia também é feita de pão e de vinho, de trabalho e de festa e gratuidade. O vinho é a bebida que simboliza a alegria, a amizade, o encontro, a comemoração. Nesta direção, José Comblin afirma que "a festa é o momento de comemorar e desfrutar os frutos do trabalho. Logo, toda refeição tem caráter festivo".[10]

A festa, como forma de viver o tempo como realidade simbólica, é difícil de ser conceituada. José Comblin oferece uma reflexão iluminadora: "o tempo humano está dividido entre a festa e o intervalo da festa. A festa marca o ritmo da vida humana. Sem ela o tempo perde significado humano, não tem começo nem fim, e não vai a parte alguma".[11] Embora possa parecer palavreado descrever uma festa – é uma dessas realidades para viver –, ela possui três elementos essenciais: um acontecimento digno de celebração, a forma de celebrar e um grupo reunido.[12] Na falta de um destes elementos, não há festa.

---

[8] JOÃO PAULO II. *Dies Domini*, n. 26.

[9] Cf. CONCÍLIO VATICANO II. *Sacrossantum concilium*, n. 106, cap. 3. A instituição do domingo como dia de culto e de descanso para toda a sociedade recebeu as primeiras versões das mãos do imperador Constantino (321) e da *Admonição geral* de Carlos Magno (789), vinculando a festa dominical cristã à interrupção do trabalho.

[10] COMBLIN, J. *Curso de teologia* – vol. IV. São Paulo: Paulinas, 1986, p. 179.

[11] Ibid., p. 179.

[12] Cf. TABORDA, F. *Sacramentos, práxis e festa*: para uma teologia latino-americana dos sacramentos. Petrópolis: Vozes, 1987, p. 43-49.

A liturgia assume os valores culturais e humanos da festa, enxertando seus aspectos específicos. A tradição judaico-cristã vive a festa como um sinal de libertação das opressões e de seus opressores, da fraternidade vivida e de esperança no futuro que logo virá. A festa é uma expressão da teologia de Israel, é *lugar teológico*. A ação de Deus a favor do povo é sempre o primeiro motivo das grandes festas. Ou seja, é um *memorial* da intervenção de Deus na história. Nesta dinâmica o sujeito que celebra é sempre o povo. É uma participação aberta à vida que desemboca no cotidiano (cf. Dt 10,12-13).

São festas que convocam o povo a responder positivamente à ação libertadora de Deus. De acordo com os profetas, a coerência da resposta que se dá no testemunho de vida é a prova do valor de uma festa aos olhos de Deus (cf. Is 1,13ss; Am 5,21ss; Os 6,6; Jr 6,20; Mq 6,6-8). O vivido deve coincidir com o festejado. São celebrações do conteúdo ético.

O cristianismo, na esteira do Judaísmo, também é uma religião eminentemente festiva. No entanto, em conformidade com o processo de concepção de tempo indicado na tradição de Israel, no Novo Testamento há uma radical experiência em que as festas do Antigo Testamento são reinterpretadas: *O Senhor ressuscitou, e a morte foi derrotada!* Nenhum outro evento na história pode ser comparado a este em grandeza, significado e impacto. Assim como a festa da Páscoa de Israel é o eixo articulador das demais festas, a Páscoa de Jesus polariza todas as festas cristãs. O ano litúrgico, o calendário, as solenidades: o objeto da festa é sempre o mistério de Cristo. Da celebração do seu *memorial* desdobram-se as outras festas.¹³

O cristão comemora o *memorial* do mistério Pascal no domingo, *Dia do Senhor*. O domingo não é um dia qualquer, mas o primeiro e principal dia de toda a semana. E a liturgia é o evento festivo que o torna autêntico, pois atualiza seu conteúdo. Nela, o povo reunido redescobre o sentido último de sua existência.¹⁴ A liturgia é sinal da festa sem ocaso, uma antecipação, já neste mundo, do banquete eterno. Em suma, o caráter festivo do domingo recebe sua expressão na liturgia, onde a alegria de libertação em Cristo é seu selo. O *Dia do Senhor*, dia de partilhar o pão e o vinho em ambiente festivo, pode oferecer elementos inspiradores para uma sociedade que anseia por uma felicidade mais autêntica e relações mais humanas.

5. Festejar e trabalhar

De acordo com Comblin, a festa sempre foi um momento privilegiado do encontro das comunidades com seu Deus. Todas as grandes religiões têm a festa como acontecimento fundamental. O povo de Israel era eminentemente festivo, pois eram momentos privilegiados de renovar a Aliança.¹⁵ A instituição temporal mais importante para os israelitas é o *sábado*. Seu caráter sagrado e solene é uma das pilastras da

---

[13] Cf. BERGAMINI, A. *Cristo, Festa da Igreja: o ano litúrgico*. São Paulo: Paulinas, 1994.

[14] EICHER, P. El tiempo de la libertad. Una comunidad cristiana para el ocio y el mundo del trabajo. *Concilium*, 162 (1981), p. 241-255. O teólogo suíço critica duramente a ideologia da autorrealização humana unicamente através do trabalho. Para evitar este erro, propõe que a comunidade cristã assuma uma práxis do final de semana iluminada pelo Evangelho.

[15] Cf. COMBLIN, J. Op. cit., p. 179.

identidade de todo autêntico israelita. Com efeito, o *sábado* é descrito como um grande dia de festa, de alegria e de descanso (cf. Lv 23,32; Os 2,11; Is 58,13-14; Lm 2,6; Ne 8,9-12). Sua conexão com o trabalho foi examinada no capítulo 7.

Embora o *sábado* já contenha o sentido do trabalho, na religião de Israel destacam-se outras três grandes festas vinculadas ao trabalho. São elas: *Festa dos Ázimos da Primavera* (Páscoa), *Festa das Colheitas* (Semanas ou Pentecostes), *Festa da Coleta, Festa do Outono* (Tendas ou Tabernáculos). Estreitamente ligadas ao trabalho (semeadura, ceifa e colheita), receberam na história uma interpretação teológica. Nelas, o israelita deve apresentar à Yahveh as melhores primícias do seu trabalho (Ex 23,14-16.19) para que elas se tornem *memorial*.[16]

Em primeiro lugar, a *Festa da Páscoa*. É a junção da festa dos pastores, quando sacrificavam os cordeiros tenros para pedir a fertilidade do gado (cf. Ex 12,2-4; Dt 16,1-2), com a festa dos agricultores, que inaugurava o ano agrícola. Nela, o povo se alimentava de pão ázimo cozido com os novos grãos, sem fermento, ou seja, livre de tudo o que viesse dos restos da antiga colheita (cf. Ex 23,15; Dt 16,8). Teologicamente vinculadas à saída do Egito, esta Festa tornou-se *memorial* do êxodo.[17]

---

[16] As três grandes festas anuais estão presentes nas quatro listas de calendários: Ex 23,14-17; 34,18-23; Dt 16,1-16; Lv 23. Mais tarde foram acrescentadas: *Ano-Novo* (Lv 23,24); *Lua nova* (Esd 3,5; 1Cr 23,31), *Dia da Expiação* (Lv 16,23.27-32; Nm 28,7-11); *Desterro*, os *Purim* (Est 9,24; 2Mc 15,36); *Dedicação do Templo* (1Mc 4,36-59) e o *Dia de Nicanor* (1Mc 7,49). Junto a estas, Israel conheceu outras festas vinculadas a eventos particulares: familiares (Gn 29,22s – matrimônio), rurais (2Sm 13,23-29 – tosquia das ovelhas), políticas (1Sm 18,6-7 – coroação do rei).

[17] A conexão está explícita em Ex 12, que incorpora o ritual das duas festas ao relato da saída do Egito: estes dos ritos foram instituídos para contribuir a esta libertação e para comemorá-la.

A *Festa das Semanas* (Pentecostes) é a segunda grande festa anual. Celebra a colheita do trigo, realizada sete semanas após a Páscoa. Tornou-se *memorial* da Aliança no Sinai (cf. Dt 16,9-12; 26,2-3; Lv 23,15-21).

A terceira das festas é a das *Tendas* ou Tabernáculos, realizada no final do ano agrícola (sétimo mês) para dar graças a Deus pela colheita e, especialmente, pela última colheita. Relacionada com a história da salvação, tornou-se *memorial* da passagem pelo deserto rumo à terra prometida, onde o povo habitava em tendas (cf. Lv 23,39-43; Dt 16, 13-16). Em suma, três festas religiosas originadas do mundo do trabalho simbolizam os três *memoriais* que forjaram a identidade israelita. Negar-se a celebrá-las levava à expulsão da comunidade (cf. Lv 23,29).

Sem dúvida, a alternância entre festa e trabalho é uma importantíssima expressão das culturas e da historicidade das sociedades em que Israel serve como excelente ilustração. De fato, não há notícias de culturas que desconhecem a festa. Constitutiva da natureza humana, suprimi-la significaria apagar da história uma dimensão fundamental da identidade antropológica. Portanto, é um erro e é absolutamente unilateral definir o ser humano apenas como alguém *chamado ao trabalho*. Toda pessoa humana também está *chamada a festejar*.

A festa é patrimônio da humanidade. Não só o trabalho humaniza o homem e o define como tal. Reduzir a vida humana ao trabalho é eliminar a diversão, o jogo, a poesia, a dança, a gratuidade, a música. Em outras palavras, o indivíduo não é apenas *homo faber*. É, também, *homo ludens*. A festa é essencial para a dignidade e liberdade humana. Trabalho sem festa é escravidão. Trabalhador que não festeja é um ser em processo de desumanização. A festa é um sonoro *Não* ao totalitarismo do trabalho, e uma proclamação retumbante do *Sim* para o primado da pessoa sobre sua atividade laboral. A festa humaniza na mesma medida do trabalho.

Vale lembrar, também, que a vinculação da festa ao trabalho evoca a tradição sapiencial de Eclesiastes, em sua exortação aos trabalhadores, para que desfrutem do produto de seus esforços (capítulo 8). A existência humana *debaixo do sol* não se resume a duros e exaustivos trabalhos (Ecl 1,3). Há um *tempo propício* (Ecl 3,1) para cada atividade humana. Não é o trabalho desmedido, que ignora limites, que conduzirá à felicidade desejada, mas a observação necessária de um tempo oportuno para uma das principais atividades humanas, a festa: "Anda, come o pão com alegria e bom grado bebe teu vinho, que Deus já está satisfeito com seu trabalho. Em todo momento sejam suas roupas brancas e não falte perfume em sua cabeça" (Ecl 9,7).

Em virtude de sua vinculação à festa, potencializada pelo descanso, o trabalho, como via de libertação e de socialização, coloca o ser humano diante da fonte da felicidade e da gratuidade. "O homem que trabalha é o mesmo que abre caminho para uma dimensão radical, que não só consiste em ser pessoa, mas de sê-lo diante do Absoluto e de responder a Ele pelo sentido da vida".[18] O céu é uma festa! O Reino é um banquete!

---

[18] ANTONCICH, R. El tema del trabajo en el Magisterio Social de la Iglesia. La encíclica *Laborem exercens*. In: HUNERMANN, P.; SCANNONE, J. C. *América Latina y la Doctrina social de la Iglesia*. Trabajo y capital: nuevo orden económico y social – vol. 5. Buenos Aires: Paulinas, 1991, p. 156.

Vista desta perspectiva, a festa é algo extremamente importante para a teologia do trabalho. A festa "sugere que o trabalho, por mais produtivo, não é o objetivo final da vida. O objetivo final ultrapassa o fruto do esforço humano e olha para a felicidade plena. Ambos, trabalho e festa, estão a serviço desta meta".[19] O objetivo da fadiga do trabalho é a festa (o fim da colheita, a construção de um edifício, a conclusão do curso acadêmico, o lançamento de um livro, o trabalho de parto etc.), que, por sua vez, é uma antecipação do *gran finale* sem fim, o *sábado sem ocaso*.

K. Rahner dizia que "a comunidade pessoal, o amor, a alegria, a dança, o canto, a arte em geral e outras atividades são oportunidades para as quais devemos estar liberados em nosso tempo livre do trabalho".[20] Mais do que alguém *que faz coisas, somos seres feitos para a festa*. O trabalho deveria estar integrado na lógica e no espírito da festa.

6. Ócio e tempo livre

Trabalho e festa, mutuamente relacionados, são modos de utilização racional do tempo. Faz-se festa porque o tempo de trabalho foi satisfatório. É como se a festa fosse um produto do trabalho. E o trabalho, consequência da festa. O mesmo vale para o *ócio* no *tempo livre*. A alteração do termo *festa* pela palavra *ócio* e *dia de descanso* por *tempo livre* revela semelhanças.

O indivíduo contemporâneo trabalha, entre outras razões, para garantir o acesso às ofertas de entretenimento

---

[19] Cf. TABORDA, F. *Sacramentos, práxis e festa*: para uma teologia latino-americana dos sacramentos. Petrópolis: Vozes, 1987, p. 58.

[20] RAHNER, K. Advertencias teológicas en torno al problema del tiempo libre. In: *Escritos de Teología* – vol. IV. Madrid: Taurus, 1964, p. 491.

como formas de reduzir as tensões do trabalho, para *sair do sufoco* e do *estresse*, como se diz vulgarmente. Em certo sentido também o ócio é um dos produtos do trabalho. A própria mobilização dos trabalhadores pela redução da jornada laboral e do direito ao descanso semanal é sinal da valorização do *ócio*, entendido como *tempo livre*, não mais como um *tempo sagrado* vinculado à religião.

Se na tradição bíblica as principais festividades estão vinculadas ao trabalho através da religião, atualmente há um nítido contraste entre festa e vida cotidiana. Se na *Primeira Revolução Industrial* a imposição da absolutização do trabalho ao proletariado levou ao desprezo pelo descanso, e o ócio a ser considerado *perda de tempo*, inútil e improdutivo, atualmente, atividades lúdicas como esporte, arte e a festa tornaram-se uma das mais poderosas indústrias do mercado.

De fato, nos dias de hoje não mais a religião faz o elo entre trabalho, descanso e festa, mas a economia. Ao convertê-la em fonte de renda, o capital destruiu o sentido bíblico da festa. Portanto, o erro antropológico denunciado por João Paulo II na *Laborem exercens* afeta tanto o trabalho quanto o *tempo livre*. O fato de permitir mais *tempo livre* deixa certa sensação de liberdade, mesmo estando preso à lógica do capital: se um dos princípios fundamentais da *Laborem exercens* é o trabalho como realidade inegociável, como não mercadoria, pois é uma dimensão humana, o mesmo princípio deveria aplicar-se também ao descanso.[21]

Não sem razão, a crítica de Nietzsche tornou-se memorável: "Como sinal de que decaiu a valorização da vida

---

[21] Cf. GASDA, E. *Trabalho e capitalismo global*: atualidade da doutrina social da Igreja. São Paulo: Paulinas, 2011, p. 105-121.

contemplativa, os intelectuais de agora competem com os homens ativos numa espécie de fruição precipitada, de modo que parecem valorizar mais esse modo de fruir do que aquele que realmente lhes convém e que de fato é um prazer bem maior. Os intelectuais se envergonham do *otium*. Mas há algo de nobre no ócio e no lazer. Se o ócio é realmente o começo de todos os vícios, então está bem próximo de todas as virtudes; o ocioso é sempre um homem melhor do que o ativo. Mas não pensem que, ao falar de ócio e lazer, me estou referindo a vocês, preguiçosos".[22]

É questionável reduzir o trabalho ao âmbito da necessidade e transferir a dimensão antropológica da liberdade, da autonomia e da criatividade ao *ócio*. O *tempo livre* está subordinado, em grande parte, aos mesmos mecanismos da divisão do trabalho. Como única diferença de que a atividade produtiva do trabalho é substituída por atividades de consumo e de entretenimento. Mais ainda. Na etapa atual do capitalismo, um dos principais motores da economia é o mercado consumidor. O equilíbrio do sistema depende do bom funcionamento da sociedade de consumo. O indivíduo-trabalhador de segunda a sexta-feira é, cada vez mais, o consumidor do final de semana. O ócio, antes considerado *perda de tempo*, agora se tornou *fonte de riqueza* e de acumulação do capital.

7. Pecado do ócio?

Sobram razões para que a relação entre tempo de trabalho e *tempo livre* esteja entre as questões mais discutidas. Não obstante, ao contrário do que acontece com o trabalho, o tempo livre e o ócio são temas que não despertaram o

---

[22] NIETZSCHE, F. *Humano, demasiado humano*. São Paulo: Companhia das Letras, 2005, n. 284.

interesse da teologia; são vistos, inclusive, com desconfiança, ou tratados apenas como um direito laboral, nada mais.[23] O ócio pelo menos deixou de ser incluído no rol dos *pecados capitais*.

A reflexão teológica sobre o *ócio*, um dos fenômenos marcantes da sociedade contemporânea, quase inexiste. Aqueles que escrevem sobre as virtudes do trabalho, geralmente, têm pouco a dizer sobre o descanso e a festa. Assim, não fazem mais que aprofundar a separação entre trabalho e lazer gerada pela *civilização do trabalho*. Na encíclica sobre o trabalho, João Paulo II não reflete sobre ele, apenas inclui o lazer como um direito que deve ser garantido.[24] Em outras palavras, faltam referências teológicas sobre o sentido religioso do tempo livre, dos quais o ócio e o descanso fazem parte.

A respeito dessa questão, Karl Rahner opina que o teólogo pode fazer apenas perguntas a outros campos do conhecimento. A teologia depende de tais respostas como ponto de partida para a reflexão.[25]

Na atual etapa do capitalismo, a confusão em torno do assunto não para de aumentar.[26] Por um lado, a fronteira

---

[23] BLEISTIEN, R. Tiempo libre. In: RAHNER, K. (dir.). *Sacramentum Mundi* – VI. Barcelona: Herder, 1974, p. 632-638. Um dos primeiros foi DOMENACH, J.-M. Loisir et travail. *Esprit*, 274 (1959) p. 1103-1110; RIDEAU, *Teología del ocio*. Barcelona: Nova Terra, 1964; MOLTMANN, J. *Sobre la libertad, la alegría y el juego*. Salamanca: Sígueme, 1972; AIZPURU, G. *La sociedad del ocio y la religión*. Madrid: San Pablo, 1999.

[24] Cf. JOÃO PAULO II. *Laborem exercens*, n. 19. Cf. Cf. GASDA, E. O trabalho aos olhos de Deus: *Laborem exercens* faz 30 anos: *Revista Pistis Praxis Teologia Pastoral*, v. 3, n. 2 (2011), p. 653-669.

[25] RAHNER, K. Advertencias teológicas en torno al problema del tiempo libre. In: *Escritos de Teología* – vol. IV. Madrid: Taurus, 1964, p. 467-494.

[26] O interesse sobre a cultura do ócio dos últimos cinquenta anos vislumbra uma perspectiva otimista e entusiasta. Como exemplo, a tradução ao português dos

entre o tempo de trabalho e tempo livre foi dissipada. A intensidade e a flexibilidade do trabalho invadem o descanso, a competitividade e produtividade desconhecem pausas, o entretenimento tem seu preço. Por outro lado, muitas pessoas têm a possibilidade de usufruir dos *finais de semana* para encontrar a tranquilidade, o relaxamento, a diversão, o contato com a natureza na evasão da cidade. O desenvolvimento do turismo – a promoção da prática de desporto, centros de entretenimento popular, hobbies e arte, o esplendor dos playgrounds, o ócio digital,[27] o voluntariado social – está desenhando uma nova era para o tempo livre. O que era um fenômeno sociológico, tornou-se uma característica antropológica que não pode ser negligenciada pela teologia.

Em conclusão, o estranhamento entre o tempo de lazer e o sentido cristão do domingo atingiu um grau de complexidade que parece não encontrar pontes. Não somente os domingos, mas os *dias santificados* também foram secularizados. A *Semana Santa*, auge da liturgia cristã, tornou-se um *feriado prolongado*. A evolução do capitalismo modificou consideravelmente o sentido religioso do descanso.

---

livros do sociólogo italiano Domenico de MASI, *Ozio creativo* (*O Ócio criativo*, Rio de Janeiro, Sextante, 2000) e *A economia do ócio* (Rio de Janeiro, Sextante, 2001). Apesar do relativo êxito comercial, o eclipse de seu projeto deve-se tanto à fragilidade de sua argumentação quanto à dura realidade do mundo laboral.

[27] A internet se transformou em conceito-chave para a interpretação dos rumos que está tomando a sociedade contemporânea. Relacionada ao *ócio*, não é apenas mais uma forma de gastar o tempo, mas um fenômeno que propicia a convergência das muitas formas de ócio conhecidas. Entre outras coisas, a internet está situando-as dentro do âmbito doméstico, dispensando a necessidade de mover-se de casa. É uma das maiores minas de ouro não só do *trabalho imaterial* e da indústria cultural, mas de entretenimento. É verdade que a internet faz com que muitos trabalhadores levem trabalho para casa e comprometam o *tempo livre*.

A teologia tem o desafio de encontrar algum vínculo entre o fim de semana cultural e o tempo livre com o significado religioso do domingo: como articular o *Dia do Senhor* com o final de semana cultural? Como os valores do domingo podem ser vividos no final de semana, se o domingo perdeu seu conteúdo ético-religioso? Existe possibilidade de redirecionar o descanso do fim de semana, tal como é concebido pela sociedade contemporânea, para tornar-se mais comunitário, solidário e festivo?

8. Por um tempo e uma festa verdadeiramente livres

Pode parecer paradoxal, mas o *final de semana cultural* e o *domingo religioso* compartilham duas categorias antropológicas: *liberdade e gratuidade*. Segundo a sociologia, "o ócio é essencialmente liberdade", afirma G. Friedmann.[28] Ironicamente, muitos trabalhadores reservam suas melhores forças e sua criatividade para atividades realizadas fora do trabalho, em seu *tempo livre*. São momentos que possibilitam recuperar aquilo que lhes foi privado durante a jornada laboral: autonomia, criatividade, iniciativa, satisfação. No entanto, é preciso aguardar ansiosamente o final de semana para ter tal possibilidade. Porém, fatores externos interferem em maior ou menor intensidade, como recursos econômicos, saúde, familiares, amigos, condições climáticas etc.

Uma compreensão abrangente do tempo liberado de fadigas do trabalho pode receber maior profundidade na dimensão religiosa. Para K. Rahner, quem não entende isso,

---

[28] FRIEDMANN, G. *Sete estudos sobre o homem e a técnica*. São Paulo: Difusão Europeia de Livros, 1968, p. 114.

não compreendeu o *porquê* e *para quê* se libera do trabalho produtivo.[29] Para ele, trabalho, lazer e festa estão relacionados à *estética*, um elemento essencialmente espiritual.[30]

A partir da *Revolução Industrial*, a estética, uma das três dimensões do trabalho, começou a desaparecer rapidamente para refugiar-se no entretenimento. Sua fonte está na natureza livre, criativa e espiritual do homem. Segundo Rahner, "a redução do tempo de trabalho economicamente útil é a redescoberta do Espírito, sua própria realização. Não mais no economicamente útil, mas como elemento da constituição livre do espírito que se autorrealiza e transcende o material e meramente econômico".[31]

Nesse sentido, o descanso do trabalho deve recuperar sua característica essencial e ser expressão de uma experiência de liberdade e de festa. Rahner lista três objetivos que o *tempo livre* deve buscar: descanso, festa e desenvolvimento pessoal através da cultura.[32] Portanto, o *tempo livre* abre uma brecha para se recuperar, em certa medida, espaços de liberdade.

Embora o tempo livre e o domingo sejam duas maneiras de entender e viver a experiência fora do trabalho, acaba encontrando-se na festa, na liberdade e na gratuidade. Indivíduos aprisionados pela rotina do trabalho esperam

---

[29] Cf. RAHNER, K. Op. cit., p. 493.

[30] O texto de K. Rahner está estruturado em torno das três dimensões do trabalho e sua relação com o descanso: econômico-político (utilidade econômica), médico (capacidade fisiológico-produtiva), humano ("músico": estético-artístico, criador). O desafio está em reintegrar a terceira dimensão no conjunto da existência, possibilitada e reivindicada pelo *tempo livre*.

[31] RAHNER, K. Op. cit., p. 491.

[32] Cf. ibid., p. 472ss.

ansiosamente por momentos de liberdade e de festa que tornem a vida mais suportável e a carga mais leve. São traços que podem contribuir para a articulação entre o *domingo religioso e o tempo livre secularizado*.

Esses tempos de liberdade, mesmo que remotos, podem ser uma chance para se respirar um pouco da liberdade perdida com o capitalismo. O homem, como ser espiritual, aspira a esta libertação do domínio do puramente econômico. Motivado pela potenciação do *tempo livre*, segundo Rahner, teria que liberar-se também para o desenvolvimento do espírito como tal.[33]

Neste aspecto, somente a experiência religiosa pode permitir a explicitação da dimensão especificamente espiritual da liberdade.[34] Portanto, o *tempo livre* proporcionado pela *sociedade do trabalho* deveria considerar o domingo como uma possibilidade privilegiada de uma plenitude a ser alcançada, para superar seu papel de instrumento pautado pela racionalidade econômica.

O conteúdo da ação litúrgica dominical oferece uma visão que pode liberar o tempo livre das amarras da lógica do capitalismo. O fato de o domingo ser apenas um anexo do final de semana cultural, não o impede de ser um tempo significativo do encontro do indivíduo consigo mesmo, com sua comunidade e também com a Fonte da sua liberdade.

---

[33] Cf. RAHNER, K. Op. cit., p. 493.

[34] A ideia se encontra em PIEPER, J. *Otium et cultum*. Brescia: Morcelliana, 1952. A superação do "totalitarismo do trabalho" está no resgate da cultura do *otium*, que, por sua vez, recebe seu verdadeiro conteúdo na religião, no seguinte sentido: o *otium* tem uma relação carnal com a festa, que por sua natureza aponta ao transcendente. O *otium*, por essa razão, conjuga-se ao *cultum*.

O *sétimo dia* da tradição bíblica se apresenta com um paradigma da dimensão contemplativa e festiva da vida, em contraste com a dimensão ativa e laboriosa. Nietzsche tem razão: "Entre as correções que necessitamos fazer no caráter da humanidade, está fortalecer em grande medida o elemento contemplativo".[35]

---

[35] NIETZSCHE, F. *Humano, demasiado humano*. São Paulo: Companhia das letras, 2005, n. 285.

CAPÍTULO 15
LEX AGENDI: DIGNIDADE DO TRABALHO ANTE O PODER DO CAPITAL

1. O homem reduzido à engrenagem do capitalismo financeiro

O teólogo alemão Joseph Ratzinger expressou a subordinação do trabalho ao poder do capital dessa forma: "O homem de hoje é considerado em chave predominantemente biológica ou como *capital humano, recurso,* parte de uma engrenagem produtiva e financeira que o ultrapassa. Um capitalismo financeiro sem limites, que prevalece sobre a política e desconstrói a economia real".[1] Difícil encontrar crítica mais firme e certeira ao capitalismo atual.

Efetivamente, qualquer reflexão sobre o trabalho não pode ser feita desvinculada da economia, pois a mesma trata das questões relativas à vida humana e social. Tem-se aqui a primeira anotação de uma agenda para uma práxis: tomar consciência dos desafios oriundos dos sistemas econômicos. De fato, essa relação entre teologia e economia, mediada pelo trabalho, traz implícita uma crítica do capitalismo e ajuda a compreender um elemento central no início do século XXI, o econômico.

---

[1] Em audiência na assembleia plenária do Pontifício Conselho Justiça e Paz: *Vatican Insider*, 03/12/2012.

A afirmação de Ratzinger, é forçoso admitir, uma exceção. De maneira geral constata-se a ausência de uma abordagem teológica mais contundente da economia. Para fazer uma reflexão coerente de uma questão social é necessário tê-la explorado e compreendido bem. Um erro na compreensão da ordem temporal leva a uma insuficiente e frágil teologia.[2] Portanto, o primeiro passo consiste em compreender como esta realidade se objetiva *aqui e agora*. Somente desta forma a releitura dos temas teológicos – Criação, Redenção, Libertação, Reino de Deus, Amor – terá alguma incidência sobre os desafios que se apresentam. Este estudo sobre o sentido do trabalho à luz da teologia teve como ponto de partida os impactos do capitalismo sobre os trabalhadores e a sociedade. É a partir desta realidade situada na história que o paradigma do *sábado-domingo* ganha sentido como discurso de resistência à absolutização do *capital*.

A afirmação de Ratzinger pode parecer estranha a muitos cristãos. Existem dificuldades em assimilar todo o sentido que se esconde por trás de conceitos econômicos. O termo central, *capitalismo*, traduz o triunfo de uma sociedade que acreditou no crescimento econômico sinônimo de progresso e realização das utopias da humanidade. Esta utopia, possibilitada pelo progresso tecnológico, implica transformar seres humanos em sua engrenagem.

O problema não está no *capital* em si, mas na forma que o mesmo assume no sistema econômico denominado

---

[2] *Error circa creaturas redundat in falsam de Deo sententiam*, diria Tomás de Aquino: *Suma contra gentiles*, lib. II, cap. 3.

capitalismo.³ *Capital* é uma categoria histórica dinâmica.⁴ Existiram e existem formas pré-capitalistas e não capitalistas tanto do *capital* quanto do sistema de produção: *capital mercantil, monetário, industrial, financeiro*. Alexis de Tocqueville tinha razão ao afirmar, em 1848, que "estamos dormindo sobre um vulcão [...] os senhores não percebem que a terra treme mais uma vez?". O mundo estava entrando na *era do capital*.⁵

Desde então, prosseguindo na interpretação de Ratzinger, a sociedade dividiu-se entre os donos do capital e os *homens engrenagem* a serviço dos primeiros. Há, entre eles, uma tênue divisão. De um lado, uma elite predadora, disposta a tudo para satisfazer sua cobiça de poder. Corrupta, impassível e alheia às consequências de sua perversidade na economia real. No outro lado estão os despojados que ganham *o pão com o suor do próprio rosto* (Gn 3,19), mergulhados em territórios arrasados pelo capital. Massa submissa, juventude desencantada e sem perspectivas de outro futuro

---

[3] Karl Marx chamou seu primeiro trabalho de *O capital*, e não de "O Capitalismo". O título do primeiro volume desta obra monumental chama-se *O processo de produção do capital*, e não "O processo de produção do capitalismo". De fato, não há como abordar o mundo do trabalho sem fazer referência a Marx e a sua análise sobre o modo de produção capitalista. A cada crise do capitalismo, a atualidade da obra de Marx se confirma e fornece elementos para um entendimento geral dos mecanismos do sistema econômico. Mas os estudos sobre o mundo do trabalho, hoje, não podem prescindir de outros enfoques e de considerar os diferentes contextos nos quais as formas e usos do trabalho se manifestam.

[4] No ensino social da Igreja, por exemplo, capital é um "fato", ou seja, nem o capital pode subsistir sem o trabalho, nem o trabalho sem o capital (RN, 14). Sobre o dinamismo do capital, cf. DOBB, M. *A evolução do capitalismo*. Rio de Janeiro: Zahar, 1977. Cf. GASDA, E. *Trabalho e capitalismo global*: atualidade da Doutrina Social da Igreja. São Paulo: Paulinas, 2011, p. 115-117.

[5] Em alusão ao livro do historiador Eric HOBSBAWM, *A era do capital (1848-1875)*. 14. ed. São Paulo: Paz e Terra, 2009. As *Eras* de Eric Hobsbawm – *A Era das Revoluções*, *A Era do Capital*, *A Era dos Extremos* – constituem o mais relevante trabalho de análise histórica do mundo contemporâneo.

possível. Do ponto de vista da justiça social da relação *trabalho* e *capital*, o século XXI está se tornando uma versão do século XIX. A diferença é que hoje a terceirização da exploração faz com que os proprietários e industriais não sejam mais obrigados a ver a angústia estampada no rosto de seus *homens engrenagem*. Assim, enquanto oferecem aos consumidores acesso aos afagos do mercado, remetem seus trabalhadores à brutalidade oculta nos galpões onde são fabricados. "Enquanto os benefícios de uns poucos crescem exponencialmente, a maioria está ficando mais distante do bem-estar dessa minoria feliz",[6] denuncia o Papa Francisco. Pode a teologia continuar impassível diante desse cinismo de uma economia a serviço do capital?

Portanto, sobram razões para que essa nota seja a primeira de uma *lex agendi* vinculada à *lex orandi* (liturgia) e à *lex credendi* (teologia).

2. Fetichismo do dinheiro

O capitalismo traz um problema teológico de fundo: sua forte tendência à idolatria, conforme examinado no capítulo 11. Uma das causas da precariedade cotidiana com consequências funestas, citando Francisco, Pontífice da Igreja Universal, está "na relação que temos com o dinheiro, em aceitar o seu domínio sobre nós e sobre as nossas sociedades. A adoração do antigo bezerro de ouro (cf. Ex 32,1-35) encontrou uma versão nova e impiedosa no fetichismo do dinheiro e na ditadura de uma economia sem rosto e sem um objetivo verdadeiramente humano".[7] O dinheiro é o ídolo do século XXI.

---

[6] Papa FRANCISCO. Exortação Apostólica *Evangelii Gaudium*, n. 56.

[7] Papa FRANCISCO. Exortação Apostólica *Evangelii Gaudium*, n. 55.

A subordinação do trabalho ao capital extrapola a questão econômica. Há um problema transcendental, uma questão de fé. A absolutização do capital não deixa de ser uma autodivinização que sacrifica vidas humanas. Por isso, "essa economia mata".[8] A profissão de fé no lucro ilimitado está incorporando todo o planeta em sua dinâmica. É um sistema que tem sua finalidade em si mesmo – acumular capital com a única finalidade de engordar o próprio capital, que será novamente reinvestido para engordar ainda mais o capital que será novamente reinvestido. É o *movimento insaciável do capital*, de que falava Marx.[9]

Na ditadura da economia que fala Francisco, o capital não é simplesmente uma "entidade" passível de ser controlada, pois se tornou a mais poderosa estrutura de controle à qual tudo mais, inclusive os humanos, deve se ajustar, ou perecer, caso não se adapte.[10] A autonomia e a liberdade do

---

[8] Papa FRANCISCO. Exortação Apostólica *Evangelii Gaudium*, n. 53.

[9] Cf. MARX, K. *Grundrisse der Kritik der politischen Ökonomie* (Elementos fundamentais para a crítica da economia política, ou, simplesmente, *Grundrisse*). São Paulo: Boitempo Editorial/Editora UFRJ, 2011. Marx escreveu os *Grundrisse* em 1857-1858, em meio a uma crise econômica que ele acreditava ser a crise definitiva do capitalismo. Marx procura mostrar que a estrutura e a dinâmica da economia regida pelo capital escravizam crescentemente os sujeitos à lógica do seu produto, a saber, produção de valor e, portanto, sempre produção de mais valor, processo infinito de acumulação de capital. Uma sociedade que nos subordina com sua dinâmica obsessiva pela acumulação. Vivemos para trabalhar e para consumir o produto do nosso trabalho. O sentido é o sentido do capital. Não há como abordar o tema do trabalho sem fazer referência a Marx e a sua análise sobre o funcionamento do sistema capitalista e do seu processo de acumulação. A cada crise do capitalismo, como a mais recente de 2008, a atualidade da obra de Marx se confirma e fornece elementos para um entendimento geral dos mecanismos do sistema econômico.

[10] Cf. MESZÁROS, I. *Para além do capital*. São Paulo: Boitempo, 2009, cap. 2. O filósofo húngaro empreende uma feroz crítica do capital e realiza uma das mais instigantes reflexões sobre a contemporaneidade e a lógica que a preside. Capitalismo é um sistema poderoso, tendo seu núcleo constitutivo formado pelo tripé capital, trabalho e Estado, materialmente constituídos e inter-relacionados. Sua lógica incontrolável torna o sistema do capital essencialmente destrutivo. Só um vasto movimento de massas seria capaz de destruir o sistema de domínio social do capital.

indivíduo e da sociedade foram usurpadas pelo fascinante poder do dinheiro. Uma autêntica servidão do gênero humano à sua própria criatura. É como se fora dos domínios do capital não houvesse salvação: o capital dá trabalho, renda, crescimento, cidadania do cartão de crédito. O *espírito do capitalismo* não é outro senão o próprio capital.[11]

A perspectiva de permitir a participação do trabalho nos processos decisórios é mera ficção.[12] Não há feliz união de iguais, o *capital* continua produzindo gigantescas corporações transnacionais, acordos de alto nível e reuniões de cúpula em Wall Street e Davos que não toleram a participação do trabalho. As repressões violentas contra os levantes dos despojados reflete essa prática.

Lázaro continua deitado às portas vigiadas dos ricos, impedido até de alimentar-se das migalhas que caem de seus banquetes (cf. Lc 16,19-21). Basta constatar os trilhões de dólares desperdiçados no complexo industrial-militar e no socorro ao sistema financeiro para descobrir os reais interesses de um sistema que despreza os infernos existenciais de milhões de seres humanos. "Hoje, se os bancos de investimento caem, é uma tragédia, mas se as pessoas morrem de

---

[11] HINKELAMMERT, F. J. *As armas ideológicas da morte*. São Paulo: Paulinas, 1983. O autor tece pontos de união entre a religiosidade intrínseca do capitalismo e as conivências dos cristãos. A partir do conceito de *fetiche* (personalização da mercadoria, do dinheiro e do capital e coisificação da pessoa) faz-se uma análise profunda e complexa do *espírito* que move o sistema capitalista e sua ética. Esse *espírito* de devoção (ao capital, mercadoria e dinheiro) é tão importante quanto as estruturas e mecanismos. Se alguém viola esse *espírito* ou não se adapta à sua lógica, está condenado. Uma lógica da morte, que é, também, uma lógica idolátrica. É a salvação pela economia, melhor tradução da religião, da espiritualidade e da teologia do capitalismo.

[12] Cf. MESZÁROS, I. *Para além do capital*. São Paulo: Boitempo, 2009, cap. 18.

fome, não acontece nada", denuncia o Bispo de Roma.[13] De fato, com um poder de expansão impressionante, quanto mais aumentam a competitividade e a concorrência, mais nefastas são suas consequências, como a precarização da força de trabalho e a degradação do meio ambiente. Sua propagação vai desintegrando as estruturas tradicionais e milenares de organização social e estilos de vida. A sociedade e a natureza são feitos reféns de um capitalismo cujo poder está longe de esgotar-se. Num mundo de constantes ataques à vida e dos escassos vestígios de proteção social, vive-se sob a pressão de explorar tudo ao máximo, desde os recursos não renováveis até os avanços eticamente questionáveis da biotecnologia.

Por esta razão, ao refletir sobre o mundo do trabalho, a teologia está em sintonia com um grande desafio histórico, pois nele acontecem as profundas transformações de um processo de globalização. Neste sentido, a chamada *questão operária* está conectada aos processos globais e está no cerne das injustiças que o mercado reproduz. A perda da qualidade de vida, o risco e a insegurança estão associados à política de precarização das relações laborais. A desintegração do mundo do trabalho tem como consequência a desintegração progressiva da sociedade.

Essa segunda nota da *lex agendi* – desnudar os pés de barro do ídolo capital e expurgar o fetiche do dinheiro – destaca a relevância do caráter profético que brota da *lex orandi*.

---

[13] Papa FRANCISCO. Encontro com os movimentos católicos. Disponível em: <http://vaticaninsider.lastampa.it/es/vaticano/dettagliospain/articolo/papa-el-papa--pope-24945>. Acesso em: 20/05/2013.

3. O resgate da política

Com esse pano de fundo, é forçoso reexaminar as condições objetivas da possibilidade de apostar em alternativas que implodam a subordinação do trabalho ao poder do capital e do fetiche do dinheiro que ocultam a idolatria. Perspectivas de mudança adquiriram atualidade histórica nova em vista da severidade da crise. Entretanto, alguns teóricos, do alto do seu realismo comodista, insistem na permanência desta subordinação. Consideram a inversão da equação como uma ilusão romântica e ingênua. Os defensores da ficção da harmonia entre o capital e o trabalho são incapazes de reconhecer o ímpeto destrutivo do sistema.

Concessões conjunturais não bastam. O fato é que a essência do sistema continua inalterada desde a *Primeira Revolução Industrial*, pois todas as reformas políticas executadas, e em execução, seguem a cartilha do capitalismo. Desde Leão XIII há os que teimam em buscar alterações significativas no interior dos limites do sistema político estabelecido. Ora, o capital não pode abdicar de seu poder em favor do trabalho, pois este monopoliza o poder de controle sobre a acumulação da riqueza. A supressão do poder dos trabalhadores é imprescindível para a garantia dos interesses do capital.[14]

Como fazer prevalecer a política (Ratzinger) sobre o capital? O trabalho só poderá entrar em uma dinâmica de *êxodo* do fetichismo do dinheiro (Papa Francisco) à medida que assumir uma postura de real insubordinação perante o capital. Os trabalhadores, por um lado, têm mais a perder do que seus próprios grilhões (Marx). Eles têm um padrão

---

[14] Veja-se MESZÁROS, I. *Para além do capital*. São Paulo: Boitempo, 2009, cap. 3.

de vida conquistado e ganhos adicionais significativos. Por outro, as crises sistêmicas confirmam a necessidade de uma reestruturação da economia. Está em jogo a natureza devastadora do capitalismo que, sem cerimônia, destrói tudo que encontra pela frente.

Tem razão Ratzinger. Que prevaleça a política sobre a economia! Não há como sair da insegurança laboral, da precarização social e interromper o descontrole ambiental sem uma profunda transformação política. A reestruturação da economia torna-se político-social. Os problemas econômicos têm sua dimensão política e toda opção política tem consequências econômicas. Objetivos sociopolíticos têm implicações econômicas. Reestruturar o mundo do trabalho significa reestruturar não só a economia, mas a sociedade como um todo.

Não obstante existe o impasse dos limites institucionais da política e da inércia dos poderes governamentais constituídos. O capital não se restringe a funções produtivas. Para controlá-las, o capital necessita controlar a política. Tem-se atualmente uma classe trabalhadora convertida em apêndice de um autodenominado *sistema político democrático*. As instituições políticas estão organizadas para beneficiar o capital, tornando a margem de manobra do trabalho estreita demais. O *braço político* do trabalho acomodou-se à *política do capital*. Muito pouco se pode esperar das instituições que se proclamam defensoras da democracia e da justiça social.

Isso explica o discurso reformista da Doutrina Social da Igreja.[15] Mas, de maneira geral, também os cristãos ma-

---

[15] Cf. GASDA, E. *Trabalho e capitalismo global*: atualidade da doutrina social da Igreja. São Paulo: Paulinas, 2011.

nifestam certa simpatia pela democracia como sistema de governo. O que se vê é uma democracia indireta que, a cada eleição, fornece os fundamentos às ilusões do reformismo, alimentada por um eleitorado amorfo e anestesiado pelo *canto da sereia*: pleno emprego, bons salários, consumo abundante. A indiferença do eleitor é o retrato da impotência do trabalho diante do poder sedutor do capital. Os repetidos fracassos da utopia dos trabalhadores ao longo da história do capitalismo é um triste e incontestável fato. Uma política institucional confinada à esfera estabelecida pelo mercado. Nela, o trabalho cumpre seu papel de coadjuvante inconveniente da *política do capital*.[16]

Se o capital depende do trabalho – no sentido de que o capital não sobrevive sem o trabalho –, o inverso necessariamente não é de todo verdadeiro. A dependência do trabalho em relação ao capital é histórica e, portanto, superável. O trabalho não está condenado a ser eterno refém do capital. Já Karl Marx, na aurora da *Revolução Industrial*, insistia que o trabalho, reduzido à categoria econômica, precisava ser emancipado do capitalismo, pois o mesmo é a causa de desumanização e degradação dos trabalhadores e da sociedade.[17] Não se trata de defender uma perspectiva política imediatista e ingênua. Alterações no processo democrático e mecanismos institucionais da política teriam que ser reexaminados.

Tem-se aqui a terceira nota de uma *lex agendi*. A originalidade subversiva da fé pode contribuir no processo de reflexão em torno da constituição de uma resistência mais

---

[16] Ibid., cap. 3.
[17] MARX, K. *Manuscritos econômico-filosóficos* (Caderno I – Salário). São Paulo: Boitempo, 2004.

sólida ao poder do capital. Seria um pequeno passo de uma longa e duríssima jornada. Mas aqui está a grande atualidade histórica do *memorial do êxodo* e do sentido da *Páscoa* como passagem para uma nova sociedade celebrada na *lex orandi*.

4. Empresa como lugar onde se trabalha

O mundo do trabalho permite avançar para leitura acerca do papel da empresa.[18] Nessa atividade essencialmente humana, o capital impõe sua cultura determinista e justifica sua hegemonia. O esforço em modificá-la pode integrar uma *lex agendi*? Como espaço por excelência para o exercício do trabalho e da relação trabalho e capital, é indispensável abordá-la quando se quer superar o fetichismo do dinheiro.

As organizações econômicas produtivas exercem um papel importante na sociedade. Por que as empresas, essas organizações que integram a teia social, existem? Como unidade econômica, a empresa está ordenada a satisfazer as necessidades dos consumidores. É sua razão de ser.

A empresa é uma estrutura econômica que busca fins primordialmente econômicos. Como espaço de empreendimento, expressa o espírito próprio da economia capitalista. O ser humano está na origem, na evolução e na finalidade da empresa. Existe um grupo humano organizado que busca fins econômicos. Esta finalidade é comum aos trabalhadores, dirigentes e proprietários. Como estrutura complexa, abarca diversos aspectos e dimensões: grupo humano, instituição social, organização econômica, espaço de desenvolvimento científico-tecnológico.

---

[18] O papel do empresário e a dimensão ética da empresa serão objeto de futura publicação deste autor.

A empresa não se reduz a seus membros. É uma instituição social, e enquanto tal tem responsabilidades sociais. Suas atividades afetam a sociedade como um todo. Mas a mesma também é afetada pela sociedade. Ela é influenciada pelo sistema, mas também possui poder de influenciá-lo. Em suma, a empresa também é geradora de cultura, não apenas de serviços e bens de capital. A cultura empresarial, pelo fato de estar vinculada ao sistema econômico, seria a chave para uma alteração na relação entre trabalho e capital.

A cultura do capitalismo que domina os espaços da empresa pode ser alterada? Evitando legitimações paralisantes, muitos defendem que seria razoável tentar uma via de transformação progressiva do capitalismo através de uma nova cultura de empresa que corrija os mecanismos geradores de desigualdade social e exploração do trabalho. Como? Alguns apostam em novos modelos de gestão inspirados no respeito pela dignidade do trabalhador já institucionalizada na legislação trabalhista e no *bem comum*.

De fato, os direitos trabalhistas são um instrumento para garantir equilíbrios mínimos na relação entre trabalho e capital. As políticas de intervenção do Estado, tanto na economia quanto na criação de leis que respaldem os direitos e a qualidade do trabalho nas empresas, são imprescindíveis nessa questão. Existem esforços no sentido de implementar modelos de gestão organizacional pautados pelos direitos trabalhistas.

São pessoas que trabalham e administrá-las é uma tarefa complexa, já dizia Peter Drucker. "Não se pode contratar um braço, uma pessoa vem junto com ele."[19] O fator humano

---

[19] DRUCKER, Peter. *Fator humano e desempenho*: o melhor sobre administração. São Paulo: Pioneira, 2003, p. 280.

está na raiz e na razão de ser da empresa. Nessa direção, João Paulo II também afirmava que a empresa é uma sociedade de pessoas, antes de ser uma sociedade de capitais.[20] O respeito à pessoa humana faz com que a empresa realmente seja "uma sociedade de seres humanos que respeita a dignidade humana dos trabalhadores que atuam na empresa, pois estes últimos constituem o patrimônio mais precioso da empresa".[21]

A empresa existe para fins que transcendem sua atividade econômica, o lucro não pode ser entendido como um valor em si mesmo. O sucesso de uma empresa não pode ser determinado unicamente pela sua contabilidade financeira. Entender a empresa a partir da *dignidade humana* e do *bem comum* leva a superar os determinismos que reduzem a percepção da atividade econômica unicamente ao lucro.

Estas duas razões de ser da empresa se manifestam em opções concretas. Para que uma empresa exerça um papel positivo na sociedade deve caracterizar-se justamente pelo serviço ao bem comum mediante a produção de bens e serviços, e gerar riqueza para toda a sociedade, não só para os proprietários.[22] Há de se buscar formas criativas e ousadas de servir-se da influente presença social da empresa.

Nesse sentido as empresas devem certificar-se de que não são cúmplices dos abusos de direitos humanos. Respeitar a Carta Internacional dos Direitos Humanos e reconhecer sua aplicação no mundo do trabalho já é um começo. Tais direitos são universais, ou seja, são aplicáveis em todos os

---

[20] JOÃO PAULO II. *Centesimus annus*, n. 43.
[21] JOÃO PAULO II. *Centesimus annus*, n. 35.
[22] PONTIFÍCIO CONSELHO JUSTIÇA E PAZ. *Compêndio de Doutrina Social da Igreja*, n. 338.

países e situações de forma unívoca. Respeitar o princípio do Estado de direito é outro passo importante, pois se refere à supremacia do Direito e, em especial, à ideia de que nenhum indivíduo, estado ou organização está acima da lei. O estado de direito contrapõe-se ao exercício arbitrário do poder, de qualquer poder. Outro passo inequívoco consiste em apoiar a eliminação de todas as formas de trabalho forçado, compulsório e infantil. Como também a erradicação de todas as formas de discriminação relativa ao emprego e à renda.[23]

Esta quarta nota de uma *lex agendi* no mundo do trabalho reservada ao espaço por excelência do trabalho no capitalismo, já havia sido apontada pelo Concílio Vaticano II: "Nas empresas econômicas, são pessoas as que se associam, isto é homens livres e autônomos, criados à imagem de Deus".[24]

5. "Ninguém põe vinho novo em tonéis velhos" (Mc 2,22)

Não faltam desafios no mundo do trabalho. A melhor maneira de se lidar com esses desafios é pensar a fundo os problemas, assumindo sempre o ponto de vista do bem comum mais universal e dos trabalhadores. É preciso honestidade para reconhecer que a teologia carece de um discurso crítico audacioso para denunciar a idolatria do capital e seus mecanismos perversos.[25] A fragilidade da crítica teológica

---

[23] Cf. ECODESENVOLVIMENTO SOCIAL. Disponível em: <http://www.ecodesenvolvimento.org.br/iso26000>. A primeira norma internacional de responsabilidade social, ISO 26000 (Organização Internacional para Normalização), foi lançada no Brasil em 2010. Seu conteúdo oferece diretrizes globais sobre responsabilidade social com base em um consenso internacional entre especialistas de mais de 160 países.

[24] CONCÍLIO VATICANO II. *Gaudium et spes*, n. 68.

[25] Exceção honrosa seja feita aos autores citados no capítulo 11.

transparece em sua superficialidade que pauta boa parte da reflexão. Muitos conceitos e juízos foram contaminados pelo espírito sedutor do capital. Uma teologia na defensiva, talvez para não comprometer interesses institucionais. Uma visão de cristianismo incorporada ao capitalismo, amparada por distorções teológicas ao longo dos séculos e que sobrevive ainda hoje em muitos setores eclesiais.[26] Esta opção fez do próprio Jesus um personagem inofensivo, bem-vindo e partidário das *virtudes do capital*. Seu evangelho foi adocicado por certas catequeses muito próximas do ideário do *capitalismo democrático* de Michael Novak.[27]

Do ponto de vista dos trabalhadores, trata-se de uma estratégia teológica equivocada. Esta opção representou um revés histórico da Igreja junto às maiorias trabalhadoras. Na defensiva, setores eclesiais que habitam em zonas de conforto angariam vantagens. Tal cumplicidade impediu superar as graves limitações de suas escolhas econômicas. Ao mesmo tempo, e fechando o círculo, o papel defensivo conferiu uma estranha forma de legitimidade ao sistema capitalista que, sutilmente, representou a aceitação da ordem política e econômica estabelecida, como tolerável aos olhos da fé. Postura típica de interlocutor ajustado às premissas hegemônicas, sem desafiá-las. Como consequência, "a Igreja perdeu a classe operária" (Pio XI) e, pelo visto, continuará perdendo-a no século XXI.

Para tranquilidade dos representantes do capital, as poucas vozes dissonantes da teologia foram solenemente

---

[26] Cf. a pertinente análise de GONZÁLEZ-FAUS, J. I. *El engaño de un capitalismo aceptable*. Santander: Sal Terrae, 1983.

[27] NOVAK, M. *O espírito do capitalismo democrático*. Rio de Janeiro: Nórdica, 1985. Ele não está sozinho na tarefa de sacralizar o capitalismo.

ignoradas pela própria instituição religiosa. Autocensura entorpecente, que paralisa estratégias mais ousadas. Não é de surpreender que o *canto da sereia* do "espírito do capitalismo" continue fazendo adeptos dentro do cristianismo, travestido de razões mais nobres, obviamente. O cristianismo tornou-se uma instituição em que as contradições internas se digladiam constantemente por questões menores, mostrando-se incapaz de dar provas de unidade diante de um desafio realmente merecedor de atenção. Tal fato condena ao desapontamento todos aqueles desejosos de *êxodos* mais significativos. Tudo se torna mais complicado pela inviabilidade de soluções parciais e reformistas. Sendo assim, não se podem esperar os bons frutos da eficácia do evangelho.

Vale a máxima: *Não se põe vinho novo em tonéis velhos*. Em hipótese alguma o capitalismo pode ser considerado como o único modelo válido de organização econômica. Do ponto de vista da tradição teológica, a *raiz de todos os males é, de fato, o amor ao dinheiro* (1Tm 6,10) e *gastar a vida acumulando-o* (cf. Ef 5,5; Cl 3,5), é expressão de idolatria. Quando predomina a lógica do lucro, aumenta a exploração do homem pelo homem e a ruinosa exploração do planeta. Para inaugurar outra dinâmica é preciso desacreditar do capital, começar a ser ateus de seus deuses e ousar trilhar o caminho da liberdade. Até o momento, a ética cristã tem se movido dentro do sistema econômico ocidental. O esforço de pensá-la fora das pautas ocidentais ainda não foi feito.

É possível continuar articulando novas práxis? A teologia cristã brota de uma experiência de fé que se faz *memorial* que supõe um estilo de vida. Além de *lugar teológico*, a liturgia também adquire um *status* de *lugar teológico da ética*, um saber sobre o *modo de vida cristão*. Cabe deixar-se conduzir pela fonte que tem inspirado a tradição teológica: o *memorial* do mistério pascal de Cristo celebrado na liturgia do *dia do Senhor*.

Uma teologia com pretensões éticas deve considerar o mundo do trabalho a partir dos trabalhadores e sob a ótica da história da salvação. Reflexão de acento distinto de certas teologias ocupadas em alimentar um fervor espiritual, mas que, na prática, não inspiram uma intervenção transformadora na sociedade. Num contexto de forte tendência para a busca de novas maneiras de compreender a sociedade contemporânea, a teologia deveria preocupar-se não só com a interpretação religiosa da existência humana, mas, também, com a superação das formas de desumanidade.

Este parece ser o principal desafio ético que se apresenta. Não é verdade que há um só devir histórico, uma só cultura, uma lógica do mercado, único mundo possível. Mas como envolver as Igrejas nos anseios dos trabalhadores, no sentido de alimentar a utopia, para que sejam protagonistas na elaboração de uma nova cultura do trabalho? Não se trata de instituir uma visão antropológica, histórica e social fundada na liturgia como a única solução para grandes questões do mundo do trabalho. O discurso está estruturado no dado da fé gerador de uma práxis e que, portanto, não pode ser imposta a ninguém. Além do mais, o cristianismo contém uma dimensão escatológica que o agir humano na história é incapaz de abarcar totalmente.

CONCLUSÃO: MEMÓRIA E UTOPIA

A teologia tem no conteúdo do *memorial* o ponto mais alto de sua compreensão da existência humana na história. É boa notícia – *evangelho* – a todos os homens e mulheres que vivem do seu próprio trabalho. O acervo bíblico-teológico oferece elementos valiosos e ousados para uma práxis que contribua com a subversão da ordem imposta pelo poder do capital.

A incompatibilidade da tradição bíblico-teológica com o projeto hegemônico da economia capitalista é um dado objetivo. A reflexão sobre o mundo do trabalho informada pela liturgia pode ser um bom ponto de partida. Se a ética cristã tem sua origem no *memorial* do Mistério Pascal, a práxis que ela inspira é um indicativo para as relações de trabalho. Dessa forma, a ética deixa de ser considerada uma obrigação para se tornar fruto da experiência de fé. Liturgia, fé e ética são três aspectos de uma mesma fé no Cristo.

O redescobrimento do descanso como um referencial do trabalho apresenta possibilidades. Em primeiro lugar descortina-se um campo para a constituição de uma ética do *sétimo dia* para a vivência do tempo livre. Não obstante, para desenvolvê-la, as Igrejas cristãs deveriam abster-se de olhar o domingo somente como uma ocasião para alcançar seus fins puramente intraeclesiais ou sacramentais. Isso implica uma plataforma pastoral de recuperação de todo o sentido ético-teológico e libertador radicado na liturgia. Só assim o sentido profético, social e solidário do domingo pode estender-se aos dias de trabalho.

Em segundo lugar, a liturgia mostra que a teologia cristã expressa uma antropologia. Nela, o sentido do trabalho da tradição bíblico-teológica se opõe radicalmente à visão capitalista do indivíduo como *homo faber* e consumidor. O mercado, como muitas vezes acontece com os ídolos, fez do homem sua *imagem e semelhança* e o transformou em produtor-consumidor nada mais, fechando as portas da liberdade. O êxodo da idolatria do capital se apoia em outra identidade, a das origens: *o ser humano criado à imagem e semelhança de Deus, chamado pela filiação divina em Cristo a viver sua liberdade como filho.*

O significado antropológico-teológico do conteúdo do descanso judaico-cristão o converte em portador de uma crítica radical de todas as ditaduras. Essa é a razão pela qual os elementos sociológicos, antropológicos, econômicos e éticos aqui levantados levam a juízo os sistemas econômicos com suas lógicas e seus mecanismos que alienam e desumanizam o homem em seu trabalho.

A perspectiva escatológica do *memorial* aponta para a plenitude da liberdade, já prefigurada como promessa no *sétimo dia da criação*. Trabalho e descanso são sempre penúltimos, não têm fim em si mesmos. O descanso se converte em umbral do mistério, portal da liberdade. Se o Livro do Gênesis descreve simbolicamente a obra divina em *sete dias*, não em seis, a teologia do trabalho não se esgota aos seis dias da criação. Ao contrário, tem como ponto de partida, precisamente, o sétimo dia esclarecido pela aurora da nova criação que irrompe em Cristo. A natureza imperfeita da atividade humana não encontra seu cumprimento em si mesma.

O dia de descanso inserido no *memorial* do êxodo/páscoa é o ponto de referência de sentido de toda a atividade humana. Seu núcleo é a liberdade vivida como um processo permanente de conquista incompatível com sistemas e situações de não liberdade. O trabalho é uma expressão significativa deste processo.

O Reino que irrompe na encarnação do Filho confere sentido ético e escatológico tanto ao trabalho quanto à atividade divina da criação. E, ao contrário do individualismo que pauta a lógica da acumulação, o dia de descanso bíblico-teológico fortalece a dimensão da sociabilidade humana. O caráter eminentemente comunitário do *memorial* é gerador de relações de trabalho justas e igualitárias.

A unidade da história da salvação festejada no *memorial* supõe uma revisão da ética do trabalho. Para além dos valores permanentes, as interpelações da história poderão exigir respostas diversas. Nessa perspectiva, a ética se apresenta menos como um quadro geral de valores e mais como um indicativo de grandes projetos sociais alternativos. A complexidade dos problemas com os quais a ética do trabalho tem que enfrentar para assumir o espírito do Evangelho exige distinguir os novos modelos daqueles já superados, ou ainda por superar.

Ante o pessimismo dos resignados aos ditames de pretensões absolutistas, o cristão precisa afirmar que existem alternativas. Rotuladas de inviáveis pelo próprio sistema (*oû-tópos*: não lugar), parecem pertencer a um futuro distante, mas simultaneamente estão acontecendo no presente. São oportunidades que rompem preconceitos e obrigam a tomar decisões dolorosas.

Os sistemas idolátricos são partidários do esquecimento (Walter Benjamim) e inimigos das memórias subversivas. O esquecimento conduz ao anonimato, pois recordar é acreditar naquilo que se está recordando. O *e-vocado pro-voca e con-voca*. A teologia bíblica e a liturgia mostram a fé como *Memória*. Nesses tempos de realismo pragmático e de crise das utopias, o relato do *Êxodo* e do *Mistério Pascal de Jesus*, lidos a partir de uma situação de abundância, correm o risco de ficar reduzidos a sua dimensão de fato histórico do passado. Porém, lidos a partir das vítimas de situações de crise de civilização, tornam-se um memorial vivo de esperança e de futuro.

O potencial crítico e contra-hegemônico do cristianismo brota do *Memorial* da Páscoa de Jesus e da *Memória* do Êxodo. São recordações que despertam perigosas perspectivas para a sociedade estabelecida, temerosa do conteúdo subversivo da mesma. A recordação atinge o presente e o questiona, reclama esperanças não realizadas. Somente quando a teologia se torna desenvolvimento da crítica obtida da memória de Cristo ela deixa de ser teologia da ratificação, assumindo a tarefa profética que dela se espera.[1]

A liturgia cristã é essencialmente *memorial* vivo, dinâmico, *perigoso e inquietante* que lança os cristãos no mundo, imbuído da práxis de Jesus. Somente despertando a

---

[1] Cf. METZ, J. B. *La fe en la historia y la sociedad*. Madrid: Cristiandad, 1979, p. 119ss. O autor faz um grande esforço de mobilizar a consciência teológica em favor da tarefa crítica da sociedade, desprivatizando a mensagem cristã. Cf. COCCOLINI, G. *Johann Baptist Metz*. São Paulo: Loyola, 2011. Coleção "Teólogos do Século XX" (13).

capacidade da indignação é possível entrar na dinâmica do espírito de um *novo céu e nova terra*.² É preciso perguntar, como faz Papa Francisco, "por aqueles que no mundo atual são os que se preocupam realmente por gerar processos que construam *povo*, mais que alcançar resultados imediatos que produzem um benefício político fácil, rápido e efêmero, mas que não constroem a plenitude humana. Talvez a história os julgue com aquele critério enunciado por Romano Guardini: 'O único modelo para avaliar corretamente uma época é perguntar até que ponto a plenitude da existência humana foi desenvolvida e alcançada como sua autêntica razão de ser, segundo o caráter peculiar e as possibilidades próprias dessa época'".³

O cristianismo que ousa repensar o trabalho humano em plena era do capitalismo global tem uma contribuição a dar nos processos de humanização que transcendem os estreitos limites da atual contingência histórica e suas possibilidades.

---

[2] "A mudança necessária das estruturas sociais, políticas e econômicas injustas não será verdadeira e plena se não estiver acompanhada pela mudança de mentalidade pessoal e coletiva sobre o ideal de uma vida humana digna e feliz que, por sua vez, dispõe à conversão" (CELAM, *Documento de Aparecida*, 538).

[3] PAPA FRANCISCO. Exortação Apostólica *Evangelii Gaudium*, n. 224.

Impresso na gráfica da
Pia Sociedade Filhas de São Paulo
Via Raposo Tavares, km 19,145
05577-300 - São Paulo, SP - Brasil - 2014